Frank und Almut Rother

Die Bretagne

Im Land der Dolmen, Menhire und Calvaires

DuMont Buchverlag Köln

Die Farb- und Schwarzweiß-Photographien (außer Farbt. 20, 41, 42, 44, Abb. 14, 35, 37, 38, 50, 114, 135) stammen von Dr. Frank Rother und wurden exklusiv für dieses Buch ausgewählt. Die Figuren auf den Seiten 9, 12, 57, 67, 70, 85, 146, 179, 184 links, 209, 245, 253, 272, 275, 293 zeichnete Almut Rother.

Umschlagvorderseite: Guimiliau (Finistère). Calvaire von 1581–88 (s. Farbt. 26, Abb. 103–105, Fig. S. 2)
Vordere Umschlaginnenklappe: Pointe du Raz, Westkap der Bretagne (Finistère) (s. Farbt. 45)
Umschlagrückseite: Bretonischer Bauernhof in der Grande Brière (Loire-Atlantique)
Frontispiz S. 2: Guimiliau (Finistère). Detail des Calvaire (1581–88). Der Höllenrachen verschlingt Katel Gollet, die Geliebte des Teufels

Unser besonderer Dank gilt dem Amtlichen Französischen Verkehrsbüro in Frankfurt (Main) und dem Secrétariat d'État au Tourisme, Délégation Régionale en Bretagne, in Rennes für die freundliche Unterstützung und Hilfe sowie Herrn Prof. Dr. P.-R. Giot, Directeur de recherche au C.N.R.S., Universität Rennes, für die fachliche Beratung.

CIP-Kurztitelaufnahme der Deutschen Bibliothek

Rother, Frank:
Die Bretagne : im Land d. Dolmen, Menhire u.
Calvaires / Frank u. Almut Rother. – 3. Aufl. –
Köln : DuMont, 1979.
(DuMont-Dokumente : DuMont-Kunst-Reiseführer)
ISBN 3-7701-0933-3
NE: Rother, Almut:

Druck: Druckerei Gebr. Rasch GmbH & Co., Bramsche
Buchbinderische Verarbeitung: Boss-Druck, Kleve

Printed in Germany ISBN 3-7701-0933-3

Kunst-Reiseführer in der Reihe DuMont Dokumente

Zur schnellen Orientierung – die wichtigsten Orte und Landschaften der Bretagne auf einen Blick:

(Auszug aus dem ausführlichen Ortsregister S. 267–271)

In der Umschlagklappe: Übersichtskarte der Bretagne

In der hinteren Klappe: Megalithkultur in der Umgebung von Carnac und im Golf von Morbihan

Unserer fröhlichen Reisebegleiterin
Kerstin

Inhalt

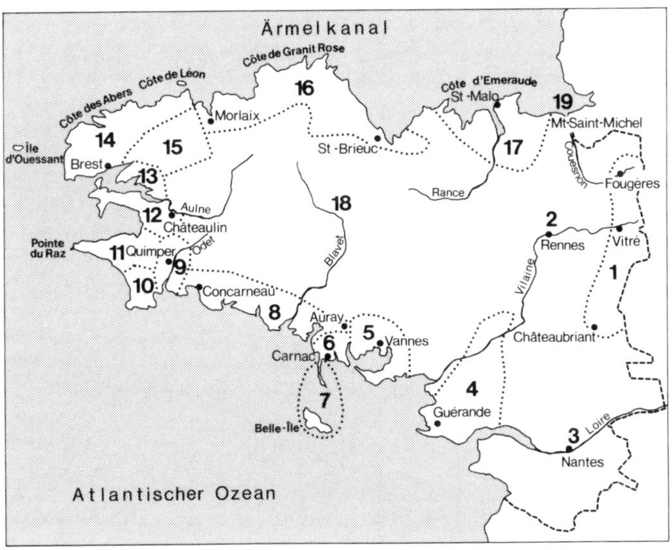

Die Zahlen zeigen die Lage der Gebiete, die in den Kapiteln 1–19 behandelt werden

Mensch und Landschaft

Die Bretagne (bretonisch: Breiz[h]) ist die nordwestlichste Landschaft Frankreichs, eine große Halbinsel, die im Norden vom Ärmelkanal, im Westen und Süden vom Atlantischen Ozean umgeben ist, während die östliche Grenze in der historischen Auseinandersetzung mit der Normandie, mit Frankreich und Anjou entstand. Schon der römische Naturforscher Plinius der Ältere (23–79 n. Chr.) nannte die Bretagne die Beobachterin des Ozeans; in der Tat schiebt sich die Halbinsel wie ein mächtiger Schiffsbug in den Ozean vor, umbrandet von dem gewaltigen Element, dem die Bretonen seit undenklichen Zeiten als Seefahrer- und Fischervolk trotzen. Doch die unstetige und zum Aufbruch bereite menschliche Lebensform verbündet sich im Innern der Bretagne mit der bäuerlich bewahrenden Tradition. Und gerade diese Extreme sind es, die auch den Fremden an der Bretagne faszinieren: Geraten die Sinne beim Erlebnis des tobenden Meeres und der schroffen Felsküsten, beim Kampf gegen den feuchten salzigen Wind in Aufruhr, so beruhigen sie sich wieder beim Durchstreifen der einsamen Heiden und Wälder und in der Stille der abgeschiedenen Dörfer (Farbt. 11, 16).

Die 1789/90 aus dem Herzogtum Bretagne hervorgegangene Provinz umfaßt die heutigen Départements *Côtes-du-Nord* (509 100 E.), *Finistère* (786 300 E.), *Ille-et-Vilaine* (691 400 E.) und *Morbihan* (548 700 E.) (27 184 km², 2,54 Mill. Einwohner 1974. 93 E./km²) mit dem peripheren Verwaltungszentrum Rennes.[1] Das Département *Loire-Atlantique* (912 000 E.) mit Nantes als Zentrum gehörte ehemals auch zur historischen Bretagne und wird deshalb in diesem Buch auch gleichermaßen berücksichtigt, ebenfalls der Mont-Saint-Michel, der heute zwar an der Grenze auf normannischem Territorium liegt, aber als ›Wunder des Abendlandes‹ von keinem Bretagne-Reisenden ausgeklammert wird. Wegen der abweichenden Entwicklung wurde das Département Loire-Atlantique bei der Bildung möglichst einheitlich strukturierter Wirtschafts- und Verwaltungseinheiten ausgegliedert, so daß sich die Bretagne als VI. ›Région Économique‹ nur noch aus den vier zuerst genannten Départements zusammensetzt, die in ihren wirtschaftlichen und sozialen Problemen enger verwandt, wenn auch nicht völlig homogen sind.

L'Aber Wrach (Finistère), eine typisch bretonische Rias-Küstenlandschaft, im Vordergrund eine später christianisierte Stele (Lech) aus der Eisenzeit

Armor – diese Bezeichnung verwendet der Bretone für Meer, doch damit meint er nicht nur die Fluten, die die Küsten der Bretagne umspülen, dazu gehören auch die Inseln, die amphibische Zone des Watts und ein breiter Küstenstreifen, in den das Meer in tiefeingeschnittenen Buchten, den sogenannten Rias, eindringt. Als Zeichen jahrtausendealter Verwitterung und Abtragung stellen sich die Küsten der Bretagne dar, charakterisiert durch eine Abfolge stark gegliederter Halbinseln mit klippenreichen Kaps, Anhäufungen gewaltiger Felsformationen und dazwischenliegenden bald enger, bald weiträumigeren feinsandigen Stränden. Durch die Lage am Ärmelkanal ist der Einfluß der Gezeiten gewaltig; der Tidenhub erreicht im Golf von St-Malo mit 14 m die höchsten Werte in Europa. »Die Gezeiten wurden zum Lebensrhythmus auch der Menschen. Die ganze bretonische Küste ist ein ständiges Ein- und Ausatmen, kein hastiges Keuchen, sondern ein stilles, kaum merkliches, unwiderstehliches An- und Abschwellen. Der Zwölf-Stunden-Rhythmus hat bisweilen etwas Schwebendes, man glaubt sich sanft emporgetragen und wieder der Erde zurückgegeben: Goethes ›Systole‹ und ›Diastole‹ haben hier ihre Entsprechung.«[2]

Die Nordküste setzt sich aus relativ geradlinigen Abschnitten zusammen, die als hohe Kliffs zum Meer abfallen, dazwischen liegen die natürlichen Sandbuchten. In westlicher Richtung nimmt die Zahl der Rias zu. Die Südküste dagegen ist insgesamt weniger steil, jedoch durch größere Buchten und Rias stärker gegliedert. Die Entstehung dieser Rias ist dem Eindringen des Meeres in die Mündungsgebiete der ehemaligen Flußtäler zu verdanken.

Während der letzten (Würm-)Eiszeit vor etwa 120 000 Jahren lag der Meeresspiegel beträchtlich tiefer. Großbritannien war noch keine Insel, sondern mit dem Festland verbunden; und auch die heutigen bretonischen Inseln Belle-Île, Houat, Hoëdic, Sein und Ouessant konnten trockenen Fußes erreicht werden. Nach Abschmelzen des mächtigen Inlandeises über Skandinavien, Teilen von Großbritannien und Norddeutschland erfolgte eine Meerestransgression, deren Ausmaß durch ein Absinken des bretonischen Festlandskörpers noch verstärkt wurde. Der Höhepunkt dieser Entwicklung lag wahrscheinlich in der Litorina-Zeit der Ostsee um 5000 v. Chr. Sicherlich waren die Krustenbewegungen jener Zeit noch nicht vollständig zum Stillstand gekommen. Das beweisen z. B. die Steinreihen von St-Pierre-Quiberon oder der Cromlech auf der Insel Er Lanic im Golf von Morbihan, die nach ihrem Bau teilweise von den Meeresfluten überschwemmt wurden (Abb. 17).

Argoat ist die bretonische Bezeichnung für das Waldland der Bretagne. Doch das ursprüngliche Landschaftsbild im Innern ist seit den mittelalterlichen Rodungsperioden stark verändert worden. Abgesehen von einigen wenigen größeren Buchen- und Eichenwäldern (z. B. Forêt de Paimpont, Forêt de Huelgoat, Farbtafel 11) ist das Innere der Bretagne heute eine offene Landschaft mit Acker- und Grünland, die durch unzählige Hecken (bocage) und Steinmauern schachbrettartig aufgeteilt wurde, zeitweilig aufgelockert durch moorige Gebiete und melancholische Landstriche mit Stechginster und Heidekraut (Farbt. 5, 18, Abb. 14). Die geringe Bewaldung (unter 10% der Gesamtfläche gegenüber 19% im französischen Durchschnitt) hat neuerdings zu einer Aufforstung der Heideflächen geführt. Die Oberflächengestalt ähnelt einem mehr oder weniger stark gewellten Plateau, das von zwei etwa parallel verlaufenden Bergzügen überragt wird; im Nordwesten sind es die Monts d'Arrée mit dem 384 m hohen Roc Trévezel, der höchsten Erhebung der Bretagne, im Südwesten die Montagnes Noires mit dem 326 m hohen Roc de Toulaëron.

Geologisch ist die Bretagne ein Teil des noch auf die Halbinsel Cotentin und die Vendée übergreifenden armorikanischen Gebirges mit herzynischer Streichrichtung, das unter Einbeziehung älterer Bauelemente im Karbon aufgefaltet wurde. Unabhängig vom Gesteinswechsel der enggescharten Faltenzüge und der zwischengeschalteten Tiefengesteinskörper entstanden seit dem Oberkarbon Verebnungen über harten Sandsteinen, Graniten und verschieden widerständigen metamorphen Gesteinen. Großräumige tertiäre Krustenbewegungen belebten erneut die Erosion, wodurch die alten Strukturen des eingerumpften Gebirges herauspräpariert werden konnten, wobei verschiedene lokale Verwerfungen und Flexuren wirksam wurden, die meist den vorgezeichneten Streichrichtungen angepaßt waren.

Der komplizierte geologisch-geomorphologische Aufbau der Halbinsel bestimmt auch die Vielfalt von Bodentypen. Das Landesinnere, vor allem aber die Höhenzüge mit ihren podsoligen Böden sind nur für anspruchslosere Kulturpflanzen geeignet. Demgegenüber finden wir in Nachbarschaft der Küste auf Parabraunerden einen anspruchsvolleren Anbau, zumal hier die Möglichkeit der Tangdüngung (goëmon) oder der Aufkalkung durch die Beigabe von maërl (Kalkabsonderungen der Rotalge) bzw. kalkhaltigem Meersand besteht. Das wirtschaftliche Gefälle zum Landesinneren hin zeigt sich in einer Abnahme der Feldgemüsekulturen und Hackfrüchte (Kartoffeln, Blumenkohl, Artischocken, Zwiebeln u. a.) und in einer Zunahme des Futterpflanzenanbaus und des Grünlandes. Der Versuch, die Erträge zu steigern, kann nicht über schwerwiegende Strukturmängel hinwegtäuschen, da viele Betriebe noch die traditionelle Mischkultur für die Eigenversorgung verfolgen. Hinzu kommen als weitere Nachteile die hohen Transportkosten zu den Hauptverbrauchermärkten infolge der Abseitslage und schließlich eine unrentable Betriebsgröße unterhalb von 20 ha landwirtschaftlicher Nutzfläche für Misch- und Viehzuchtbetriebe. So überrascht es nicht, daß das Einkommen der Erwerbstätigen in der Landwirtschaft um ein Viertel bis ein Drittel niedriger liegt als der französische Durchschnittswert.

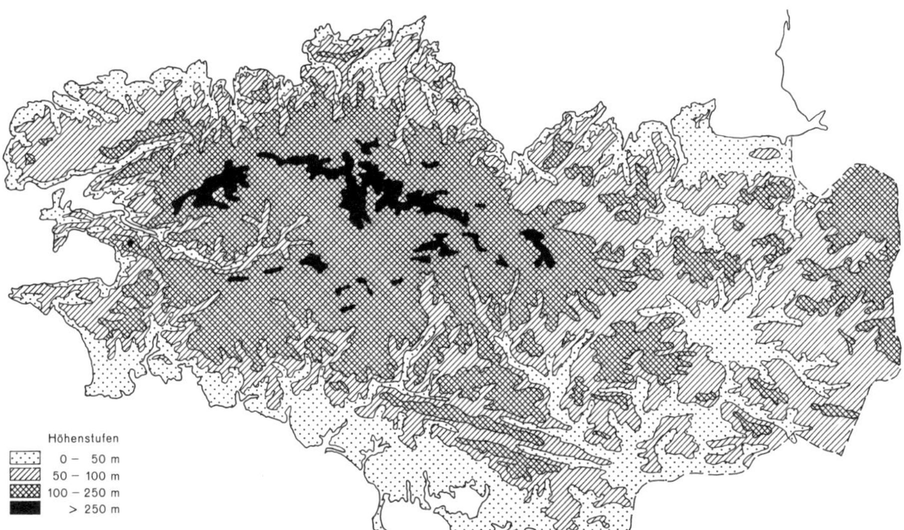

Relief der Bretagne (nach J. Dodt)

Bretonisches Bauernhaus im Morbihan mit zwei Außentreppen

Hauptmerkmale des Klimas der Bretagne sind milde Winter, mäßig warme Sommer und reichliche Niederschläge. Dieses extrem ozeanische Klima beherrscht den größten Teil der Halbinsel, wo kein Ort mehr als 125 km vom Meer entfernt liegt. Nur im Bereich des Beckens von Rennes beginnen kontinentalere Einflüsse wirksam zu werden. Hinzu kommt ein ständig wehender Westwind, der besonders im Küstenbereich die Windschur der Bäume bewirkt (Farbt. 19). Die Jahresdurchschnittstemperaturen im Küstensaum liegen zwischen 11° und 12° C und nehmen zum Landesinnern um 1° bis 2° C ab. Im wärmsten Monat – im Landesinnern der Juli, an der Küste der August – kehrt sich das Temperaturgefälle um: die höchsten Werte (zwischen 17° und 18°, gelegentlich 19° C) kommen im meerfernen Landesinnern des Ostens und Südostens vor, während nach Westen die Monatsmittel auf 16° C, in den höheren Lagen auf unter 15° C absinken. In den milden Wintern sinkt die Temperatur im Mittel nicht unter 7° bis 6° C ab.

Auch die Verteilung der Niederschläge ergibt ähnliche innerregionale Kontraste; und zwar gliedert sich die Bretagne in einen regenreicheren westlichen und einen niederschlagsärmeren östlichen Teil, andererseits in eine trockenere Küstenzone und ein feuchteres Landesinnere (Küstensaum: 800–900 mm; Monts d'Arrée und Montagnes Noires über 1500 mm; Ostbretagne 700–800 mm Jahresniederschlag).

Aufgrund der Oberflächengestalt, der pedologischen und klimatischen Verhältnisse und nicht zuletzt auch wegen der ungünstigeren Verkehrsverhältnisse ist das Landesinnere, besonders der westliche Teil, von Natur aus benachteiligt.

Die naturräumlichen Unterschiede spiegeln sich in vielfältiger Weise in den wirtschafts-, siedlungs- und bevölkerungsgeographischen Verhältnissen wider. Die Wirtschaftsstruktur war von jeher von der Landwirtschaft geprägt; 43 % der Erwerbstätigen arbeiteten 1965 in diesem Zweig, während nur 22 % in der Industrie tätig waren (damit liegt die Bretagne unter dem französischen Durchschnitt von 39 %). Die hafenreichste französische Landschaft kam der Fischereiwirtschaft zugute (7 % der Erwerbspersonen). Im Rahmen der vom Staat geförderten Neuansiedlung ließen sich in der Bretagne bedeutende Industrieunternehmen verschiedener Zweige nieder, doch die ungünstige Lage zu den großen Absatzmärkten, ungünstige Verkehrsanbindung, hohe Kosten der Rohstoffbeschaffung und die geringe Kaufkraft der Region selbst erschweren die Strukturverbesserungen. Allerdings wurden die Probleme der Energieversorgung zukunftsweisend gelöst: durch das Gezeitenkraftwerk der Rance bei St-Malo (s. Fig. S. 219) und durch das Atomkraftwerk bei Brennilis. Der Fremdenverkehr, der sich bisher nur auf wenige Monate im Jahr (Juni–September) mit langfristigem Erholungsverkehr beschränkt, gewinnt im Wirtschaftsleben der Bretagne immer mehr an Bedeutung. 70 % des Tourismus fällt auf die Küstenzone. Als Feriengebiet der gehobenen französischen und englischen Gesellschaft hat sich seit der zweiten Hälfte des 19. Jahrhunderts der Abschnitt der Côte d'Emeraude mit den Orten Dinard und St-Malo entwickelt, was trotz des heutigen Massentourismus in der Physiognomie der Orte nachklingt. Ebenso bevorzugt ist im Süden die Gegend um den Golf von Morbihan und die Halbinsel Quiberon, außerdem die mondänen Badeorte an der Loiremündung mit La Baule an der Spitze. In westlicher Richtung, im Norden wie im Süden, nimmt der Fremdenverkehr dann ab.

Trotz der in letzter Zeit eingeleiteten Maßnahmen zur Verbesserung der Wirtschafts- und Verkehrsstruktur sind viele Räume der Bretagne Passivräume mit geringerer Tragfähigkeit und Anziehungskraft geblieben, was sich in einer Binnen- oder sogar Abwanderung der Bevölkerung niederschlägt (Paris, Loire-Atlantique), zumal die Bretagne ein Land hoher Geburtenüberschüsse ist. Die bisher dargestellten Kontraste

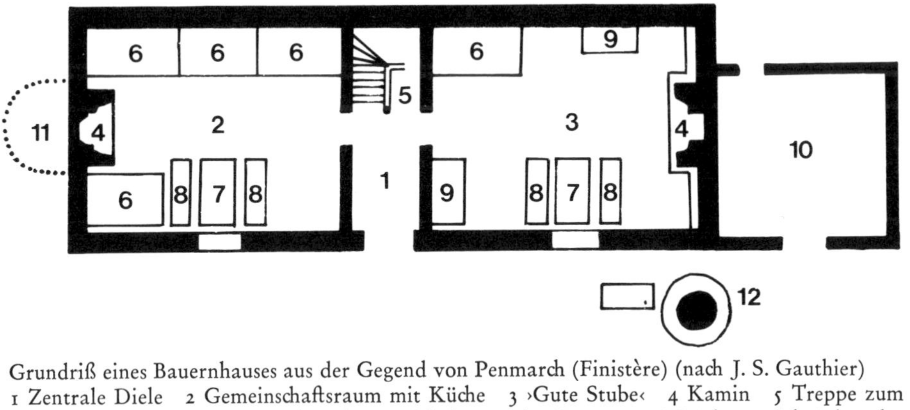

Grundriß eines Bauernhauses aus der Gegend von Penmarch (Finistère) (nach J. S. Gauthier)
1 Zentrale Diele 2 Gemeinschaftsraum mit Küche 3 ›Gute Stube‹ 4 Kamin 5 Treppe zum Dachboden 6 Schrankbetten (lits-clos) 7 Tische vor den Fenstern 8 Bänke 9 Schränke oder Truhen 10 Stall oder Schuppen 11 evtl. Backofen 12 Brunnen

spiegeln sich auch in der Siedlungsstruktur wider. Insgesamt ist die Bretagne wenig verstädtert. Abgesehen von der Hauptstadt Rennes liegen alle größeren Städte im Küstenbereich. Die meisten entstanden im Mittelalter in Anlehnung an die Burg- und Befestigungsanlagen weltlicher und geistlicher Grundherren. In der Folgezeit konnten sie sich nur dann entwickeln, wenn es ihnen gelang, Handels- und Gewerbefunktionen zu übernehmen; dabei wirkte sich die Fluß- oder Küstenlage als Sammelpunkt oder Verteilerzentrum günstig aus. Obwohl man die Binnenschiffahrtswege ausbaute (z. B. Nantes-Brest-Kanal), bot sich den Städten im Landesinnern kaum eine Entwicklungsmöglichkeit, so daß sie heute immer noch – abgesehen von Pontivy, Guingamp oder Fougères – das Aussehen kleiner Landstädte mit Einrichtungen unterster Stufe haben. Auch die ländlichen Zonen im Küstenbereich unterscheiden sich von denen im Landesinneren dadurch, daß sich unter dem Einfluß der konzentriert wohnenden Fischereibevölkerung die Struktur der ländlichen Streusiedlung verwischt hat. Geprägt wird die ländliche Siedlung immer noch von dem traditionellen bretonischen Gehöft mit dem Wohnhaus, den giebelseitigen Kaminen und den anschließenden Ställen in Längsachse. Vielerorts wird der Naturstein verwendet. Im Küstenbereich beleben rostbraune Flechten auf den Schieferdächern die grauen Granitmauern. Häufig sind die Fischerhäuser weißgetüncht, manchmal mit Schilf oder Stroh gedeckt, und auch die vielen Ferienhäuser passen sich diesem Baustil an.

Die Bretonen, Nachfahren der im 5. bis 7. Jh. von Großbritannien eingewanderten Kelten, haben in der westlichen Niederbretagne (Basse-Bretagne) bis heute ihre kulturelle Eigenständigkeit und ihre bretonische Sprache bewahrt. Durch den immerwährenden Kampf mit den Naturgewalten ist hier ein Volk geformt worden, das stolz und zurückhaltend, hartnäckig, phantasievoll und leidenschaftlich ist. Seine Liebe zur bäuerlichen Tradition und zur Freiheit der Seefahrt hat sich hier stärker erhalten als anderswo: religiöse und weltliche Feste, alte Trachten aus dem 19. Jahrhundert, Erzeugnisse der Handwerkskunst und die Wohnungseinrichtung sind Beweise eines keltisch-bretonischen Lebensstils, dessen unverfälschte Natur der Städter Mitteleuropas dankbar erlebt (Farbt. 35–39, Abb. 99, 100, 133, 134).

Ernest Renan, Orientalist und Religionshistoriker aus Tréguier, schrieb 1881: »Der bezeichnendste Zug der bretonischen Rasse in allen ihren Schichten ist der Idealismus, die Verfolgung eines bestimmten moralischen oder geistigen Ziels, das oft falsch, immer aber selbstlos ist. Kein Volk ist so wenig für Handel und Industrie geeignet wie das bretonische. Gewinne scheinen eines Ehrenmanns nicht würdig zu sein. Vornehme Berufe sind jene, die nichts einbringen: Soldat, Seemann, Priester, Richter, Denker. Den meisten Überlegungen liegt die sicherlich falsche Überzeugung zugrunde, daß man nur durch Ausbeutung anderer zu Vermögen kommt. Daher ist der Reiche nicht sehr angesehen. Man schätzt jene mehr, die das öffentliche Wohl betreiben oder den Geist des Landes vertreten ... Lacht nicht über uns Kelten. Wir bauen kein Parthenon, dazu fehlt uns der Marmor. Aber wir wissen zu Herz und Gemüt zu reden.«[3]

Zeittafel zur Geschichte der Bretagne

	Siedlungsspuren in der Altsteinzeit und Mittelsteinzeit (Acheuléen, Moustérien, Tardenoisien)
4000–2000 v. Chr.	Jungsteinzeit, Höhepunkt der Megalithkultur (Dolmen, Menhire, Alignements, Cromlechs und Artefakte)
2000–500 v. Chr.	Kupferzeit und Bronzezeit (bearbeitete Menhire, letzte Megalithgräber, Keramik, Beile, Schmuck)
um 500 v. Chr.	Beginn der Eisenzeit. Keltische Stämme lassen sich in der Bretagne nieder. In den folgenden Jahrhunderten siedeln die Redonen um Rennes, die Namneten um Nantes, die Veneter um Vannes, die Osismer im nördlichen Finistère und die Curiosoliten um St-Brieuc und Dinan (Côtes-du-Nord).
56 v. Chr.	Julius Caesar schlägt die Veneter im Golf von Morbihan; Beginn der Romanisierung Galliens
	Armorika wird zur Bretagne
460	Keltische Briten werden von Angeln und Sachsen aus England vertrieben und siedeln in Armorika; sie bringen ihre (keltische) Sprache und das Christentum mit. Die Einwanderungswelle reicht bis in das 7. Jh.
500–600	Zusammenstöße der expandierenden Briten mit den romanisierten Armorikanern und den Franken
579	Sieg Warochs in Vannes über die Galloromanen
um 600	In Cornwall (Cornouaille) bretonisches Königreich Gradlons (Gralen). Nach der Sage Untergang der Stadt Is (Ys)
799	Karl der Große unterwirft die gesamte Bretagne
818	Morvan, König der Bretagne, lehnt die Tributzahlungen an Ludwig I., den Frommen, ab. Er wird zwar besiegt, doch weitere Aufstände folgen.
	Das unabhängige Herzogtum Bretagne
826	Ludwig I. macht den bretonischen Fürsten Nominoë zum Herzog der Bretagne.
840	Nominoë verweigert dem Frankenkönig Karl dem Kahlen die Anerkennung. 845 vernichtete er die fränkischen Truppen bei Redon. Daraufhin erkennt Karl der Kahle die Unabhängigkeit der Bretagne an.
851	Sieg der bretonischen Truppen bei Le Grand-Fougeray. Nominoë stirbt, nachdem er das Frankenreich besetzt hat. Karl der Kahle erkennt Erispoë, Nominoës Sohn, als König an und tritt ihm im Vertrag von Angers die Länder Rennes, Nantes und Retz ab.

857–874	Salaün (Salomon) erweitert das bretonische Herrschaftsgebiet im Osten um Anjou, Cotentin und Avrachin.
919	Einfälle der Normannen an der bretonischen Nordküste.
933	Die Normannen unter Wilhelm Langschwert nehmen den Bretonen das Cotentin sowie die Inseln Guernsey und Jersey ab.
937	Alan Varvek (Alain Barbe Torte) besiegt die Normannen bei Dol, Plourivo und Nantes und verjagt sie aus der Bretagne.
992–1148	Herrschaft der bretonischen Herzöge: Geoffroy (Gottfried) I., Alan III. (Er unterstützt Wilhelm den Eroberer bei Hastings), Conan II., Hoël von Cornouaille, Alan IV., Conan III.
1156	Conan IV. schwört dem König von England die sog. Hulde, um ein Gegengewicht zum französischen Einfluß zu schaffen.
1166	Conan IV. dankt ab. Heinrich II. Plantagenet, König von England, verwaltet die Bretagne.
1182–1186	Geoffroy II. Plantagenet, Herzog der Bretagne
1187–1203	Arzhur Breizh (Arthur von der Bretagne)
1213	Pierre de Dreux aus dem Hause der französischen Kapetinger wird Herzog der Bretagne. Er und seine Nachfolger wehren die Ansprüche der französischen Krone ab.
1237–1286	Yann (Jean) I.
1341–1365	Yann III. stirbt ohne Erben. Bretonischer Erbfolgekrieg. Frankreich unterstützt den Königsneffen und Grafen, Charles de Blois, die Bretonen und England den Bruder des Verstorbenen, Jean de Montfort.
1364	Jean de Montfort siegt bei Auray über Charles de Blois und die Franzosen unter Bertrand du Guesclin
1365	Vertrag von Guérande. Yann IV. von Montfort wird als Herzog anerkannt, muß aber nach England fliehen. 1379 kehrt er zurück und vertreibt Du Guesclin.
1399–1457	Zeit des Wohlstandes während der Regierungszeit der Herzöge Yann V., François I., Pierre II., Arzhur III., Richmond
1458–1488	François II. versucht die Unabhängigkeit der Bretagne durch eine geschickte Diplomatie aufrechtzuerhalten. Am 28. Juli 1488 werden die Bretonen von den Franzosen bei Saint-Aubin-du-Cormier vernichtend geschlagen.
	Die autonome Bretagne
1491	Anne de Bretagne, die Tochter François II., heiratet nacheinander die französischen Könige Karl VIII. und nach dessen Tod 1498 seinen Nachfolger Ludwig XII., gibt aber ihre Rechte an der Bretagne nicht auf.

1514 Anne de Bretagne stirbt. Ihre Tochter Claude heiratet den französischen König Franz I.

1532 Unter dem Druck des französischen Königs proklamieren die bretonischen Stände die Vereinigung mit Frankreich. Die Bretagne bleibt autonom auf fiskalischem, juristischem und militärischem Gebiet (Vertrag von Vannes, Edikt von Le Plessis-Macé).

1550–1650 Wohlstand in der Bretagne durch den aufblühenden Tuchhandel; die bretonischen Pfarrbezirke (Enclos paroissiaux) entstehen.

1598 Edikt von Nantes. Heinrich IV. beendet die Religionskämpfe zwischen Katholiken und Hugenotten.

1675 Revolte und Unterdrückung der bretonischen Bauern. Aufstand in Rennes gegen das von Colbert eingeführte ›Stempelpapier‹, das die autonomen Rechte beschneidet. Das Parlament geht nach Vannes ins Exil.

1685 Ludwig XIV. hebt das Edikt von Nantes auf. Zahlreiche Hugenotten verlassen die Bretagne; mit der Aufgabe ihrer Textilindustrien setzt ein wirtschaftlicher Niedergang ein.

1764 Zwistigkeiten zwischen dem Parlament der Bretagne (La Chalotais) und Ludwig XV.

Die französische Bretagne

1789 Die Bretonen begeistern sich zunächst für die Französische Revolution und erhoffen dadurch eine Wiederbelebung des Regionalismus, doch die Rechte aus dem Vertrag von 1532 werden beseitigt, die Autonomie abgeschafft und die Bretagne in die bis heute bestehenden Départements eingeteilt.

1792–1799 Aufstände der Chouannerie, einer bewaffneten Gemeinschaft von Königstreuen, gegen die Republikaner. 1795 landen königstreue Emigranten aus England auf der Halbinsel Quiberon, fallen durch Verrat in die Hände der Republikaner und werden in Auray erschossen. Als letzter Chouan gilt der legendäre Georges Cadoudal, der 1804 hingerichtet wird.

1911–1928 Gründung verschiedener nationaler Parteien in der Bretagne

1932–1939 Anschläge der Geheimorganisation Gwenn ha Du gegen Eisenbahnlinien, Denkmäler und Präfekturgebäude

1944 Amerikanische Truppen besetzen in Verbindung mit der französischen Widerstandsbewegung die von der deutschen Wehrmacht eingenommene Bretagne.

1950 Wiederbelebung der nationalistischen Bewegung, der bretonischen Kultur und Sprache. 1968/69 Attentate des F.L.B. (Breton. Befreiungsfront), besonders in St-Brieuc und im Raum Paris.

Vor- und Frühgeschichte

Die Bretagne blieb im *Paläolithikum* (Altsteinzeit) von den gewaltigen pleistozänen Inlandeismassen verschont, die wiederholt aus Nordeuropa vordrangen und große Teile der Britischen Inseln, der heutigen Nordsee und Norddeutschlands bedeckten, doch herrschte hier südlich des Eises ein kaltes Tundrenklima mit Dauerfrostboden. In diesem periglazialen Klimagebiet lebten die heute ausgestorbenen Tiere der Eiszeit: das massige Mammut, der Höhlenbär, der Riesenhirsch und das wollhaarige Nashorn. Funde bei Mont Dol, 3 km nördlich der Stadt Dol-de-Bretagne, beweisen, daß diese Tiere von den Jägern der Altsteinzeit erbeutet wurden; man fand Reste der genannten Tiere zusammen mit einfachen Feuerstein- und Quarzitartefakten, die dem Moustérien angehören, einer altsteinzeitlichen Kulturstufe, die zu Beginn der letzten Eiszeit im eisfreien Eurasien weitverbreitet war.

Im *Mesolithikum* (Mittelsteinzeit) finden sich zum erstenmal deutlichere Spuren erster Besiedlung in der Bretagne. Es ist jene interessante Epoche der Menschheitsgeschichte, in der sich der Übergang von der Stufe der Wildbeuter, also der schweifenden Jäger und Sammler, zur Stufe der seßhaften Pflanzer, Hirten und Bauern vollzieht. Zwei mesolithische Kulturen sind durch Funde nachgewiesen worden, das sogenannte *Campignien* und das *Tardenoisien*. Die von *L. Marsille* 1925 bei *Saint-Congard* am Oust (nordwestlich von Redon) entdeckten Artefakte (Spitzhacken, Meißel, Hobel, Kratzer und Schaber), aus dem dort anstehenden Kreidesandstein gefertigt, gehören einer Bevölkerung einer späten Stufe des *Campignien* an, die sich vorwiegend mit Jagd, Holzbearbeitung und Lederzubereitung beschäftigte, aber noch keine Landwirtschaft kannte. Bei *La Torche*, einer kleinen Halbinsel in der Bucht von Audierne, fand *P. du Chatellier* in den 80er Jahren des vorigen Jahrhunderts das Skelett eines Jünglings, der dort in einer großen Anhäufung von Schalen von Muscheln und anderen Meerestieren begraben worden war. Solche Muschelhaufen (dän. kjoekkenmoeddinger = Küchenabfall) sind auch in anderen Küstenstrichen bekannt geworden (Portugal, Südengland).

Die reichsten mesolithischen Funde wurden 1928 von *M. und S. J. Pequart* auf den Inseln *Téviec* und *Hoëdic* (Morbihan) ausgegraben. Die Ausgräber fanden zahlreiche Abfallhaufen aus Muschelschalen, Knochen und Fischgräten. Fischer und Jäger hatten diese Reste ihrer Lagerplätze hinterlassen. Grabungen unter ihren alten Herdstellen brachten Sandgruben zutage, die mit Steinen ausgelegt und mit kleinen Platten eingefaßt waren. Darin waren Tote – Männer, Frauen und Kinder – beerdigt, meist in Hockerstellung, über die Ocker gestreut worden war. Zu den reichen Grabbeigaben gehörten Schmuck aus Muscheln und Tierzähnen und mikrolithische Werkzeuge, die den Geräten des südfranzösischen *Tardenoisien* verwandt sind. Diese Mikrolithen, kleine Feuersteingeräte, die wahrscheinlich als Einsätze für Harpunen und Pfeile verwendet wurden, sind in typischen Formen sehr weit verbreitet; sie finden sich im Mittelmeerraum, an der Atlantikküste von Portugal bis zu den Küsten Dänemarks und schließlich quer durch Europa bis Osteuropa und Indien. Besonders interessant waren die Grabanlagen auf *Téviec:* über den Toten war aus dicken Steinen eine Art Mausoleum errichtet worden, auf dessen Kuppel man bei der Begräbnisfeier Feuer entzündete und Kiefer von Hirsch oder Eber als Beigaben niederlegte. Im Schädel eines jüngeren Mannes steckten zwei mikrolithische Pfeilspitzen, durch die er wahrscheinlich getötet worden war. Bei einem anderen Toten fand man den vom Paläolithikum her bekannten ›Kommandostab‹. Dolche aus Knochen weisen ebenfalls auf kriegerische Auseinandersetzungen hin. Nach der Radiokarbonmethode ordnet man *Hoëdic* um 4625 v. Chr. (± 350) ein, *La Torche* um 4010 v. Chr. (± 80)[4].

Aufgrund der gut erhaltenen Skelettfunde haben die Anthropologen *M. Boule* und *H.-V. Vallois* der kleinwüchsigen, gemäßigt langschädligen, mit kräftiger Schädeldecke versehenen Rasse einen eigenen Namen gegeben: Typ von *Téviec.* Sie betonen gleichzeitig seine Verwandtschaft mit einer altsteinzeitlichen Rasse, dem Typ von *Chancelade. P.-R. Giot* hat diese Verwandtschaft zwar nicht bestritten, sieht aber auch Verbindungen zu dem Typ von *Cro-Magnon* bzw. den Cromagnoiden, die später sehr zahlreich in der Megalithbevölkerung auftauchen, zu dem sich dann allerdings der Atlanto-Mediterrane Typ mit Langschädel, länglichem Gesicht und hohem Wuchs gesellt und zu einem Mediterranoiden Typ mit recht vielfältigen Varianten verschmolz. Erst wieder in der Eisenzeit – vermutlich durch eine Zuwanderung der Urnenfelderleute, der Veneter – drang ein kurzköpfiger alpiner Typ ein, der die Küste nur in Ausläufern erreichte. Die lange römische Besetzung und damit das Ende der Unabhängigkeit der gallischen Seestämme führte zu einer Verstärkung dieses alpinen Anteils. Dagegen hat die Neueinwanderung der Bretonen im 5.–7. Jh. n. Chr., durch die Armorika zur Bretagne wurde, nach Giot keine wesentliche Veränderung in der anthropologischen Struktur gebracht, da jene Einwanderer dem gleichen Atlanto-Mediterranen Typ angehörten wie die einheimischen Armorikaner. Nach den Forschungen von Giot wird die Anthropologie der Bretagne bis in die Gegenwart beherrscht von dem Gegensatz zwischen der östlichen Hoch-Bretagne, die vom relativ kleinwüchsigen, kurzköpfigen und breitgesichtigen alpinen Typ bevölkert wird, und der westlichen Nieder-Bretagne, wo vor allem an den Küsten der Atlanto-Mediterrane Typ mit schmalem Gesicht und hohem Wuchs wohnt. Im Landesinnern zeigen sich Übergänge beider Typen.

Die Menhire

In vorgeschichtlicher Zeit begaben sich Volksstämme, die wahrscheinlich aus Asien kamen, auf eine Wanderung in Richtung Europa. Man vermutet, daß diese Stämme die Sonne anbeteten und ihr deshalb dorthin nachzogen, wo sie im Westen in der Bretagne versinkt. Die Bretagne muß eine Art mystischer Hafen gewesen sein, wohin sich die Seelen der Toten in Boote begeben haben, ihrem Gott auf seinem nächtlichen Weg zu folgen, das Jenseits zu erreichen. Auf ihrem langen Marsch zur Sonne von Asien nach Europa haben diese Menschen hier und da riesige Steine aufgestellt, die *Megalithen* (griech. megas = groß; lithos = Stein). Damit sind aus großen Steinen errichtete Denkmäler ganz verschiedener Art gemeint. Dank der archäologischen Forschungen und mit Hilfe der Radiokarbonmethode ist man heute in der Lage, den Bau der ersten Megalithen um 4000 v. Chr. einzuordnen (Giot). Über 2000 Jahre setzte sich sodann das Brauchtum mit Abwandlungen der Baukonstruktion fort.

Beim Durchstreifen der bretonischen Hecken- und Heidelandschaften – in unmittelbarer Nachbarschaft von Küsten ebenso wie im Landesinnern – kann man einer großen Anzahl aufrechtstehender und von Menschenhand errichteter Steindenkmäler begegnen, deren Höhe größer als ihre Breite ist. Von Archäologen erhielten sie gegen Ende des 18. Jahrhunderts den Terminus *Menhir*, ein Wort, das aus dem Bretonischen stammt und wörtlich ›Langstein‹ (men = Stein, hir = lang) bedeutet, obwohl es in dieser Sprache ein viel genaueres und populäreres Wort gab, das auch dem Aussehen dieser Steine genauer entsprach, nämlich ›peulvan‹ oder ›peulven‹ (= frz. pilier = Pfeiler). Wir finden diese Menhire – sie können alleine stehen oder mit anderen Menhiren gruppiert oder aber neben Grabmonumenten als sog. ›Menhir indicateur‹ (= Malstein) – häufig an Hängen errichtet, einige stehen an Wasserstellen und andere wiederum am Zusammenfluß zweier Flußläufe. Ihre Form richtet sich sehr stark nach ihrer Gesteinsart. So kann man beispielsweise an Granitmenhiren, bei denen nur eine Seite abgerundet ist, die vorwiegende Windrichtung erkennen. Die Dimensionen der Menhire sind sehr unterschiedlich und können eine Länge von einigen Dezimetern bis zu mehr als 20 Metern erreichen, wie z. B. der riesige ›Grand Menhir‹ *(Men-er-Hroëc'h)* bei *Locmariaquer* (Golf von Morbihan), der allerdings heute zerbrochen auf dem Boden liegt (Abb. 18). Die größten der heute noch aufrechtstehenden Menhire erreichen 10 bis 12 Meter und weisen beachtliche Gewichte auf (Abb. 15). Der schwerste ist mit 350 Tonnen der bereits erwähnte ›Grand Menhir‹ von Locmariaquer.

Um die Kraftleistung und die technischen Fertigkeiten der Megalithbevölkerung entsprechend zu würdigen, müssen wir nun der Frage nachgehen, wie man die mächtigen Steinblöcke von dem anstehenden Gestein loslöste, wie man sie transportierte und schließlich aufrichtete. Vielleicht sollte man sich zunächst an die Schwierigkeiten bei der Aufstellung des vatikanischen Obelisken auf dem Petersplatz erinnern, der das Gewicht des Menhirs von Locmariaquer bei weitem nicht erreichte. Damals (1586) war ein

Einsatz von 800 Mann und 70 Pferden für die Errichtung notwendig, die ein ganzes Jahr dauerte. Da die Menschen der Megalithkultur nicht derartige Menschenballungen in Städten kannten, wie sie beispielsweise für die altägyptische Kultur nachweisbar sind (man schätzt die Einwohnerzahl der Bretagne in jener Zeit auf etwa 100000), wenn man außerdem noch die Erfahrungen berücksichtigt, die *Z. Le Rouzic* (1864 bis 1939), der berühmte Forscher und Denkmalpfleger von Carnac, beim Wiederaufrichten von Menhiren gewonnen hat, nämlich, daß sogar wenige geschickte Männer mit richtig angesetzten Hebebäumen auch große Menhire bewältigen konnten, so wird man die Anzahl der Hilfskräfte als nicht allzu hoch einschätzen müssen. Damit der Transport nicht zu schwierig wurde, verwendete man Felsblöcke aus unmittelbarer Nähe. Bei einer Anzahl von Menhiren ist sogar der geologische Herkunftsort nachweisbar, mit Entfernungen bei manchen bis zu 3 km. Zunächst war es notwendig, den Block aus dem anstehenden Gestein herauszulösen. Dies geschah durch das Zusammenwirken von Feuer und kaltem Wasser, wobei die Fugen des Felsens auseinanderbrachen. Möglicherweise wandte man auch eine in der Bretagne noch bis ins 19. Jahrhundert übliche Methode der Steinsprengung an, wobei in ausgehöhlte ovale Löcher trockene Holzkeile eingeschlagen wurden, die mit Hilfe von aufgegossenem Wasser zu quellen begannen und den Felsen auseinandersprengten. Die weitere Operation des Transportes zum Ort der Aufstellung muß man sich auf Rollen vorstellen, wobei man den Weg so wenig abschüssig wie möglich organisierte. Die Aufrichtung des Felsblockes kann man sich nur so denken, daß man ihn über eine schiefe Rampe aus Erd- und Steinbrocken in eine darunter vorbereitete Grube mit der Basis hineingleiten ließ. Nach endgültiger Verkeilung des Blockes mit Steinen wurde die Rampe wieder abgetragen. Menhire mit flacher Basis, die nur ins Gleichgewicht gebracht werden mußten, sind sehr selten anzutreffen. Menhire aus Holz sind in Gegenden fehlenden Felsmaterials durchaus denkbar gewesen, doch ist dies aufgrund der kurzen Lebensdauer des Materials nicht nachweisbar.

Wenn man heute in der Bretagne jene Megalithdenkmäler aufsucht, muß man sich darüber im klaren sein, daß sie in den seltensten Fällen den ursprünglichen Zustand zeigen. Häufig hat die sorgende Hand des Denkmalpflegers eingegriffen und versucht, den ursprünglichen Zustand wieder herzustellen, doch unterliegt auch der härteste Granit dem stetigen Verwitterungsprozeß. Hinzu kommt, daß viele Menhire über längere Zeit umgestürzt am Boden lagen und z. T. absichtlich zertrümmert wurden, um Baumaterialien zu gewinnen. Auch Missionare, die im 5. bis 7. Jahrhundert aus Britannien in die Bretagne zogen und das Christentum verbreiteten, stürzten die von Aberglauben und Zauber umwobenen Menhire, von denen eine heilende, vor allem phallische, fruchtbarmachende Kraft ausgehen sollte. Oft wurden sie jedoch auch mit christlichen Symbolen geschmückt, um sie in christliche Prozessionen einzubeziehen, wie z. B. der Menhir bei *St-Duzec* in der Nähe von Trébeurden (Farbt. 10).

Was die Bedeutung der Menhire anbelangt, wurde schon ihre Funktion als Malstein (Menhir indicateur) erwähnt. Das könnte auch für den ›Grand Menhir‹ von Locmariaquer zutreffen, in dessen Nähe ein Ganggrab, die *Table des Marchands*, erhalten ist (Abb. 18, 21). Die Beziehung der Menhire zu den Gräbern und auch die häufig in nächster Nähe von kleineren Menhiren gefundenen Brandgräber (vor allem im Dép. Finistère) mag die von *C. Schuchardt* verfochtene Meinung rechtfertigen, daß die Menhire als Seelenthron gedacht waren für die Seele des oder der Verstorbenen. Die Unsicherheit in der Einschätzung der Funktion der Menhire soll am Beispiel des bereits mehrfach erwähnten Menhirs von Locmariaquer noch ausführlicher betrachtet werden. *P.-R. Giot* vermutet in diesem ehemals höchsten Menhir das zentrale Element eines großen Observatoriums, um Mondfinsternisse vorherzusagen, gewissermaßen eine Visierstandarte auf den Mond, dessen Visierkimme mehrere isolierte bis zu 15 km (z. B. Quiberon) entfernt stehende Menhire gebildet hätten, mit denen man die stärkste Mondabweichung durch Anpeilen des großen Menhirs hätte feststellen können. Im Gegensatz dazu versucht *W. Hülle* eine andere Deutung und verweist auf die hydrographischen Besonderheiten dieses Küstengebietes. Die Halbinsel von Locmariaquer bildet die westliche Umrandung des Golfes von Morbihan und zwischen der Pointe de Kerpenhir bei Locmariaquer und Port Navalo besteht der einzige Ausgang vom Golf zum Atlantik. Durch Flut und Ebbe kommt es in Meer und Golf zu einem beträchtlichen Tidenhub; große Wassermassen fließen somit durch diesen schmalen Zugang und verursachen eine außerordentlich starke Strömung. Deshalb sei es für die Schiffe der Megalithvölker gar nicht so einfach gewesen, die Einfahrt in den Golf richtig anzusetzen. Da aber gerade dieser Golf eine wichtige Rolle im Seehandel dieser Zeit gespielt habe, sei es geradezu notwendig gewesen, ein Mal zur Orientierung für die Seefahrer zu setzen. Sowohl vom Ozean als auch vom Golf aus habe dieser Menhir weithin gesehen werden können, was die Vermutung einer derartigen Funktion als Schiffszeichen stark stütze. Schließlich sei ein Deutungsversuch von *Z. Le Rouzic* erwähnt. Er meint, daß der einzeln stehende Menhir den schöpferischen göttlichen Geist symbolisiere, der die göttliche Flamme, das Leben, befruchte.

Trotz aller Deutungsversuche bleiben die Menhire ein ungelöstes Problem. Manchmal versucht man sie mit Legenden, die sich bis in unsere Tage erhalten haben, zu interpretieren, jedoch ohne bedeutsame Ergebnisse. In der Vorstellung der Alten schrieb man den Menhiren geheimnisvolle Kräfte der Zeugung zu. So wird zum Beispiel erzählt, es sei noch gar nicht so lange her, daß kinderlose Ehepaare in bestimmten Nächten auserwählte Menhire aufgesucht hätten und unbekleidet um den magischen Stein gejagt wären, bis sich die Frau dem Manne hingegeben habe. Daraufhin habe sich häufig der Kindersegen eingestellt. Doch selbst wenn bretonische Volksbräuche auf jene Bewandtnis der Menhire schließen lassen und in späterer Zeit in anderen Gebieten der Megalithkultur den Menhiren die deutliche Form eines Phallus gegeben wird, kann man nicht folgern, daß alle Menhire in der Bretagne Phallen darstellen sollten und daß man nur damals noch nicht in der Lage gewesen sei, sie deutlicher zu bearbeiten.

Zeitlich gehören die Menhire der Megalithkultur an, die zum überwiegenden Teil neolithisch ist, in ihrem jüngsten Abschnitt (nach 2000 v. Chr.) auch noch in die früheste Metallzeit hineinreicht.

Von den Menhiren der Megalithkultur muß man den sogenannten *Lech* unterscheiden, der ein Zeugnis der Hallstatt- und La-Tène-Zeit ist und nach Meinung von *Z. Le Rouzic* aber z. T. erst im Mittelalter errichtet wurde (sog. Babouines). Der Lech ist meist kleiner als ein Menhir und besitzt eine von Menschenhand geschaffene regelmäßige Form. Man unterscheidet eine halbkugelige Form (frz. betyle), die im Südosten der Bretagne gefunden wurde und den Venetern zugeschrieben wird, von einer langgestreckten Form mit kegelstumpfartigem Profil (frz. stèle oder Stele), die öfter im Norden der Bretagne vorkommt und mit dem Keltenstamm der Osismer in Verbindung gebracht wird. Die letztgenannten Stelen haben einen kreisförmigen, quadratischen oder polygonalen Querschnitt; Kannelierungen, Zierleisten oder Facetten können ihre Oberfläche verzieren und lassen an antike Säulenstümpfe denken. Insgesamt ist ihre Verbreitung an die Nachbarschaft der Granitmassive gebunden, was die Zonen ohne Lechs im Landesinnern erklärt. Die Mehrzahl dieser Lechs ist in unserer Zeit an einen neuen Standort gebracht worden, sie sind wiederverwendet und einem neuen Zweck angepaßt worden. Wurden sie nicht als heidnische Relikte zerstört oder vergraben, dann dienten sie manchmal schon in römischer, aber meistens in christlicher Zeit als Gedenksteine mit Unizialinschriften oder als Sockel für ein Kreuz.

Von dieser Gruppe der echten Lechs muß die Gruppe der ›bearbeiteten‹ Menhire unterschieden werden, auf die *P.-R. Giot* aufmerksam gemacht hat und die besonders im Norden der Bretagne im Dép. Finistère und Dép. Ille-et-Vilaine vertreten sind. Zu ihnen gehören u. a. der größte heute noch aufrecht stehende Menhir der Bretagne von *Kerloas* Gem. Plouarzel mit 12 Metern Höhe (Abb. 15), die beiden Menhire von *Kergadiou* Gem. Plourin-Ploudalmézeau (10,5 bzw. 9,5 m), alle drei im Léon, in der nordwestlichsten Landschaft der Bretagne gelegen, sowie der Menhir von *Champ-Dolent* (9,5 m) südöstlich von Dol. Selbst bei dem größten Menhir der Bretagne, dem ›Grand Menhir‹ bei *Locmariaquer* (Abb. 18) ist nicht auszuschließen, daß zumindest einige seiner Flächen geglättet sind. Zeitlich ordnet man die ›bearbeiteten‹ Menhire in die sog. Fürstenhügelzeit ein, also an das Ende der bretonischen Megalithkultur.

Die Alignements

Überwältigt und bis ins Innerste unserer Seele betroffen stehen wir vor den sich ins Grandiose steigernden Zeugnissen jener fernen mystischen Religion, den *Alignements von Carnac*, einem sich langsam emporreckenden Heer unförmiger Felsblöcke aus grauem und grünlich schimmerndem, stark verwittertem Granit, der von weißgrünlichen Flechten bedeckt ist (Farbt. 5, 6, Abb. 16). Es handelt sich hierbei nicht mehr um isolierte Monolithen, sondern um ganze Gruppierungen, die in mehreren geradlinigen

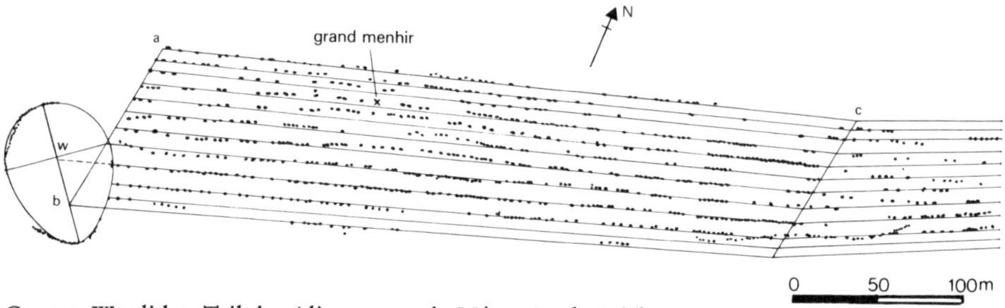

Carnac. Westlicher Teil der Alignements du Ménec (nach A. Thom)

nebeneinanderlaufenden Reihen mit wenigen Metern Abstand angeordnet sind und die Bezeichnung *Steinallee* (frz. alignement) tragen. Auch ihre Größe variiert sehr stark von den einzeln stehenden Menhiren, indem sie viel kleiner sind und auch viel unförmiger bleiben. Treten nur eine oder zwei Reihen nebeneinander auf, gebraucht man die Bezeichnung *Steinreihe* (ligne); sind die Steine in einem Kreis angeordnet (z. B. *Er Lanic* im Golf von Morbihan (Abb. 17), *Ménec, Kerlescan* bei Carnac, *Ste-Barbe* bei Plouharnel, *St-Pierre-Quiberon)* oder oval oder in einem Halbkreis bzw. Halboval, so wird dafür das keltische Wort *Cromlech* verwendet, obwohl dieser Terminus ursprünglich für eine bestimmte Grabform angewendet wurde. Die Anordnung der Menhire kann aber auch in einem Viereck, dem sog. *Quadrilatère* vorgenommen sein. In der Bretagne sind von dieser letzten Form nur zwei Exemplare bekannt. So besteht der Quadrilatère von *Crucuno* bei Erdeven aus 22 Menhiren; seine Ecken sind nach den vier Himmelsrichtungen ausgerichtet. Die Termini Cromlech und Quadrilatère werden auch unter dem Begriff *Enceintes* gefaßt, was in deutscher Sprache soviel wie Steingehege bedeutet (vgl. engl. stone-henge).

Auch in anderen Teilen der Welt gibt es diese Menhirreihen, doch nirgendwo in Europa – man müßte schon bis nach Tibet oder Indien gehen, um vergleichbares zu finden – sind derartige Großanlagen wie in der Bretagne anzutreffen, und hier wiederum die großartigsten und am besten erhaltenen vor allem in der Umgebung von Carnac. Auch im Norden der Bretagne kommen diese Heere von Menhiren vor, z. B. das *Champ des Roches* bei Pleslin (Côtes-du-Nord), jene von *La Grée-de-Cojoux* bei St-Just (Ille-et-Vilaine) oder die von *Lagat-Jar* bei Camaret (Finistère) und zuletzt die Steinreihen von *St-Michel* bei Braspart (Finistère).

Auffallend ist, daß es überall in Westeuropa, wo Menhire auftreten, auch Alignements mit oder ohne Cromlechs bzw. Quadrilatères gibt, und so wäre es interessant zu wissen, welche Bedeutung diese Megalithen für ihre Erbauer hatten, wer die Erbauer waren und zu welchem Zeitpunkt man sie errichtete. Die Frage nach der Bedeutung dieser Anlagen kann heute noch immer nicht mit Exaktheit beantwortet werden. *W. Hülle* möchte die seit dem 19. Jahrhundert immer wieder vermuteten Zusammenhänge zwischen bestimmten astronomischen Richtungen und der Anlage der Steinalleen im großen und ganzen als nicht zufällig ansehen. »So ergibt sich für die Steinallee von *Kermario* eine Richtung zum Sonnenaufgang zur Sommersonnenwende, von *Kerlescan* zur Frühjahrs-Tagundnachtgleiche (Äquinoktialpunkte). *Le Ménec* besitzt in seiner Steinallee die Richtung von 66°, die einer Sonnenaufgangslinie dazwischen, nämlich am 6. Mai und 8. August entspricht, für das Winterhalbjahr haben diese Zwischenpunkte (8. November und 4. Februar) die Steinreihen von *Ste-Barbe* und *St-Pierre-Quiberon!* Gerade für das bäuerliche Jahr sind diese ›Zwischenpunkte‹ von besonderer Bedeutung: 8. November = Saat, 4. Februar = Aufgang der Saat, 6. Mai = Blüte und 8. August = Ernte.«[5] Sollte diese Anlage also eine Art gigantischer Kalender sein? Endgültig läßt sich diese Frage kaum beantworten, zumal die am Beispiel aufgeführte Verlaufsrichtung der Alignements keineswegs die Norm ist. So weisen bei den Alignements von Lagat-Jar bei Camaret jede der drei Steinreihen in eine andere Richtung.

Mit großer Sicherheit läßt sich folgern, daß die Alignements religiöse Monumente sind, da eine profane Einrichtung einen derartigen Arbeitsaufwand nicht gerechtfertigt hätte. So könnte man in den Steinalleen vielleicht eine Art ›heilige Straße‹ oder ›Prozessionswege‹ sehen, die zu den Cromlechs führten, die durch ihre geschlossene Umhegung den profanen Blicken entzogen waren und eine Art ›heilige Stätte‹ gewesen sein könnten. »Leichter ließen sich die Alignements erklären«, meint *S. v. Cles-Reden*, »wenn man den einzelnen Pfeilern eine individuelle, ausgesprochen funeräre Bedeutung zusprechen könnte. Wenn jeder von ihnen als ein Denkmal oder auch als Seelensitz eines bestimmten Toten von dessen Familie gestellt wurde, wären die erstaunlichen Maße der Steinalleen die Folge einer sich über weite Zeiträume hinziehenden Entwicklung.«[6] Doch dagegen, so meint sie, spräche vor allem die trotz der vielen Zerstörungen noch deutlich sichtbare einheitliche und ziemlich regelmäßige Gestaltung der Steinalleen mit ihren umhegten Kultplätzen.

Bei all den Überlegungen zur Aufklärung der Bedeutung dieser Alignements soll zuletzt die Überlieferung der einheimischen Bevölkerung nicht unerwähnt bleiben. So zweifelt die Phantasie des Volkes natürlich nicht an dem Eindruck, der ja auch heute noch jeden befällt, wenn er zwischen den steinernen Gestalten einhergeht: »Es sind versteinerte Menschen!« Früh haben sich Sagen und Legenden um diese seltsamen Stätten der Abgeschiedenheit gesponnen. Man hatte die Steine sprechen und sogar weinen hören, sie sollten den Blitz ablenken und Fruchtbarkeit schenken können. So hört man auch aus einheimischen Quellen, daß die Menhire der Alignements von Carnac ein versteinertes Heer heidnischer Soldaten seien, verwunschen vom heiligen Cornelius, der Papst in Rom war, den man jedoch von dort vertrieb und verfolgte. Er wollte abends in dem Dorf Le Moustoir halt machen, konnte aber dadurch, daß hier Familienzwistigkeiten herrschten, nicht verweilen. So kam er auf einem Berg an, sah vor sich das Meer und hinter sich die ihn verfolgenden zur Schlacht aufgestellten Soldaten. In seiner Not verwandelte er das gesamte Heer in Steine, die übrigens noch heute die »Soldaten des hl. Cornelius« heißen. Diese Legende existiert in einer noch etwas anderen

Fassung, und schließlich erzählt man noch weiter, daß jene versteinerten Soldaten in der Weihnachtsnacht oder zum Jahresende um Mitternacht lebendig würden, um in umliegenden Wirtshäusern zu zechen. Wer ihnen dabei begegne, der sei des Todes. St-Cornély wird heute noch in Carnac und in vielen Gemeinden um Carnac herum als Schutzpatron des Hornviehs verehrt. Am 2. Sonntag im September findet ein großer Pardon in Carnac zu seinen Ehren statt. Diese in der Bretagne noch heute übliche Heiligenverehrung paßt zu *Hülles* Überlegung, der die Alignements und ihre Cromlechs mit den typischen bretonischen Enclos paroissiaux vergleicht. Er sieht in den Pardons, die bis heute in den umfriedeten Pfarrbezirken gefeiert werden, eine Fortsetzung der früheren Kulte, nur daß damals anstelle der heute christlichen Heiligen etwa eine Schutzgottheit der Rinder oder der Fruchtbarkeit der Felder verehrt wurde, die in St-Cornély bis heute fortlebt.

Eine genaue Datierung der Alignements ist sehr schwer möglich. Doch weisen z. B. die Funde eines Beiles aus der Kupferzeit im Cromlech von *Kerlescan* und die Funde, die *Z. Le Rouzic* im Cromlech von *Er Lanic* gemacht hat, auf die bretonische Megalithkultur und ihren Höhepunkt in der sog. Fürstenhügelzeit hin. Auch die Tatsache, daß die Steinallee von *Kermario* über das Langgrab von *Manio-Kermario II* hinweggeht, beweist, daß das Grab älteren Datums sein muß, wobei auch hier die Fürstenhügelzeit zutreffen kann. Eine weitere Tatsache zum Beweis des Alters sind die Alignements von St-Pierre-Quiberon und der Cromlech II von Er Lanic. Sie beweisen, daß sie vor der Zeit aufgestellt sein müssen, bevor sich im Zuge der sog. Flandrischen Transgression der Meeresspiegel hob und die Steine versanken (Abb. 17). Nach *Y. Rollando* reichte der Meeresspiegel um 2000 v. Chr. etwa 2 m unterhalb des Fußes des Cromlechs von Er Lanic. Seitdem ist er um 7 m angestiegen. Auch weiß man heute, daß nur zu jener Fürstenhügelzeit (um 2000 v. Chr. und jünger) die gesellschaftlichen Voraussetzungen für eine so gewaltige und planvoll gelenkte Arbeit möglich waren (vgl. S. 21).

Die Grabanlagen

Im Gegensatz zu den mesolithischen Totenbräuchen einer Kultur von Téviec entwickelten die neolithischen Bewohner der Bretagne neue Bestattungsformen. Man beerdigte die Leichen jetzt unter ovalen oder rechteckigen Aufschüttungen, die im Gelände wegen ihrer geringen Höhe von ein bis zwei Metern nicht sehr deutlich in Erscheinung traten. Dieser Langhügel wurde nach außen hin nochmals von senkrecht gestellten Steinen eingefaßt. Diese von *W. Hülle* als *ältere Langgräber (Langhügelgrab,* frz. *tertre tumulaire,* engl. *long-barrow*) bezeichneten Anlagen sind zwischen 50 und 100 m lang und haben eine Breite von 15 bis 35 m. Die Langhügelgräber des Morbihan, die meist ost-westlich orientiert sind, enthielten mehrere durch Steine geschützte Gräber (Steinkisten, frz. coffres) mit Resten einer Brandbestattung. Man fand nur spärliche Beigaben in diesen Gräbern: Keramikscherben, Silexsplitter, Kleinfunde wie geschliffene Beile in spitznackiger Form und querschneidige Pfeilspitzen, die sich alle sehr gut in den Rahmen des westeuropäischen Neolithikums einfügen lassen. Es ist anzunehmen, daß die Langhügelgräber nicht älter sind als die älteren Ganggräber, ja daß sie gleichzeitig nebeneinander existierten. Dennoch gelten sie als Wurzel für den späteren Höhepunkt der armorikanischen Megalithkultur. Ihre Tradition dürfte sich noch in der späteren Fortentwicklung zu den sog. Allées couvertes zeigen.

Die eigentliche Megalithkultur in der Bretagne wird repräsentiert durch einen eigenen Grabtyp, den sog. *Dolmen (Ganggrab)*. Der deutliche Gegensatz zu der vorherigen Kultur besteht nicht so sehr in dem Inhalt der Gräber, sondern in einer andersartigen Begräbnissitte: während die Bestattungen vorher durch eine kunstvoll aufgebaute Steinüberdeckung für alle Zeiten abgeschlossen wurden – vielleicht nicht so sehr im Interesse der Toten als der Lebenden –, erhielten die großen Megalithgräber durch einen Gang einen ständig zugänglichen Grab- und Kultraum, der ebenfalls durch einen gewaltigen Erdhügel geschützt wurde. Die Grundidee des Ganggrabes ist die einer Begräbnisstätte für einen Einzelnen oder für ein Kollektiv. Im Rahmen der westlichen Megalithkultur sind die Dolmen von Morbihan vor allem durch ihre Anzahl, ihre Dimensionen und ihre architektonische Vielfalt beachtenswert. Der vielfältige Anwendungsbereich von Konstruktionstechniken im Bereich der Ganggräber soll im folgenden erläutert werden.

Der *einfache Dolmen* (frz. *dolmen simple;* dol, breton. eigentlich toal = Tisch; men = Stein) besteht aus wenigen senkrecht stehenden Tragsteinen, die einen einzigen Deckstein (Überlieger) stützen. Die Anordnung der Tragsteine kann rechteckig, polygonal, oval oder rund sein. Wenn man davon ausgeht, daß alle Dolmen einmal von einem Erdhügel bedeckt waren, so kann man folgern, daß der Name Dolmen (= Steintisch) erst in dem Moment in Gebrauch gekommen sein muß, als der Erdhügel durch Abtragung freigelegt war. Auf den Typ des einfachen Dolmen stößt man in der Bretagne nur sehr selten (Pen Liouse auf der Île d'Arz, Larcuste bei Colpo, Latz). Dagegen sind solche auf der Iberischen Halbinsel, vor allem in Portugal, aber auch im westlichen Ostseeraum (Jütland, Norddeutschland) sehr viel häufiger vertreten.

Vom einfachen Dolmen unterscheidet sich das *Ganggrab* (frz. *dolmen à couloir* oder *à galerie*) durch seine größere Anlage. Zu der runden oder eckigen Grabkammer, die wieder von mehreren Decksteinen überdacht ist, führt ein länglicher ebenfalls aus Träger- und Decksteinen bestehender Gang, dessen Sinn nur in einer Hügelüberdeckung gesehen werden kann. Finden wir in den Gräbern am Gangende seitliche Ausbuchtungen, so spricht man von einem *Ganggrab mit Seitenkammer* (frz. *dolmen à cabinet* oder *à chambre latérale*). Der rückwärtige Teil des Ganges kann auch nur zu einer Grabkammer in V-Form verbreitert worden sein, oder es kann sich wie bei der P-Form um eine einseitige seitliche Ausbuchtung handeln. Eine weitere Variante stellt das *Steinplattengrab* (frz. *dolmen à grand dallage*) dar. Voraussetzung für diese Grabform ist leicht spaltbares Steinmaterial, das zu ungefähr rechteckigen Trag- und Decksteinen behauen worden ist. (Man darf diese Grabform nicht mit der wesentlich kleineren Steinkiste [coffre] verwechseln.) Schließlich gehört zur breiten Skala der Konstruktionstechniken das *Kuppelgrab* mit sog. falschen Gewölbe (frz. *dolmen à encorbellement*), eine Art Bienenkorbkuppel im Schichtbau aus kleinen, flachen überkragenden Steinen.

Zum Schluß sollen noch zwei weitere Grabformen erläutert werden, zunächst eine gegenüber den Ganggräbern etwas jüngere Grabform, das (jüngere) *Langgrab* oder *Steinkistengrab* (frz. *allée couverte*), das nur aus einem langgestreckten unterirdischen Raum besteht. Hier werden Deckplatten von parallel gestellten Tragsteinen gestützt, die häufig Einritzungen aufweisen. Der Grundriß des Grabes kann geradlinig oder rechteckig (rectangulaire) sein oder eine Ellenbogenform (coudé = geknickt) erhalten haben; der Eingang kann sich auch seitlich befinden. Wenn *W. Hülle* als jüngste Form der Megalithgräber die sog. *Fürstenhügel* (*Tumuli,* Sg. Tumulus) nennt und sie in die Fürstenhügelzeit um 2000 v. Chr. einordnet, so kann eine solche Datierung nach neuesten Forschungsergebnissen *(P.-R. Giot)* nicht mehr gehalten werden, reichen doch alle bedeutenden Tumuli im Morbihan bis ins 4. Jahrtausend v. Chr. zurück (Tumulus St-Michel bei Carnac 3800–3500 v. Chr., Abb. 31). Hervorstechendes Merkmal dieser Gräber sind ihre die Landschaft beherrschenden hervortretenden Hügel. Diese über den Dolmen aufgeschütteten Hügel bestehen nicht nur aus Erde, sondern enthalten einen festen Kern aus Bruchsteinen und heißen deshalb in bretonischer Sprache *carn, cairn* oder *galgal.* Oft enthalten die Tumuli neben einem Zentralgrab auch noch kleinere u. U. auch ältere Steinkistengräber oder Dolmen, so daß man sie auch als echte Nekropolen (Totenstädte) ansehen kann. Der Name Fürstenhügel weist auf die soziale Struktur jener neolithischen Bevölkerung hin: nur ein bedeutender Feudalherr, ein ›Fürst‹, konnte eine solche Macht ausüben, wie sie für die Organisation eines solch gewaltigen Grabmonumentes notwendig war. (Der Rauminhalt des 125 m langen, 60 m breiten und 10 m hohen Tumulus St-Michel bei Carnac wird auf ca. 50 000 cbm berechnet).

Trotz moderner Datierungsmethoden (Radiokarbonmethode) ist eine genaue Entwicklungsfolge der dargestellten Grabanlagen noch nicht endgültig festzulegen. Schwierig wird die Datierung schon dadurch, daß viele Gräber oft über einen längeren Zeitraum hinweg als Begräbnisstätte dienten, also mehrmalige Nachbestattungen festzustellen sind. Auch wurden manche Anlagen in früheren Zeiten ausgeraubt und zerstört. *W. Hülle* versucht mit Hilfe von Keramik-Funden eine genauere Datierung. So ordnet er Ganggräber, in denen Glockenbecher aus der gleichnamigen Glockenbecherkultur gefunden wurden, einer jüngeren Epoche zu. Er stellte auch fest, daß Keramik-Funde, die in jenen seiner Meinung nach älteren Ganggräbern mit Kuppelgewölben gemacht wurden, nur wenig Veränderungen gegenüber der sogenannten Langgrabkeramik aufweisen. Gefäße mit gerundetem Boden, ohne Standfläche, aus ziemlich grobem Ton, z. T. mit senkrecht durchbohrten Henkeln und meist unverziert, dem Kreis der sog. altwestischen Kultur angehörend, stehen neben Keramik-Funden der ›alten

Ganggräber‹, die im Vergleich zu ihnen straffer gegliedert sind und auch teilweise schon eine Standfläche besitzen. Auch *Z. Le Rouzic* hielt die Architektur der Dolmen à encorbellement für die ursprünglichere Form und bezeichnete sie als ›ältere Ganggräber‹ (z. B. Dolmen Mané-Bogat bei Kermarquer Gem. Ploemel, Dolmen Mané-Brisil bei Le Moustoir Gem. Carnac oder Dolmen Beg – Port-Blanc bei St-Pierre-Quiberon). Höchst fragwürdig, ja unglaubwürdig werden solche Unterscheidungen in ältere und jüngere Baukonstruktionen seit den wichtigen Ausgrabungen des Cairns von Barnenez im Jahre 1955, wo ein Nebeneinander der verschiedensten Grabkammerkonstruktionen herrscht (Barnenez: 3800 v. Chr. ± 150).

Die Gravierungen und die Religion der Megalithbevölkerung

Als wertvolle Quelle zur Aufhellung der prähistorischen Geistesgeschichte dienen die zahlreichen Gravierungen auf den Trag- und Decksteinen der Megalithgräber sowie auf einigen Menhiren, sei es auf einzelstehenden (Beispiele aus dem Raum Carnac bzw. Golf von Morbihan wie Kermarquer, Mané-er-Hroëck) oder auf Menhiren, die sich innerhalb von Alignements oder Cromlechs befinden (wie z. B. Manio-Kermario II, Er Lanic). Zunächst wird man bei einem Deutungsversuch Ausschau nach der Wurzel einer solchen ›Kunst‹ halten und dabei feststellen, daß die Bildzeichen der bretonischen Megalithen nicht ohne ihre Beziehungen zu den Gravierungen der iberischen Megalithgräber betrachtet werden können. Deutlich ist bei gleichen Darstellungen bzw. Elementen eine Parallelität und Verwandtschaft zwischen den beiden Zivilisationen zu erkennen, deren Ursprung wiederum in der ägäischen Zivilisation gefunden werden kann.

Nach *Y. Rollando* ist folgende Klassifikation der Gravierungen möglich:

1. schildförmige Bildzeichen (Nr. 1–8)

Diese Gravierungen sollen nach *Y. Rollando* verschiedene Formen der ›Großen Mutter‹ (Muttergottheit, Göttin, Magna Mater) darstellen, mit oder ohne Kopf, mit Armen, manchmal vervielfacht, was dann wie ein Fischskelett aussieht, und mit Brüsten, die auch häufig vervielfacht in becherförmiger oder runder Form vorkommen.

2. beilförmige Bildzeichen (Nr. 9–15)

Sie sollen verschiedene Formen, gestielte und ungestielte Äxte, darstellen. Interessant ist, daß die stiellosen Äxte beinahe immer paarweise auftreten.

3. krummstabförmige Bildzeichen (Nr. 16–18)

Diese Krummstäbe bedeuten Stiele von Beilen.

4. kammförmige Bildzeichen (Nr. 19, 20)

Hierbei soll es sich um tote heilige Tiere handeln, deren Beine in die Luft gestreckt sind.

5. verschiedene Formen von Bildzeichen (Nr. 21–40)

Symbole Nr. 21–23 werden als Sonne gedeutet, mit oder ohne Strahlen. Es kann sich aber auch um ein Augenzeichen handeln, da auf spanischer Keramik häufig das Auge der ›Magna Mater‹ dargestellt wurde. Nr. 24 und 25 sind stark abgewandelte und

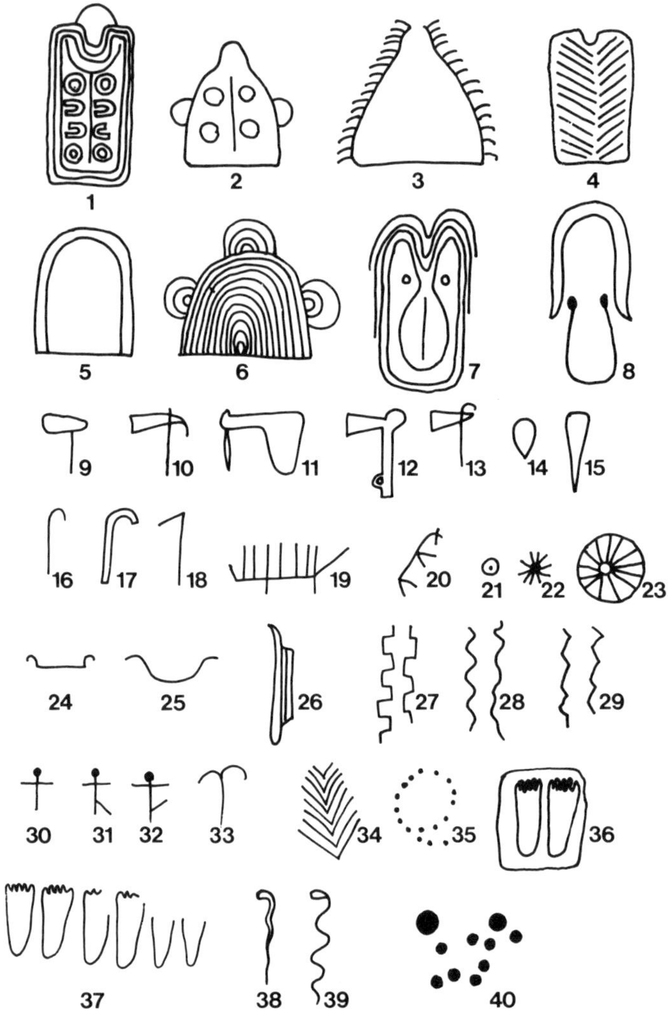

Gravierungen der Megalithgräber (nach Y. Rollando)

vereinfachte Darstellungen der Muttergottheit: es werden nur die Schultern (oder Halsketten?) angedeutet. Nr. 26 soll die Gesamtdarstellung eines Schießbogens sein, Nr. 27–29 stark vereinfachte Formen der Göttin, Nr. 30–33 schematische Menschendarstellungen, Nr. 34 ist eine Schematisierung vielfacher Arme, Nr. 35 die Darstellung einer Halskette, einer besonderen Begräbnishalskette, die sich nur bei Mané-Lud finden läßt, von den paarweisen Füßen Nr. 36, 37 sind nur zwei Beispiele bekannt, eine Deutung ist beim derzeitigen Stand der Wissenschaft noch nicht möglich. Nr. 38, 39 sind

Darstellungen von Schlangen. Auch von diesem Bildzeichen sind nur wenige Beispiele bekannt (Menhir des Langhügelgrabes Manio-Kermario II, Tumulus von Gavrinis, Abb. 38). Die Schlange soll ein chtonisches (= unterirdisches) Tier gewesen sein. Da beim Menhir von Manio-Kermario II auf dem unteren in der Erde steckenden Teil fünf Schlangenlinien eingraviert sind und auch bei Gavrinis Schlangengravierungen genau auf der inneren unteren Fläche eines Trägers erscheinen, kann man der Schlange durchaus diesen chtonischen oder zumindest begräbnishaften Charakter zuweisen, der wiederum im Zusammenhang mit der Muttergottheit stehen soll. Außerdem haben auch viele ältere Zivilisationen der Schlange den sepulkralen Charakter beigemessen. Nr. 40 schließlich zeigt Schälchenformen, vereinfachte Darstellungen der Brüste der Muttergottheit.

In den Gräbern von Kercado und von Mané-Kerioned (Abb. 20) sind die Bildzeichen extrem vielseitig, die von *Y. Rollando* als wahrscheinlich verdoppelte Gravierungen oder solche mit Korrektur aufgefaßt werden, während *W. Hülle* zur Interpretation jener gitterförmigen und wellenförmig-parallelen Zeichen, die leider häufig nur bruchstückhaft erhalten sind, die viel besser erhaltenen Gravierungen der mitteleuropäischen Megalithkultur zum Vergleich heranzieht. Die auf allen Tragsteinen der Steinkiste von Göhlitzsch Kr. Merseburg (Provinzial-Museum Halle) eingravierten Zickzackmuster interpretiert *Hülle* als einen gewebten und in Bahnen zusammengenähten Wandbehang. Interessant sind auch die unterschiedlichen Deutungsversuche in einem anderen Fall. Während *S. v. Cles-Reden* und *Y. Rollando* in der Zeichnung des Langgrabes von Luffang Gem. Crach (s. Fig. S. 30 Nr. 7, Abb. 36) das Symbol der Magna Mater oder Dolmengöttin erkennen, deutet *Hülle* die Zeichnung als stark stilisierten Tintenfisch und meint, daß dieses Motiv schon im Rahmen der mesolithischen ostspanischen Felsbilder nachweisbar sei und daß vor allem innerhalb der bronzezeitlichen mykenischen Kultur

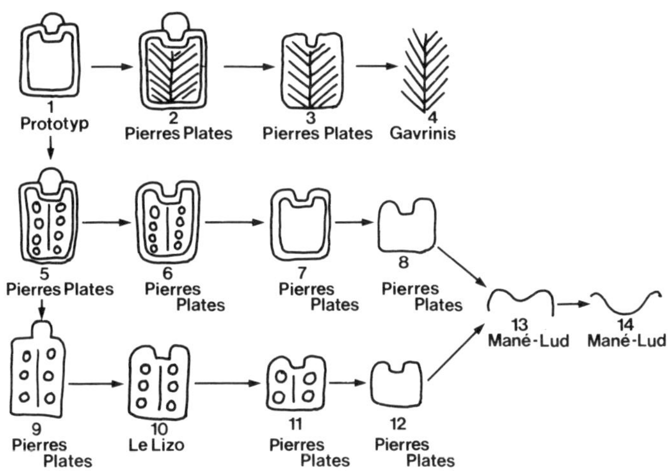

Gravierungen der Megalithgräber, Entwicklung eines Bildzeichentyps (nach Y. Rollando)

gleichartig stilisierte Tintenfischmotive aufträten, z. B. auf Vasen und auf dem Boden des Megarons auf der Burg von Tiryns (Peloponnes). »Zwar haben wir – aber nur innerhalb des mittelmeerischen Megalithikums! – etwa in den ... Megalithbauten von *Malta* deutliche Darstellungen der Magna Mater, aber wenn wir auch nur die ›Attribute‹ dieser göttlichen Gestalt mit heranziehen, so kommen zwar im minoischen Kreis Schlangen, Löwen, Stiere usw. vor, aber nicht der Tintenfisch! Zwar könnte man aus gewissen komplexen Vorstellungen heraus eine Ähnlichkeit des Tintenfisches mit der weiblichen Vulva unterstellen – wenn uns auch die Deutungen von *L. Siret* zu phantasievoll sind – aber daß damit schon die Wiedergabe eines eindeutigen Symbols einer ›Magna Mater‹ bewiesen sei, erscheint uns zu unwissenschaftlich.«[7] Die unterschiedlichen Interpretationsversuche – einige weitere werden im regionalen Teil bei der Beschreibung der einzelnen Grabanlagen vorgestellt – weisen auf die Schwierigkeiten der archäologischen Forschung hin, Licht in das Dunkel der prähistorischen Kultur- und Geistesgeschichte zu bringen.

Die Entwicklung eines Bildzeichentyps soll am Ende dieser Untersuchung zu den Gravierungen stehen. Zahlreich in Armorika sind die Darstellungen der Muttergottheit mit auffallenden Schultern, mit oder ohne Kopf, die sich in zwei Gruppen einteilen lassen, wenn man von einem benachbarten Prototyp, dem von Alcobaça (Portugal), ausgeht.

In der Entwicklungsreihe erkennen wir zunächst eine Zeichnung mit Kopf (halbkreisförmiger Bogen), mit Vervielfältigung von Armen und einer Halskette, die durch zwei parallel verlaufende Strichführungen auffällt (2). Es folgt der Typ ohne Kopf und mit einer nur durch einen Strich dargestellten Halskette bei derselben Vielfalt der Arme (3). Zuletzt bleibt nur noch ein geometrisches Motiv von ›Fischgräten‹ übrig (4). Zu einer weiteren Entwicklungsreihe gehören jene ›Schildfiguren‹ mit Kopf, doppelter Halskette und mehrfachen Brustpaaren (5). Dieser Typ ist jedoch nochmals zu unterteilen in einen ohne Kopf, bei im übrigen gleichbleibender Gestalt (6), und in einen zweiten mit einfacher Halskette, mehreren Brustpaaren und Verknüpfung von Kopf und Körper als besonderem Merkmal (9). Diese Typen vereinfachen sich durch Reduzierung oder Weglassen von Kopf, Brüsten oder Halskette (7, 10, 11), wobei der Körper eine quadratischere Schildform erhält, die nur noch aus einem einzigen Strich besteht (8, 12). Schließlich vereinfacht sich dieser letzte Typ noch so stark, daß nur noch die Darstellung der Schultern (oder eines Teils der Halskette) übrigbleibt (13, 14).

Außer den Gravierungen, den zahlreichen Funden in den Gräbern und den Steinmonumenten selber hat die Megalithbevölkerung der Bretagne praktisch keinerlei Dokumente hinterlassen, und so bleibt dem Archäologen, der das Wesen der megalithischen Religion erforschen möchte, nichts anderes übrig, als mit Hilfe einer vergleichenden Methode Zivilisationen mit ähnlichen Eigenschaften heranzuziehen. Hier bieten sich vor allem die ägäische und iberische Zivilisation an, und es ist möglich, deren Kult-

1 CAP FRÉHEL (Côtes-du-Nord) ▷

CÔTE DE GRANIT ROSE bei Trégastel-Plage (Côtes-du-Nord)

2 LA TRINITÉ-SUR-MER (Morbihan), Blick von der Brücke Kerisper auf den Jachthafen

3 PORZ-POULHAN. Kleiner Fischerhafen in der Bucht von Audierne (Finistère)

5 CARNAC (Morbihan). Alignements du Ménec ▷

6 CARNAC (Morbihan). Alignements de Kermario

7 POULLAN (Finistère). Langgrab von Lesconil (allée couverte arc-boutée)

CARNAC (Morbihan). Dolmen de Keriaval

ARZON (Morbihan). Tumulus de Tumiac

ı, 12 Argoat (Waldland) und Armor (Land am Meer): Wald von HUELGOAT (Finistère) und POINTE DE PONTUSVAL bei Brignogan-Plage (Côtes-du-Nord)

] 10 Menhir bei Saint-Duzec (Côtes-du-Nord) mit christlichen Symbolen

13 POINTE DE LA TORCHE (Finistère)

15 BAIE DE LANNION (Côtes-du-Nord) ▷

14 CÔTE SAUVAGE (Morbihan). Port-Blanc mit Naturbrücke

AR LAPOUS MOR
MORLAIX

16 CÔTE SAUVAGE
bei Port-Blanc,
Halbinsel Quiberon
(Morbihan)

8 Bauernland Bretagne mit geschneitelten Bäumen

] 17 BELLE-ÎLE (Morbihan). Port de Goulphar

9 Bretonische Landschaft in der Bucht von Douarnenez bei Pointe de Beuzec

20 MONT-SAINT-MICHEL, Wunder der abendländischen Klosterbaukunst

21 DAOULAS (Finistère). Romanischer Kreuzgang, 12. Jh. [

22 CHÂTEAULIN (Finistère), Kapelle Notre-Dame, 15. Jh. (vgl. Abb. 8)

3 LANNÉDERN (Finistère). Enclos paroissial

4 SAINT JEAN-TROLIMON (Finistère). Kirchgang im Bigoudenland

25 SAINT-THÉGONNEC (Finistère). Glockenturm des Enclos paroissial, Höhepunkt der bretonische Renaissance (1599–1626)

6 GUIMILIAU (Finistère). Detail des Calvaire (1581–88) mit den Darstellungen der Kreuztragung, Fußwaschung, Verkündigung

27 KERNASCLÉDEN (Morbihan). Kapelle mit Totentanz-Fresko, 15. Jh.

9 LE FAOUËT (Morbihan). Kapelle Saint-Fiacre, Detail des Holzlettners im gotischen Flamboyant-Stil, 1480

◁ 28 SAINT-GONÉRY bei Plougrescant (Côtes-du-Nord). Abendmahl. Bemalte Holzdecke des 15. Jh.

32 VANNES (Morbihan). Befestigungsanlagen der Ville close und altes Waschhaus

◁ 30, 31 SPÉZET (Finistère). Kapelle Notre-Dame du Crann. Spätgotische Glasfenster aus dem 15. Jh. Geburt Christi; Verrat des Judas

34 Schloß JOSSELIN am Oust (Morbihan), 14. Jh. ▷

33 SAINT-MALO (Ille-et-Vilaine). Ville close mit Grande Porte und Jachthafen

Fischkutter im Hafen von GUILVINEC (Finistère)

35–39 SAINT-MAYEUX bei Mûr-de-Bretagne (Côtes-du-Nord). Die traditionsreiche Bretagne spiegelt sich besonders stark in ihren Festen. Hier ein dörfliches Erntefest im Landesinnern: Nach altem Brauch wird das Getreide mit Dampfkraft gedroschen. Bäuerinnen sorgen für Cidre und Cêpes. Anschließend erklingt unter den grellen Klängen der Bombarden eine rhythmische Volksmusik, zu der sich die Bretonen zum spontanen Tanz zusammenfinden; das ausgelassene Treiben dauert oft bis spät in die Nacht.

P Gauguin 89

◁ 41 Paul Gauguin: *Bretonische Tangsammler*, 1889. Folkwang-Museum, Essen

◁ 42 Paul Gauguin: *Bauernhaus in der Bretagne*, 1890. Privatbesitz

3 GUÉHENNO (Morbihan). Trauernde vor Christi Grab. Detail des Calvaire, 1550

4 Im BIGOUDENLAND (Finistère)

und Begräbnissitten mit jenen Armorikas zu vergleichen. Wie die meisten Religionen der Vorzeit war die Megalithreligion wohl auch eine mit matriarchalischem Charakter. Die neolithische Muttergottheit, deren Darstellungen im Vorderen Orient und in Osteuropa bis ins 7. Jahrtausend zurückreichen und später auch auf iberischen Plastiken (z. B. Alcobaça, Moncorve, Rovoudo) und Malereien (Cachao da Rapa, Soto) vorkamen, soll sich bis zu den Gravierungen bei den Megalithmonumenten Armorikas verbreitet haben.

Zunächst wenden wir uns dem Beil und der Halskette als Attributen der neolithischen Muttergottheit zu; beide dienten als Grabbeigaben. Von einigen Ausnahmen abgesehen wurden diese Beile (z. B. aus Jade) nicht für den täglichen Gebrauch hergestellt, sondern ausschließlich für Kultzwecke. Sie mußten bei den religiösen Zeremonien eine wichtige Rolle gespielt haben, denn dort, wo sie nicht in den Gräbern vorhanden waren, findet man sie meistens in einem Deck- und Tragstein eingraviert (Gavrinis, Table des Marchands, vgl. Fig. S. 114). Auch die in den Feuerstellen von Er Lanic gefundenen Beile aus Jade dienten sakralen Riten. Kostbarkeiten unter den Beigaben stellen die Halsketten mit birnenförmigen Anhängern aus Callaïs dar (Abb. 44), deren Form den Beilen ähnlich ist, ein Zeichen für die enge Verbindung von Muttergöttin, Halskette und Beil. Da auch einige Tote solche Halsketten trugen, kann man in jedem Fall diesem Schmuckstück den sepulkralen Charakter beimessen. Auf die Gravierungen von Ketten am Hals der Göttin wurde schon oben hingewiesen. Die auffälligste Eigenschaft der neolithi-

Waffen und Geräte, Stein- u. Bronzezeit

1 Bootsförmige Streitaxt, Mané-Meur, Quiberon Musée préhistorique Carnac)
2, 3 Geschliffene Beile
4, 5 Messer und Pfeilspitzen (Musée préhistorique finistérien)
6, 7 Kultbeil und Wurfring Mané-er-Hroëck, Locmariaquer (Musée archéologique Vannes)
8 Lanzenspitze von Tréboul

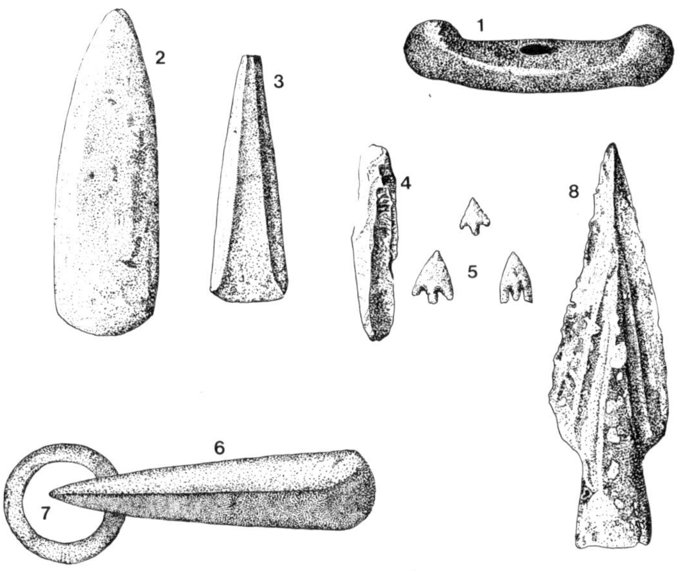

◁ 45 POINTE DU RAZ, Westkap der Bretagne (Finistère)

schen Muttergottheit ist zweifellos die Vervielfachung der Brüste und Arme, ein Symbol für ihre Fruchtbarkeit. Ihre Anwesenheit in den Gräbern zeigt aber zugleich, daß sie nicht nur Leben schenkt, sondern auch ihre Funktion als Todesgöttin ausübt.

Zum Begräbniskult gehörten schließlich noch die in manchen Gräbern gefundenen Tierknochen, die z. T. verbrannt waren. Der Verwesungsprozeß war schuld daran, daß nicht größere Mengen dieser Grabbeigaben erhalten sind. Manchmal enthüllt die chemische Analyse des Grabbodens noch einen großen Anteil von Kalkphosphat. Solche Tierknochen – es handelt sich hauptsächlich um Skelettreste von Rindern und Pferden – fand man vor allem in den großen Grabanlagen (Tumulus St-Michel, Tumulus Le Moustoir, Mané-Lud), aber auch im Cromlech von Er Lanic.

Die Siedlungen

Der Bretagne-Reisende, der die zahlreichen großartigen Megalithmonumente, Menhire und Dolmen bewundert hat, wird enttäuscht sein, keine ebenso eindrucksvollen Zeugnisse einer megalithischen Wohnkultur vorzufinden. Zwar spricht die Vielzahl der Steinmale der Bretagne für eine stärkere Besiedlung dieses Raumes, doch scheint es so, als seien die bretonischen Ureinwohner ebenso wie jene von Malta niemals auf den Gedanken gekommen, die Bautechniken ihrer Grabmonumente auch auf ihre Siedlungen zu übertragen. Dennoch existieren einige, wenn auch geringe Wohnspuren, wie z. B. das *Camp du Lizo* (Morbihan), und es werden wahrscheinlich nach ihrer Erforschung noch eine ganze Anzahl dieser Camps oder oppida (Höhensiedlungen), die man bisher in die gallo-römische Epoche einstufte, der Megalithzeit zugeordnet werden können. Das Camp du Lizo, errichtet am Ende der Bronzezeit *(P.-R. Giot)*, und noch eine ganze Linie weiterer Siedlungsanlagen zwischen den Flüssen Etel und Crach dienten wahrscheinlich als Verteidigungsanlagen für das Hauptgebiet der Megalithkultur um Carnac gegen eine möglicherweise von Osten her vordringende Bevölkerung.

In den Jahren 1923 bis 1926 wurde das nordöstlich von Carnac auf einem Plateau oberhalb des rechten Ufers des Crach gelegene *Camp du Lizo* von *Z. Le Rouzic* teilweise untersucht. Eine Fläche von 200 m mal 155 m wird von zwei nach außen hin flacher geböschten Erdwällen geschützt, die gelegentlich mit Steinen verstärkt sind und zwischen denen ein breiter Umgang verläuft. An besonders exponierten Stellen erreicht der innere Wall eine Dicke von 8 m und eine Höhe bis zu 3 m. Eine Steinmauer stützt die steile Böschung der Innenseite. Innerhalb der Befestigungswälle fanden sich runde bzw. halbrunde Hütten (3) mit Sockeln aus großen Steinblöcken. Oft waren sie in mehrere Räume aufgeteilt. Man fand außerdem große Brennöfen aus Platten mit überraschend modern aussehenden Lüftungskanälen. Durch eine Erdaufschüttung wurde das Camp in ostwestlicher Richtung geteilt; ungefähr in ihrer Mitte lag ein Ganggrab (1). Auch

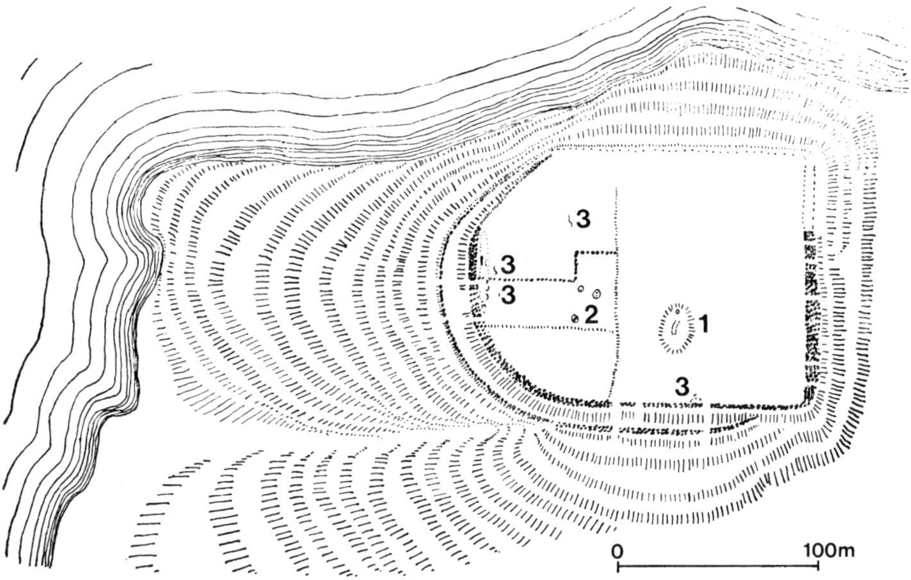

Carnac. Camp du Lizo, spätbronzezeitliche Siedlung 1 Dolmen 2 Herde und Steinkisten 3 Steinhütten

stellte man mehrere kleine Flachhügel fest, die Herde und kleine Steinkisten beinhalteten (2). Die Bewohner dieses Camps bauten Gerste, Weizen, Hirse und Flachs an, wofür sie primitive Pflüge mit Steinspitzen und Haken verwendeten, hinzu kam Rinder-, Schweine- und Schafzucht. Neben den Funden einer groberen Keramik, die für die sog. sekundärneolithische Kultur typisch ist, wurden speziell in dem erwähnten Dolmen zahlreiche Tonscherben, darunter auch einige Scherben von Glockenbechern geborgen. Hinzu kamen 50 Feuersteinpfeilspitzen, Feuersteingeräte, Steinbeile, ein Kupferbeil, Reste einer Streitaxt, einfache Handmühlen u. a., die heute im Museum von Carnac ausgestellt sind.

Ähnliche Camps mit mehreren aufeinanderfolgenden Wällen, die von *P.-R. Giot* in die Eisenzeit eingestuft werden, liegen in weiteren Teilen der Bretagne verstreut: so das *Camp d'Artus* bei Huelgoat, das *Camp de Kercaradec* bei Quimper oder das *Camp de Plédran* (Côtes-du-Nord). Manchmal treten sie ganz nahe an gebirgigen unwegsamen Küstensäumen auf und bieten mit ihren Erd- und Steinwällen eine Abriegelung zum Hinterland, z. B. *Castel Meur* bei Cléden-Cap-Sizun (Finistère) oder *Camp de Lost-March* bei Crozon (Finistère). Wegen ihrer Unzulänglichkeit waren sie zweifellos zeitweilige Zufluchtsstätten.

Zeittafel der Vor- und Frühgeschichte in der Bretagne

(nach P.-R. Giot u. a.)

Perioden	Monumente – Industrien	Datierung (v. Chr.)
Jüngere La Tène-Zeit	Münzen	C 14: 120–50
	Oppida	
Ältere La Tène-Zeit	Friedhöfe mit Stelen	
	unterirdische Galerien als	
	Vorratskeller	450–300
Jüngere Hallstatt-Zeit	Rundgräber	500
	Bronzeeimer (Plougoumelen)	
Ältere Hallstatt-Zeit	Armorik. Tüllenbeile	
	kleine Grabhügel	
	Befestigte Halbinseln	
Jüngere Bronzezeit	Erste Ausnutzung des Meersalzes	
	Lappenbeile	700
	Karpfenzungenschwerter (Nantes)	
	Depotfunde:	
	Gruppe der Griffzungenschwerter mit	
	blattförmigen Klingen (Loire)	
	Gruppe von St-Brieuc-des-Ifs	
	Gruppe von Rosnoën	
	Urnengräber	
Mittlere Bronzezeit	Halsringe aus Gold (Cesson,	
	Vieux-Bourg)	
	Bretonische Absatzbeile	1200
	Depotfunde: Randleistenbeile	
	Schwerter von St-Brandan	
	Gruppe von Tréboul	
	Bikonische Urnen mit vier Henkeln,	
	Grabgewölbe und kleine Steinkisten	
	als Einzelgräber Kerbernard	C 14: 1690
Ältere Bronzezeit	Große bearbeitete Menhire (Plouarzel)	
	Becher und Urnen	
	Gold (Schmucknägel, Lunulen)	
	Hellebarden aus Kupfer, Pfeilspitzen	
	aus Silex-Silber	
	Tumuli und Steinkisten (Plouvorn,	
	Carnoët)	1800
Kupferzeit	Letzte Megalithen	2000
	Glockenbecher – Gold	
	Flachbeile aus Kupfer	
	Streitäxte aus Kupfer	

Perioden	Monumente – Industrien	Datierung (v. Chr.)
Jüngeres Neolithikum	Gräber mit Seiteneingang: St-Quay Quessoy Loguivy Allées couvertes: La Roche-aux-Fées (Essé) Pierres-Plates (Locmariaquer) Le Rocher (Le Bono) Plouescat Poullan Tressé Trébeurden Plévenon	2550–2000
Mittleres Neolithikum	Er Lanic Tumuli: Mané-er-Hroëck (Locmariaquer) Tumiac (Arzon) Petit Mont (Arzon) Le Moustoir (Carnac) Dolmen: Larcuste Keriaval (Carnac) Mané-Kerioned (Plouharnel) Mané-Groh (Crucuno) Rondossec (Plouharnel)	3500–2400
Älteres Neolithikum	Tumuli: Gavrinis St-Michel (Carnac) Dolmen: Mané-Lud (Locmariaquer) Table des Marchands (Locmariaquer) Kercado (Carnac) Guennoc Dissignac Barnenez	4000–3400 C 14: 3800 C 14: 3800
Mesolithikum	Tardenoisien: Téviec (St-Pierre-Quiberon) Hoëdic	 C 14: 4625

Perioden	Monumente – Industrien	Datierung (v. Chr.)
Mittleres Paläolithikum	Moustérien aus der Tradition des Acheuléen: Kervouster (Guengat) Bois-du-Rocher (St-Helen) Typisches Moustérien: Mont Dol	vor 10 000
Unteres Paläolithikum	Ende des Acheuléen: St-Colomban (Carnac) Téviec (St-Pierre-Quiberon)	

Weitere Monumente und Industrien aus dem Paläolithikum (Magdalénien, Périgordien, Moustérien, Acheuléen) und aus dem Mesolithikum (Tardenoisien, Sauveterrien) werden z. Z. von bretonischen Archäologen erforscht.

Romanik und Gotik

Die zahlreichen mittelalterlichen und frühneuzeitlichen Kunst- und Bauwerke in der Bretagne lassen sich zwar alle leicht in die allgemein gültigen Stilformen der Romanik, Gotik und Renaissance einordnen, wirken aber zugleich wie Zeugnisse einer eigenen Welt: fremd, fesselnd und häufig bestürzend. Als die Bretagne nach langen Kämpfen endlich von den Normannen befreit war (Zeittafel), konnte sich das Leben wieder normalisieren, was eine rege Bautätigkeit während der folgenden romanischen Kunstepoche zur Folge hatte. Leider wurden viele Monumente während des bretonischen Erbfolgekrieges im 14. Jahrhundert zerstört. Da in der Bretagne keine reichen Abteien existierten, von denen eine Kunst hätte ausstrahlen können, wandte sich im Jahre 1008 der regierende Herzog Geoffroy I. nach dem Wiederaufbau der Diözesen von Vannes, Rhuys und Locminé an die Abtei von Fleury-sur-Loire, wodurch starke Einflüsse der Romanik des Loiregebietes in die Bretagne eindrangen. Nach dem Vorbild der großen Schulen von Poitou oder der Auvergne baute man nun in St-Gildas-de-Rhuys (Abb. 64–67), in Redon (Abb. 63), in Loctudy (Abb. 59) und Daoulas (Farbt. 21). Aus den Gebieten von Anjou und Saintogne ließ man aus Kalkstein gehauene Kapitelle holen, die den einheimischen Bildhauern als Muster dienen sollten. Doch scheint es, als ob jene Künstler noch ganz aus ihrer keltischen Tradition schöpften: der Reichtum an Schnörkeln und Schneckenlinien erinnert manch einen an die Gravierungen des Tumulus von Gavrinis, andere vermuten eine Verbindung mit jenen Irländern, deren Einfluß in Landévennec spürbar wird.

Die Baumeister der bretonischen Kirchen beachteten genau die Grundsätze der romanischen Tradition: ein Chor mit halbrunder Säulenstellung, mit Umgang und ausstrahlenden Kapellen, hohe Fenster oberhalb von Blendarkaden, doppelgeschossiger Narthex, dessen Erdgeschoß als Portal dient, an den Türmen Blendbogen, Gewölbe über Trompen und Effekte durch verschiedenartige Steine. Das eindrucksvollste romanische Kirchenschiff der Bretagne ist wohl jenes von Fouesnant (Finistère) aus dem 12. Jahrhundert mit Tonnengewölbe und fünf Jochen. In jedem Joch oberhalb der Arkade öffnet sich ein Fenster wie eine Schießscharte. Das Querschiff, die Vierungspfeiler, die Blendarkaden und die beiden Kapellen am Chor sind im folgenden Jahrhundert umgebaut worden (vgl. Fig. S. 128). In Loctudy, das wie Fouesnant geistig mit St-Gildas-de

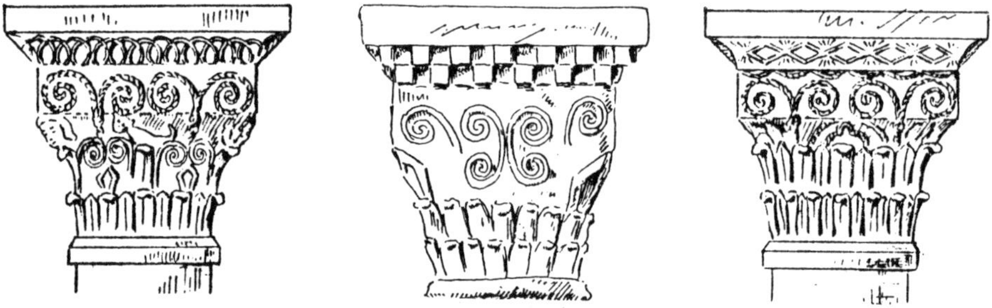

Loctudy, romanische Kapitelle

Rhuys verbunden war, finden wir die besser erhaltene Kirche. Auffallend und eigenartig zugleich ist der Schmuck von Basen und Kapitellen in Fouesnant, Loctudy und Priziac. In einfacher Darstellung wurden Flora, Fauna und geometrische Gebilde nachgeformt: Kronen von Blattwerk, Voluten, Räder, Schuppen, Gräten- und Schachbrettmuster, Menschen- und Tiergestalten. So tragen Männer und Frauen mit kleinen Armen und ungeheuren Köpfen die Kapitellplatten.

Die Kirchen gleichen Typs wurden zunächst im südlichen Teil der Bretagne errichtet, doch dringen ab der Mitte des 12. Jahrhunderts die Zisterzienser in den nördlichen Teil des Landes vor. Locmaria-Quimper, Daoulas oder St-Martin-de-Lamballe sind Kirchen, deren Mittelschiffe direktes Licht erhalten. Eine Neuerung der Zisterzienser bildet der gerade Chorabschluß, z. B. in Bourbriac und Guingamp. (In Priziac und Perguet vermutet man dagegen den Einfluß der Templer, wenn die Herkunft einiger Portale, Mittel- und Seitenschiffe verständlich sein soll.) Normannischer Einfluß taucht zum ersten Mal in der Abteikirche von Daoulas auf, vor allem im dekorativen Bereich. Seit der 2. Hälfte des 12. Jahrhunderts ist eine Befreiung vom Einfluß Poitiers' festzustellen; eine einheimische Kunst beginnt, wenn man auch nicht direkt von einer eigenen Schule sprechen kann. Das zeigt sich am veränderten Lichteinfall, der nicht mehr aus hohen Fenstern in das Kirchenschiff eindringt, sondern indirekt aus dem Chor und den Seitenschiffen, so daß das Mittelschiff in ein weiches Halbdunkel fällt. Das vollkommenste Beispiel einer solchen Beleuchtung finden wir in der Kirche Notre-Dame de Roscudon in Pont-Croix. Hier ist zugleich alle Schwere romanischer Bauten des voraufgegangenen Jahrhunderts überwunden. Auffallend sind die ungewöhnlich schlanken Bündelpfeiler. An Anjou erinnert die Art, wie sich die Profile der Arkaden aus dem Kämpfer wie aus einer Basis entwickeln, während wiederum die reiche Profilierung auf die normannische Leichtigkeit hinweist.

Bei allen erwähnten Beispielen der romanischen Epoche sind fremde Einflüsse der Nachbarn erkennbar, und doch lassen sich gerade an diesen Beispielen auch eigene Themen der bretonischen Kunst feststellen. So kann man an den Kapitellen des Augustinerklosters Daoulas eine neue Formenlehre entdecken, und in Pont-Croix ist man Zeuge, wie alle einzelnen Teile zusammenwirken, um diesem Meisterwerk das Gepräge einer ausgesprochen bretonischen Persönlichkeit zu verleihen.

Der Stolz der Bürger der ›bonnes villes‹, der gewerbereichen Städte Morlaix, Dinan, Vitré oder Lamballe, die durch Handel mit Leinen und durch die Handelsschiffahrt reich geworden waren, äußerte sich in der gotischen Stilepoche durch reizvolle Holzschnitzereien an den Häuserfassaden. Beeinflußt wurden die Baumeister vor allem wieder von der Normandie, von England und vom Loiretal. Von Vannes und St-Malo zog man nach Anjou, um sich Anregungen zu holen, während man sich in Quimper Vorbilder in der Île-de-France suchte. Das hochragende Schiff der Kathedrale von Dol-de-Bretagne ist z. B. kennzeichnend für den normannischen Einfluß. Dasselbe gilt für die Kathedrale von St-Pol-de-Léon, wohin die normannischen Erbauer sogar den weißen Stein von Caen mitbrachten. Während im übrigen Frankreich Krieg herrschte, erfreute sich die Bretagne einer Periode des Friedens und des Wohlstandes, so daß die großen Kathedralen verschönert und vollendet werden konnten. In Nantes wurden das große Portal und die Türme der Kathedrale unter Yann (Jean) V. errichtet. Er war es auch, der die Kapelle von Tréguier zur Kathedrale vergrößern ließ, der die Stiftskirche Notre-Dame du Folgoët gründete und das große Portal der Kathedrale von Quimper erbauen ließ.

Im Gegensatz zu den bretonischen Kathedralen mit ihren für die eigentliche Kunst des Landes fremden Rippengewölben entstanden andernorts Kirchen und Kapellen mit hölzernem Tonnengewölbe, im Rayonnant- oder Flamboyantstil Abwandlungen der Gotik. Den Bretagne-Reisenden grüßen die Ortschaften schon von Ferne durch ihre hohen, schlanken Glockentürme, die in wahrem Wetteifer zur damaligen Zeit errichtet wurden. Das berühmteste dieser durchbrochenen, wie Spitzenhauben wirkenden Kunstwerke ist der Turm der Chapelle du Kreisker in St-Pol-de-Léon, der sich über der Vierung des Transeptes erhebt (Abb. 72). Auch der Turm der Kathedrale von Pont-Croix hat den gleichen Standort. Anders ist dagegen die Plazierung der Türme von Folgoët (Abb. 75) oder Locronan (Abb. 73) an der Westfassade. Häufig trifft man bei bescheideneren Kirchen und Kapellen auf den einfachen Giebelglockenturm (Abb. 83), oft von Seitentürmchen begleitet oder mit schmuckvollen Balkonen architektonisch liebevoll verziert. Meistens sind sie auf dem Westgiebel der Kirche errichtet oder thronen auf dem Dach als Unterteilung des Chors vom Kirchenschiff.

Bretonische Renaissance – Pfarrbezirke und Kalvarienberge

Von einer eigenständigen bretonischen Kunst können wir erst seit 1532 sprechen, dem Jahr, in dem unter dem Druck des Königs von Frankreich die Stände der Bretagne die Vereinigung mit Frankreich proklamieren. Als Folge dieser Angliederung verlor die Bretagne ihren Adel, der bei den Bauten bisher stark mitlenkte. Doch blieben die Bretonen ihrem festen Gottesglauben ergeben, der sie zu jenen Monumenten religiöser Kunst antrieb, die ihrem Glauben sichtbaren Ausdruck verliehen. Es sind die sogenannten *Enclos paroissiaux* (Sg. Enclos paroissial), die ›Heiligen Bezirke‹, umfriedete Pfarrbezirke, die nur aus der Mentalität der Bretonen, einem Volk der Fischer und Seeleute, denen der Tod stets gegenwärtig war, verstanden werden können. Der Tod (bret. Ankou), oft als Sensenmann am Beinhaus oder Weihwasserbecken dargestellt und dem Kirchenbesucher mit den Worten »Ich töte euch alle« drohend, war für die Bretonen so beängstigend, daß sie ihre Toten innerhalb dieser abgeschlossenen heiligen Bezirke beisetzten, um sie damit vor dem Tod ihrer Seelen zu bewahren.

Solche umfriedeten Pfarrbezirke trifft man vor allem in den Gemeinden zwischen den Flüssen Elorn und Aulne, an den Grenzen von Léon und Cornouaille.

Ein Enclos paroissial ist ein architektonischer Komplex, der mit starken Mauern nach außen abschließt. Als Beweis für die deutliche Abgrenzung zur Außenwelt mag die meistens hinter den Stufen der Eingangspforte (= Triumphtor, porte triomphale) senkrecht in das Mauerwerk eingelassene hohe Steinplatte dienen, die man nur mit einem erzwungen hohen Schritt überwinden kann. Neben dem erwähnten *Triumphtor* besteht ein Enclos paroissial aus dem *Calvaire* (nur ungenau mit Kalvarienberg zu übersetzen), dem *Beinhaus* (ossuaire) und der angrenzenden *Kirche*. Man kann hier von einer Volkskunst von seltener Reinheit sprechen, die sich zwischen 1450–70, dem Datum des ältesten herrlichen Calvaires von Tronoën (Abb. 96) und der Mitte des 17. Jahrhunderts erstreckt.

Zum Enclos paroissial gelangt man durch das meist prunkhaft ausgestattete *Triumphtor*, hinter dem sich der Tote vor der ewigen Verdammnis geborgen fühlen soll. Den Mittelpunkt des Bezirks bildet der *Calvaire;* über einem Steinsockel erheben sich Steinplastiken in rhythmischer Gliederung. Die Heimkehrer der Kreuzzüge brachten Erinnerungen an Golgatha mit und versuchten sie in ihrer bretonischen Heimat bei der Errichtung der Calvaires in eine steinerne Form umzusetzen. Päpstliche Empfehlungen zur Kreuzerrichtung und das Nachempfinden der Kreuzwegstationen in Gebet und Versenkung festigten sich zum Begriff vom Kalvarienberg, wie er im ganzen Abendland gebräuchlich wurde. Das 15. Jahrhundert war außerdem der Höhepunkt der Mysterien- und Passionsspiele. Besonders in der Bretagne war diese Kunst dramatischer Darstellung, obwohl erst unter französischem Einfluß entstanden, überaus weit verbreitet. Wir wissen heute von über 150 Mysterienspielen, deren ältestes, Buhez santes Nonn (Leben der heiligen Nonna) aus dem Ende des 15. Jahrhunderts stammt. Zunächst wurden diese Spiele innerhalb der Kirchen aufgeführt, dann jedoch wegen Platzmangel nach außen verlegt, da sie an Umfang und Prunk ständig zunahmen und schließlich auch das zuschauende Volk mit in die Heilsgeschichte und das Spielgeschehen einbezogen. Diese Spiele waren es wohl, die allein in der Bretagne die Menschen veranlaßte, Szenen aus dem Leben Christi bildhauerisch darzustellen, indem man auf jenen großen Steinaltären ein steinernes Mysterienspiel für alle Zeiten schuf.

Calvaire von Plougonven (Finistère), 1554. Christus mit der Dornenkrone

Die Passionsszene und die Kreuzigungsgruppe stehen im Mittelpunkt eines jeden Calvaires; sie sollen darauf hinweisen, daß durch Christi Leiden und Tod die Schuld der Menschen vergeben und ein ewiges Leben erreichbar ist. Das Kreuz von Golgatha ist meist als Lebensbaum mit stehengebliebenen Astansätzen dargestellt. Möglicherweise beeinflußte auch die Palme als Symbol für Sieg, Frieden und Gerechtigkeit und somit als Attribut der Kirche und Märtyrer die formale Gestaltung des Kreuzstammes. Zu beiden Seiten des Gekreuzigten hängen die beiden Schächer, der reuige Sünder mit Christus zugewandtem, der Christus lästernde mit von ihm abgewandtem Gesicht. Am Mittelkreuz verlaufen unten weitere Querbalken, auf denen trauernd die Muttergottes und der Lieblingsjünger Johannes stehen, später mehrere Frauen, Reiter auf kurzen, kräftigen Pferden, unter ihnen der römische Hauptmann Longinus. Dann bevölkert sich die Standfläche der Kreuze. Hier wird nun die Gesamtschau von Golgatha mit trauernden Frauen, Kreuzabnahme, Grablegung und Auferstehung plastisch dargestellt. Die größeren Calvaires (Plougonven, Pleyben, Guimiliau, Plougastel-Daoulas, St-Thégonnec, Tronoën u. a.) machen darüber hinaus weitere Stationen aus dem Leben Christi sichtbar, bis zu 25 plastische Szenen mit fast 200 Einzelpersonen, ein Gewimmel bäurisch ungelenker, demütiger Figuren, deren naive Kraft und ungekünstelte Schönheit dem Genie der einheimischen Bildhauer entspringen und den Betrachter tief bewegen. Folgende Szenen werden häufig wiederholt: Verlobung Mariä, Verkündigung, Heimsuchung, Geburt Christi, Anbetung der Hirten, Anbetung der Könige, Darstellung im Tempel, Beschneidung Christi, Flucht nach Ägypten, Taufe Christi, Einzug nach Jerusalem, Abendmahl, Fußwaschung, Christus am Ölberg, Judaskuß, Gefangennahme Christi, Jesus vor Kaiphas, Jesus vor Herodes, Pilatus wäscht seine Hände in Unschuld, Dornenkrönung, Kreuztragung, Jesus fällt unter der Last des Kreuzes, Kreuzabnahme, Grablegung, Auferstehung, Höllenfahrt. Nicht minder eindrucksvoll sind die kleineren Calvaires, irgendwo einsam verborgen, bedeckt mit Moosen und Flechten, schmucklos und ohne Pathos. Die Grenzen zwischen Calvaire und Steinkreuz sind kaum zu unterscheiden, da es selten nur Kreuze mit dem Corpus Christi alleine gibt. Wie stark die Welle der Kreuzsetzungen durch die Bretagne gegangen ist, zeigt das Beispiel des Erzbischofs Rolland de Neufville, der sich gerühmt haben soll, während seiner Amtszeit von 1562–1630 fast 5000 Kreuze errichtet zu haben.

Das *Beinhaus* (ossuaire), in dem ursprünglich nur die nach einiger Zeit ausgegrabenen Knochenreste und Schädel aufbewahrt wurden, wandelte sich bald zu einer reich verzierten Kapelle: ein Ort der Verehrung für die Abgeschiedenen und zugleich ein Hinweis für die Lebenden, der Notwendigkeit eines christlichen Todes zu gedenken.

Die schließlich noch zum Enclos paroissial gehörende *Kirche* steht von ihrer Größe gesehen heute oft in keinem Verhältnis zur geringen Einwohnerzahl der Pfarrgemeinde. Der Grund liegt im Aufblühen einer auf dem Leinen- und Hanfanbau basierenden, exportorientierten Tuchindustrie vor allem in der westlichen Bretagne, wodurch die Gemeinden zu einem gewissen Reichtum gelangten, so daß zwischen ihnen Rivalitäten um höheres Ansehen herrschten, was sich letztlich auch in den kirchlichen Bauwerken widerspiegelte, da jeder Ort bestrebt war, mit größeren und prächtigeren Kirchen und Calvaires seine Frömmigkeit zu beweisen. Was aber bei diesen Heiligtümern überrascht, ist ihr Reichtum gegenüber der Bescheidenheit der zugehörigen Dörfer; eindrucksvoll sind ihre Anpassung an Landschaft und Klima, die glückliche Wahl der Maßverhältnisse und ihre Eigenständigkeit.

Die Lehren der italienischen Renaissance wurden auf eigene Weise angewandt, denn die Bretonen besaßen nicht den weichen Stein, der feinere Schmuckformen zuließ, sie mußten vielmehr jene Lehren auf ihr heimisches Material, den Granit, übertragen, und die Härte dieses Materials veranlaßte sie, sich auf das Wesentliche zu beschränken. Vereinfacht wurden diese Formen noch mehr durch die zersetzende und abtragende Wirkung von Regen und Wind; ein moosiger Schleier überzog die Figuren, und türkisschimmernde und rostbraune Flechten brachten den dunklen Stein zum Leuchten. Die

1

2

3

4

5

6

La Martyre (Finistère), Schnitzbalken im nördlichen Seitenschiff

1 Eingerahmt von zwei Dudelsack-Spielern (Binious) hält Gott der Vater eine Frau und einen Mann fest, die von teuflischen Geistern umgeben sind

2 Taufe Christi, Anbetung der Könige, Verkündigung, Heimsuchung, Geburt Christi

3 Episode aus dem Leben des heiligen Isidor. Ein Engel nimmt seinen Platz am Pflug ein, der von vier Pferden und zwei Rindern gezogen wird. Am Ende hält ein Priester oder Geistlicher ein Buch und ein Ziborium mit einer Banderole, welche die Buchstaben R.M.N. trägt (Rohan Magister Nostrum). Interessant ist die präzise Darstellung eines Pfluges, wie er vom Mittelalter bis Ende des 19. Jh. in der Bretagne verwendet wurde

4 Zwei Masken in sorgfältig gearbeiteter Ornamentik mit verschlungenen Schriftzügen und Schneckenwindungen, daneben eine stilisierte Pflanzendekoration

5 Leichenzug, angeführt von einem Kreuzträger, drei Priestern und drei Trauernden. Ein Mann läutet die Totenglocke und führt drei Pferde mit dem Leichenwagen

6 Inmitten von Blumen und grimassenschneidenden Masken liegen nackte Personen auf Schneckenwindungen ausgestreckt, offenbar eine Symbolisierung der Unkeuschheit

Ausstattung der Kirchen – Altäre, Taufbecken, Emporen, Lettner, Chorgestühl, Orgelgehäuse und Balken – zeigt eine Fülle eindrucksvoll-kapriziöser, vegetativer Ornamente. Zu den Heiligenfiguren gesellen sich Altarwände aus polychromem Holz. Empfindlichere Fresken und Malereien an den Holzgewölben sind allerdings in dieser feuchteren Landschaft seltener. Der Besucher wird häufig von sogenannten Oberschwellen überrascht, Planken, die rings um die Kirche laufen und dazu bestimmt sind, die Verbindungsstelle des Holzgewölbes mit der Steinmauer zu verbergen; eine Sandschüttung sichert eine gewisse Nachgiebigkeit zwischen den beiden Elementen. Dieser Fries ist häufig mit Schnitzereien versehen, welche Tiere, Ungeheuer, groteske menschliche Gesichter, aber auch Szenen aus dem Leben Christi darstellen (sablières) (Abb. 90, 91).

Ein weiteres Merkmal bretonischer Kirchen sind die Vorhallen (porche), die jeweils an der Südseite der Kirche oder Kapelle anschließen. Sie können schon während der gotischen Epoche auftreten, wie z. B. bei der Kirche St-Thivisiau in Landivisiau oder aber während der Renaissance, wofür als Beispiel St-Houardon in Landerneau genannt sein soll. Diese Vorhallen dienten lange Zeit als Versammlungsort für die Honorationen der Pfarrgemeinde, die auf den Steinbänken entlang der Wände Platz nahmen, um unter der Leitung des Pfarrers über neue Bauvorhaben zu beraten, über eine im Vergleich zur Nachbargemeinde noch prächtigere Triumphpforte, ein geräumigeres Beinhaus oder einen höheren Kirchturm. Über diesen Steinbänken wachen in Nischen die Plastiken der Apostel. Man kann sie an ihren Requisiten identifizieren: Petrus besitzt den Himmelsschlüssel, Paulus hält ein Buch oder ein Schwert, Johannes den Kelch, Thomas ein Winkelmaß und Jakobus den Pilgerstab. Andere Apostel tragen die Instrumente ihre Martyriums: Matthäus ein Beil, Simon eine Säge, Andreas ein Kreuz und Bartholomäus ein Messer.

Diese Kunst der Renaissance in der Bretagne ist in der Tat eine bäuerliche Kunst. Was an den monumentalen Kompositionen z. B. von Pleyben, St-Thégonnec und Guimiliau als bretonisch anerkannt werden muß, ist die unbekümmerte fast schalkhafte Vermengung aller Stile. Die Steinmetzen nahmen ihre Anregungen von allen Seiten und schufen dank ihrem Genie und Glauben ein Werk, das die ganze Kraft eines Originals enthält. Volkskunst ist fast immer anonym, und die Schöpfer der Dinge, die uns so tief erregen, arbeiteten fern von jeder persönlichen Eitelkeit. Daß diese Volkskunst bis heute noch nicht die Würdigung erhalten hat, die ihr gebührt, mag darin begründet liegen, daß Frankreich mit einer außergewöhnlichen Fülle an Hochkunst aufzuwarten hat, in die jene eigenständige, originelle Formensprache sich nicht einordnen läßt. Die Calvaires bleiben das Erkennungszeichen der Bretagne. Charles Le Goffic (1863–1932) hat von ihnen gesagt: »Ein kräftiger Idealismus durchblutet diese barbarischen Friese, erhöht die demütigen Akteure der großen plastischen Dramen, schmeidigt die armseligen Bilder und löst sie in gewisser Weise aus ihrem harten Granitpanzer. Die bretonische Seele bebt in ihnen und läßt sich hier in einer ihrer ergreifendsten Kundgebungen fassen: in ihrem oft erfolgreichen Kampf gegen die Materie, welche sie schließlich durch Hartnäckigkeit, durch tiefen und unerschütterlichen Glauben besiegt.«[8]

Kapelle Kermaria-an-Isquit (Côtes-du-Nord). Apostelstatue in der Vorhalle, Andreas mit dem Kreuz

1 Vitré, Fougères, Châteaubriant – Grenzfesten der Bretagne

Eine Kette von Burgen und Schlössern, die sich zwischen dem Mont St-Michel und der Loire erstrecken, hatte aus der Bretagne eine Festung gemacht, die zu bezwingen auch der Kühnheit Ludwigs XI. und den Erben seiner Politik schwer genug fiel: Fougères, St-Aubin-du-Cormier, Vitré, Châteaugiron, La Guerche-de-Bretagne, Blain, Le Grand-Fougerey, Châteaubriant. Es sind heute vor allem noch die Burgstädte Vitré und Fougères, denen man ihre ehemals durchaus mit Burgund vergleichbare militärische Macht ansehen kann.

Vitré ist für den von Paris über Le Mans kommenden Reisenden eine großartige Eingangspforte zur Bretagne. Was den Liebhaber der Bretagne an dieser eigenständigen Kulturlandschaft so fasziniert, verdankt er nicht zuletzt auch diesem Wunderwerk bretonischer Festungsbaukunst, sichtbarer Ausdruck eines um seine Selbständigkeit ringenden Volkes. Einen wahrhaft majestätischen Gesamtüberblick über die Stadt- und Burganlage genießen wir von dem Aussichtspunkt Tertres Noirs, einem Hügel am rechten Ufer der Vilaine. Hoch über einem Gewirr alter Häuser und winkliger Gäßchen ragen die hohen Mauern und starken Bastionen, die von Zinnen oder spitzen Dächern gekrönten Türme empor. An das Schloß schließt eine turmbewehrte Stadtmauer an, die den Schutz der mittelalterlichen Stadt gewährte. Als alter Sitz bretonischer Herzöge hatte Vitré seit der Mitte der 13. Jahrhunderts dieselben Besitzer wie die Grafschaft Laval: die Adelsgeschlechter von ›Monfort‹, von ›Rieux‹, von ›Coligny‹ und von ›La Trémoïlle‹. Vitré, wo die ›Rieux‹ und später die ›Coligny‹ den Protestantismus eingeführt hatten, diente während des französischen Glaubenskrieges als Waffenplatz der Hugenotten. Die Katholiken, die in dem straff geleiteten Bund der ›Ligue‹ zusammengefaßt waren, versuchten 1589 unter dem Herzog von Mercœur, dem Führer der ›Ligue‹ in der Bretagne, vergeblich, die Festung einzunehmen. Nach fünfmonatiger Belagerung mußten sie abziehen, nachdem die Armee des Prinzen von Dombes den Hugenotten zu Hilfe geeilt war. Zwischen 1655 und 1706 war Vitré wiederholter Versammlungsort der bretonischen Stände. Zu Beginn des 19. Jahrhunderts kam das Schloß in Besitz des Hauses ›La Trémoïlle‹, wurde jedoch schon 1820 für 8500 fr an die Stadt verkauft.

Ein Rundgang durch die Altstadt empfiehlt sich vom Place St-Yves aus (Abb. 115). Hier bewundern wir die malerischen Fachwerkhäuser, die sich vor der Burganlage ducken. Die Rue d'Embas besitzt einige alte Häuser mit holzgeschnitzten Figuren. In der nächsten Querstraße, der berühmten Rue Beaudrairie, hat sich die mittelalterliche Physiognomie in den alten Häusern mit Portalvorbauten und überkragenden Etagen am besten erhalten: das Haus Nr. 16 besitzt ein eindrucksvolles Renaissanceportal aus Stein, Skulpturen schmücken Haus Nr. 7, und eine hölzerne Außentreppe finden wir bei Nr. 5. Eine schmale Straße führt zum Place du Château, wo die Ostseite der Burganlage angrenzt. Mit dem Bau wurde im 11. Jahrhundert begonnen, eine Erweiterung der Festung fand im 14. und 15. Jahrhundert satt, in unsere Zeit schließlich fällt die Restaurierung der Anlage. Das Burgtor ist als mächtiger Vorbau mit zwei Türmen konstruiert. Drohend starren die Pechnasen auf den Eindringling herab, der über eine Zugbrücke in den dreieckigen Innenhof gelangt. Gleich rechts sind noch Reste der romanischen Burgkapelle erhalten. Auf der linken Seite erhebt sich der Bergfried Saint-Laurent, der von zwei Türmchen flankiert wird. Südwestlich schließen sich die Türme L'Argenterie und L'Oratoire an, zwischen denen eine moderne gotische Galerie gebaut wurde. Auf der rechten Innenhofseite erreicht man über eine Außentreppe das Rathaus der Stadt, das über einer Galerie moderner Arkaden in neugotischem Stil errichtet wurde (1913). Der Tour de Montafilant im Westen und der Tour de la Madeleine im Nordosten bilden die übrigen Eckpunkte des dreieckigen Burggrundrisses. Im Bergfried St-Laurent ist ein Museum untergebracht; es zeigt Holz- und Steinskulpturen, Truhen, Wandteppiche, Fayencen, Zinnwaren, Mobiliar, Kostüme des Landes und historische Dokumente der Stadt und der Burg. Nach Verlassen der Burg biegen wir in die Rue Notre-Dame ein, die sich in östlicher Richtung zu einem Platz erweitert. An ihm steht die Kirche Notre-Dame (15. und 16. Jh.). Am interessantesten erscheint die Südfassade durch ihre sieben Dreiecksgiebel mit Flamboyant-Fenstern und Wasserspeiern und die sie krönenden Zinnen. Die Außenkanzel aus dem 15. Jahrhundert erinnert an die Zeit, als die katholischen Prediger endlose Streitgespräche mit ihren protestantischen Kontrahenten austrugen; die Stadt war nämlich eines der seltenen Bollwerke des Kalvinismus in der Bretagne. Das Kircheninnere birgt mehrere sehenswerte Altäre, ein schönes Renaissancefenster im rechten Seitenschiff (Einzug Christi nach Jerusalem) und in der Sakristei 32 Emaille-Tafeln von Limoges, auf denen wichtige Stationen aus dem Leben der Muttergottes und Christi dargestellt sind (16. Jh.). Am Ende der Rue Notre-Dame zweigt links die Promenade du Val ab. Auf ihr kehren wir entlang der Stadtmauer zum Place St-Yves zurück.

In der Nähe von Vitré liegt 6 km südöstlich das *Château des Rochers* (14. Jh.), heute ein gut erhaltener Privatbesitz, der teilweise besichtigt werden kann: Kapelle, historisches Zimmer und Garten. Unter seinem Schieferdach schmücken weißgerahmte Fenster ein Mauerwerk aus rötlichem Stein.

Mit dem Schloß verbindet sich der Name von Madame de Sévigné, die 1626 in Paris geboren wurde und aus Sparsamkeitsgründen zwischen 1654 und 1690 hier ihr Domizil hatte.

Sie war die Verfasserin weltberühmt gewordener Briefe und verspottete in ihren Aufzeichnungen die Bankette der Ständeversammlung in Vitré, die sie zuweilen aufsuchte.

Champeaux (9 km nordwestlich von Vitré) ist ein weiteres lohnendes Ausflugsziel. Die granitenen Häuser liegen um einen großen Platz, auf dem die Kirche, eine Kollegialkirche aus dem 15. Jahrhundert, von der Familie d'Espinay gegründet wurde. Im Innern sind im Renaissancestil Holztäfelung und Chorgestühl und die Grüfte der Familie d'Espinay sehenswert. Insgesamt hinterläßt der kleine Ort einen gepflegten anheimelnden Eindruck.

Das kleine auf einem Hügel über den Flüssen Nançon und Couesnon gelegene Städtchen *Fougères* erlangte seit dem Mittelalter durch seine Lage an der Grenze der Bretagne eine große militärisch-strategische Bedeutung. Seine mächtige Befestigungsanlage, eine der größten des Mittelalters, wurde im 11. Jahrhundert durch den Landesherrn Méen und seinen Sohn Alfred erbaut. Berühmt wurde einer ihrer Nachfolger, Raoul II., der in der Mitte des 12. Jahrhunderts unter dem Herzog der Bretagne, Conan IV., Le Petit, auf der Burg lebte. Als sich dieser Herzog dem König von England, Heinrich II. Plantagenet, unterwarf, war es der unerschrockene Raoul, der revoltierte und einen Bund mit dem bretonischen Adel einging. Doch 1166, nach dreimonatigem Kampf, eroberte Heinrich II. im Sturm Fougères und ließ die Burg schleifen. Nach ihrem Wiederaufbau fiel die Festung durch Heirat an die Lusignans, und es folgten weitere Jahrhunderte einer bewegten Geschichte, in denen berühmte Männer wie Du Guesclin, La

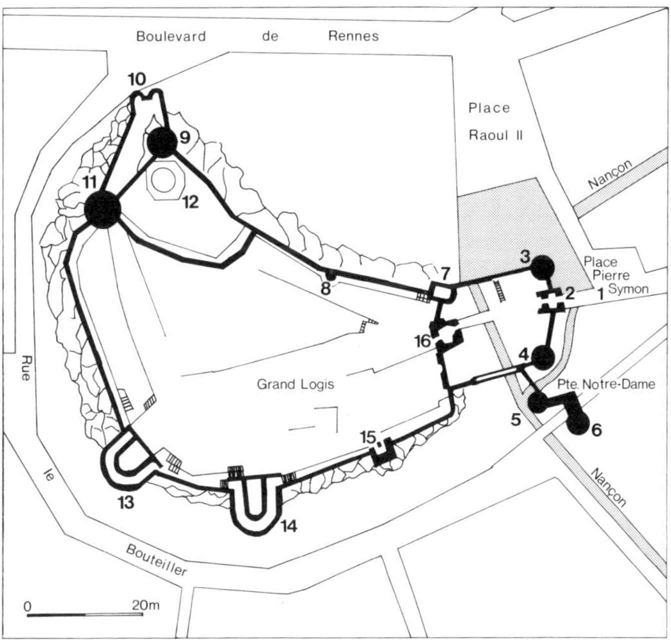

Burg von Fougères

1 Eingang
2 Tour de la Haye St-Hilaire
3 Tour de Guémadeuc
4 Tour du Hallay
5 Tour de Plesguen
6 Tour de la Trémoïlle
7 Tour de Coigny
8 Tour de Guibé
9 Tour du Gobelin
10 Tour d'Amboise
11 Tour Mélusine
12 Bergfried, 1166 geschleift
13 Tour Surienne
14 Tour Raoul
15 Tour du Cadran
16 Tour de Coëtlogon

Trémoïlle und andere den Wert dieser Anlage kennenlernten. Im Kleinkrieg der königstreuen Bretonen (chouans) gegen die Republikaner gewann Fougères besondere Bedeutung. Balzac hat in seinem Roman ›Die Chouans‹ Fougères zum Schauplatz einer todgeweihten Liebe ausgewählt.

Für die Anlage der Burg wurde nicht, wie sonst üblich, ein Bergsporn ausgewählt; die Lage in dem tiefeingeschnittenen Flußtal des Nançon zu Füßen der höhergelegenen Stadt erscheint zunächst überraschend, bei näherer Überlegung aber geradezu genial durchdacht, hat man doch den Fluß mit in das Verteidigungssystem eingebaut, indem man ihn zu einem See staute, aus dem sich wiederum Flüsse und Wassergräben rund um die Anlage herumwinden, sogar mit einem sich in eine Schlucht ergießenden tobenden Wasserfall, der ein Mühlrad antreibt. In einer Zeit, in der die Kämpfenden von weitreichenden Wurfgeschossen wenig zu befürchten hatten, stellte diese Wasseranlage ein unüberwindliches sicheres Vorfeld dar (Abb. 116). Dort aber, wo der Wasserschutz fehlte, erbaute man um 1300 einen mächtigen Turm (Tour Mélusine, über 30 m Höhe, 13 m Durchmesser und 3,6 m Mauerstärke), der alle dreizehn Türme an Größe überragt. Da die Mehrzahl der ehemaligen Gebäude im Innern der Burganlage stark zerstört ist, können nur Türme und Mauern besichtigt werden. Im Tour Raoul ist eine Sammlung von alten Möbeln, Zinngeschirr und Keramik untergebracht, der Tour Surienne beherbergt das sehenswerte Schuhmuseum; hier sind die originellsten Erzeugnisse ausgestellt, die in Fougères, dem Zentrum des Damenschuhs, ersonnen wurden.

Eine Aussicht auf die gesamte Befestigungsanlage ist vom Place aux Arbres (Jardin public), dem hoch über dem Nançon gelegenen Stadtgarten zu genießen. Liebhaber malerischer Stadtbilder finden in Fougères im Stadtteil Marchix um den gleichnamigen Platz spitzgiebelige Häuser aus dem 16. Jahrhundert. Dem Tour Raoul gegenüber steht die Kirche St-Sulpice (15.–18. Jh.) im gotischen Flamboyantstil. Sie besitzt eine granitene Altarwand aus dem 15. Jahrhundert und ein turmförmiges Tabernakel (1770).

An der Grenze der Bretagne zu Anjou, inmitten einer bewaldeten Landschaft mit einzelnen Teichen liegt das alte Städtchen *Châteaubriant*. Seine ehemals mächtige Verteidigungsanlage thront oberhalb des Flüßchens Chère und besteht aus zwei Komplexen. Im Westen liegt das mittelalterliche Vieux-Château (11.–15. Jh.), dessen stattliche turmbewehrte Mauer vor allem von der Wasserfläche der gestauten Chère auf der Nordseite besonders eindrucksvoll erscheint. Die mittelalterlichen Gebäude im Innern der Burganlage erweisen sich als völlig zerstört. Östlich dieses Vieux-Château liegt der Renaissanceanbau des Château-Neuf, vor dessen äußerer Fassade sich gepflegte Gartenanlagen bis zum Ufer der Chère erstrecken. Die zwei im Winkel zueinander stehenden Gebäude strahlen den Zauber einer harmonischen Renaissancearchitektur aus und laden zum Entspannen und Verweilen ein. Dieser Teil wurde unter Franz I. durch den Grafen Jean de Laval (1533–39) errichtet. Seine verzierten Dachfenster erinnern stark an die Loireschlösser. Während die Außenfassaden von vier runden Türmen in unsymmetrischem Verlauf unterbrochen werden, zeigen die Fassaden des Innenhofes eine regelmäßigere Architektur. Der Innenhof wurde an drei Seiten von einem Säulengang um-

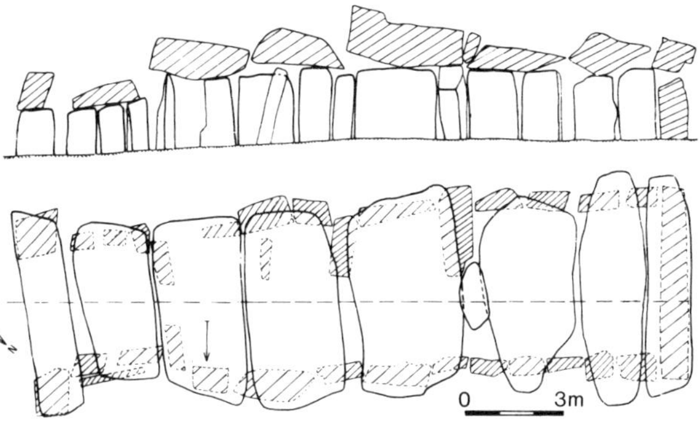

Dolmen La Roche-aux-Fées bei Essé (Ille-et-Vilaine), Grundriß und Aufriß (nach Dr. J. L'Helgouach)

geben, doch ist davon nur noch die südliche Galerie mit Arkaden aus Ziegelsteinen und Säulen aus Schiefer übrig geblieben (1538). Ein eleganter Eckpavillon, dessen Treppe zwei Etagen verbindet, schließt das Ganze ab (Abb. 118).

Hinter jenen Mauern des Château-Neuf lebte im 16. Jahrhundert die schöne Geliebte Franz I., Françoise de Foix, Herzogin von Châteaubriant, nachdem sie von ihrer Rivalin, der Herzogin d'Etampes, vom Hof verdrängt worden war. 1537 fand sie in ihrem Zimmer einen mysteriösen Tod, hinter dem man ihren eifersüchtigen Ehegatten Jean de Laval vermutet.

Zwischen Vitré und Châteaubriant liegt südöstlich von Essé der Dolmen von *La Roche-aux-Fées*, unsere erste und zugleich außergewöhnlich eindrucksvolle Begegnung mit der bretonischen Megalithkultur. Jahrhundertealte Eichen wachen über dieser monumentalen Totenstätte und hüllen sie in Halbdunkel (Abb. 24); wir werden an die romantischen Bilder eines Caspar David Friedrich erinnert. Die Architektur des Dolmens ist ins Große gesteigert: 33 Tragsteine bilden die Seiten- und die vertikalen Zwischenwände, darüber ruhen 8 mächtige Decksteine. Der Eingang ist ein Meisterwerk der Konstruktion: zwei quaderförmige Träger im Abstand von 3,20 m, und darüber ein gleichmäßig behauener Türsturz (Abb. 25). Wir durchschreiten den Portikus und stehen in einer kurzen Vorhalle von 3 m Breite und 2,7 m Länge. Die geringe Höhe von 1,4 m zwingt zu gebückter Haltung, aber ein Tor von 1,10 m Breite erlaubt, sich wieder aufzurichten und die Weite der eigentlichen Grabkammer zu bestaunen (Abb. 26); sie ist nicht weniger als 14 m lang, 4 m breit und mehr als 2 m hoch. Drei Querträger an der südlichen Seite teilen vier Kammern ab. Das Ende des Dolmens wird von einer großen Steinplatte von 5,7 m Länge begrenzt. Das Gestein, ein rötlicher kambrischer Schiefer, stammt nachweislich von einer 5 km entfernten Stelle, und da einige Blöcke 40 Tonnen übersteigen, bedeutete ihr Transport eine beachtliche Leistung. Funde wurden in der Anlage nicht gemacht, doch man schätzt das Alter des Dolmens auf 4500 Jahre. In der Bretagne ist der Dolmen von La Roche-aux-Fées der einzige, der abgesehen von einer stärkeren Entwicklung der Vorhalle eine armorikanische Übertragung des Stils von Angers ist und deshalb auch die Bezeichnung ›dolmen angevins à portique‹ trägt.

2 Rennes – Hauptstadt der Bretagne

Rennes (200 000 E.), ehemals eine ruhige repräsentative Verwaltungs-, Justiz- und Universitätsstadt und geistiger Mittelpunkt der Bretagne, hat in den letzten Jahrzehnten einen großen wirtschaftlichen und industriellen Aufschwung erlebt. Am Stadtrand siedelten sich Werke der Automobilindustrie (Citroën), Nahrungsmittel-, Papier- und Rüstungsindustrie an. Außerdem wurde Rennes ein wichtiges Forschungszentrum Frankreichs auf den Gebieten der Elektronik und des Kommunikationswesens. Hatte die Stadt 1936 nur 98 000 Einwohner, so wird bis 1985 mit einer Bevölkerungsentwicklung bis zu 300 000 Einwohner gerechnet. Nähert man sich Rennes auf der neuen Umgehungsstraße, so kann man sich am besten ein Bild dieser Expansion machen; breite Straßen durchziehen modernste Wohnviertel mit Hochhäusern bis zu 32 Stockwerken. Seitdem das alte Rennes 1720 in einer einzigen Nacht durch einen Brand mit Ausnahme eines Häuserblocks um die Kathedrale völlig zerstört wurde, zeigt die nach Plänen von Jacques Gabriel in klassizistischem Stil wiederaufgebaute Stadt eine gewisse Strenge und Kühle. Die Straßen beiderseits der Vilaine, die als Kanal die Stadt fast schnurgerade durchfließt, sind im Schachbrettmuster angelegt. Dieses gleichförmige Bild wird aufgelockert durch Arkaden in den Erdgeschossen der Häuser im Quartier du Palais. Die stolzeste Ausprägung klassizistischen Stils besitzen die Gebäude um den Place du Palais, Place de la Mairie und Place de la République.

In keltischer und römischer Zeit lebten in Rennes die Redonen, die der Stadt ihren Namen gaben. Die wichtigen historischen Ereignisse aber fallen erst in das 14. Jahrhundert und sind verbunden mit dem Namen Bertrand du Guesclin, der Anfang des 14. Jahrhunderts im Château de la Motte-Broons bei Dinan geboren wurde. Als kaum 17jähriger Jüngling nimmt Du Guesclin im Jahre 1337 in Rennes an einem Turnier teil, wo er in geliehener Rüstung und auf geborgtem Pferd alle adligen Gegner besiegt. Wenige Jahre später wächst sein Ruhm, als er im bretonischen Erbfolgekrieg (1341–65) auf der Seite des von Frankreich unterstützten Charles de Blois kämpft und 1356 Rennes von den belagernden Truppen des Grafen Jean de Monfort befreit. Im Jahre 1491 erlebt die Hauptstadt die glanzvolle Hochzeit der Herzogin Anne de Bretagne mit Karl VIII. von Frankreich. Anne de Bretagne (1476–1514), die einzige Erbin des letzten Herzogs der Bretagne, François II., war beim Tode ihres Vaters erst zwölf Jahre alt, hatte aber bereits sechs oder sieben Freier. Durch den Vertrag von

Verger war es ihr untersagt, ohne die Zustimmung des Königs von Frankreich zu heiraten. Doch darüber setzte sie sich 1490 hinweg und heiratete Maximilian von Österreich. Bei der kirchlichen Trauung konnte ihr Gemahl nicht persönlich erscheinen, da er durch kriegerische Verwicklungen in den Niederlanden festgehalten wurde. Der Gegenschlag Karls VIII., der diese Verbindung von Paris aus mit großer Mißgunst betrachtete – Maximilian war durch Heirat bereits Burgund zugefallen, und nun sollte er auch noch die Bretagne erwerben –, erfolgte umgehend: er rückte mit einer Truppe nach Rennes vor, um dort mit allem Nachdruck um die Hand Annes zu werben. Die unter der Belagerung notleidende Bevölkerung drängte Anne zum Nachgeben; doch da geschieht das Außergewöhnliche: als Karl und Anne sich begegnen, entwickelt sich eine spontane Zuneigung zwischen dem zierlichen, ein wenig hinkenden und dennoch anmutigen Mädchen und dem untersetzten König. Vor der geplanten Heirat müssen jedoch ihre beiden nur auf dem Papier existierenden Ehen vom Papst annuliert werden: die Ehe Karls VIII. mit Maximilians Tochter Margarethe von Österreich und jene Ehe zwischen Anne und Maximilian. Unter den Gästen der prunkvollen Hochzeit am 6. Dezember 1491 auf Schloß Langeais an der Loire ist auch der Herzog von Orléans, den Anne acht Jahre später heiraten wird. Denn das Glück der beiden Ehegatten währt nur kurze Zeit: vier Kinder sterben im zartesten Kindesalter, und der 28jährige König stößt sich in einem lebhaften Gespräch mit Anne so unglücklich den Kopf an einem Türbalken,

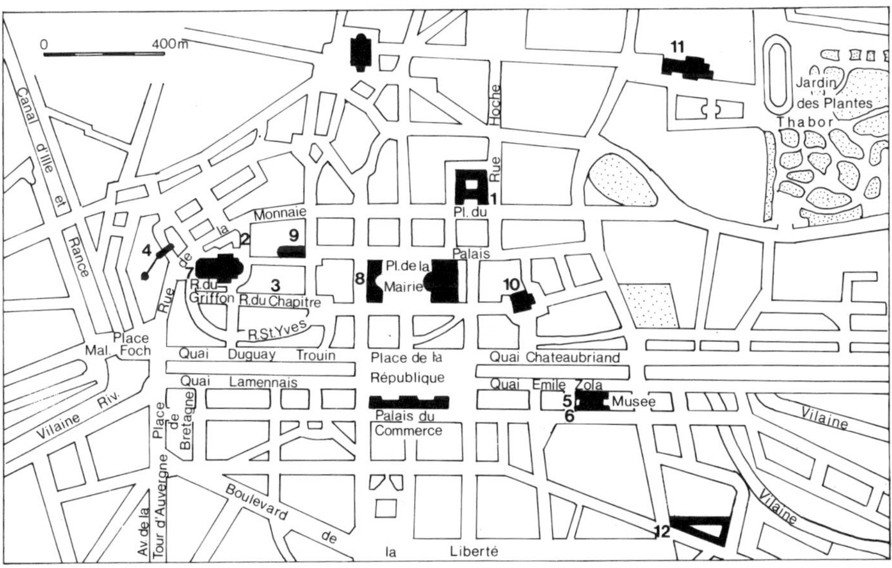

Stadtplan von Rennes 1 Palais de Justice 2 Haus von Du Guesclin 3 Hôtel de Blossac, 18. Jh. 4 Tor Mordelaise, 15. Jh. 5 Musée de Bretagne 6 Musée des Beaux-Arts 7 Kathedrale 8 Rathaus 9 St-Sauveur 10 St-Germain 11 Notre-Dame 12 Maison de la Culture

daß er vor ihren Augen stirbt. Da der König ohne Erben ist, muß Anne laut Ehevertrag 1499 seinen Nachfolger Ludwig XII. heiraten (Abb. 130, 131). Nur eines der Kinder aus dieser letzten Ehe, die Tochter Claude, spätere Gattin Franz' I., überlebt ihre Mutter, die mit 37 Jahren stirbt. Für die Bretonen ist Anne bis heute nicht nur die vielgeliebte ›gute Herzogin‹, sondern Inkarnation ihres Landes, fast eine Heilige.

Im Jahre 1675 wird Rennes durch den Aufstand gegen das von Colbert eingeführte ›Stempelpapier‹ erschüttert. Umwälzende Ideen wie gebührenfreie Gerichtsbarkeit, verpflichtende Heirat zwischen Adel und Landvolk, Aufteilung der herrschaftlichen Güter gelangen an die Öffentlichkeit. Das aufrührerische Parlament wird in die Verbannung geschickt. 1764 wird Rennes nochmals Schauplatz politischer Kämpfe durch den sich gegen die Jesuiten wendenden Fall La Chalotais. Während der französischen Revolution macht sich der Bürgermeister Leperdit um die von Carrier, dem Vertreter des Konvents, gepeinigte Stadt verdient.

Am Anfang des 18. Jahrhunderts hat die Stadt noch das typische Aussehen des Mittelalters: enge Gäßchen, Häuser mit Mauern aus Stroh und Lehm oder aus Holz. Deshalb konnte sich auch das Feuer, das am 22. Dezember 1720 in einer Mühle ausbrach, schnell ausbreiten. Was blieb vom alten Rennes übrig? Zunächst das stark zerstörte Tor Mordelaise (15. Jh.), durch welches ehemals die Herzöge zur Krönung in die Kathedrale schritten. In der Rue St-Guillaume steht das windschiefe reich skulptierte Fachwerkhaus ›Ti Koz‹, der ehemalige Wohnsitz Du Guesclins, heute ein bekanntes Schlemmerlokal (Abb. 123). Beachtenswert sind die Häuser in der Rue du Chapitre, Nr. 22 im Renaissancestil, das Hôtel de Brie Nr. 8 aus dem 17. Jahrhundert und das Hôtel de Blossac aus dem 18. Jahrhundert mit einer schönen Treppe links des Eingangs.

Das sehenswerteste Bauwerk Rennes' ist der Justizpalast (Palais de Justice), das ehemalige Parlamentsgebäude der Bretagne (Abb. 121, 122). Zwischen 1618 und 1655 wurde dieses architektonische Glanzstück von dem berühmten Baumeister Salomon de Brosse, der in Paris das Palais du Luxembourg schuf, in toskanischem Renaissancestil erbaut. Ebenso erhaben und harmonisch wie die äußere Fassade erscheint der ehemalige Sitzungssaal des Parlaments, die Große Kammer (Grand Chambre). Sie mißt 10 mal 20 m und ist 7 m hoch. Noch heute zeigt der Saal den Glanz, der einst die Sitzungen des obersten Gerichtshofes umgab: die Kassettendecke, die vergoldeten Täfelungen, die Gemälde und großen Gobelins mit Szenen aus der bretonischen Geschichte und die Loggien, die es vornehmen Besuchern erlaubten, an den Sitzungen teilzunehmen. Ein weiterer Sitzungssaal (Premier Chambre Civil), dessen Restaurierung erst 1973 beendet wurde, besitzt nicht den großartigen Prunk, dafür Täfelungen im Stil Ludwigs XIV. mit Malereien in zarten Pastelltönen, die leicht mit Gold abgesetzt sind.

Das *Musée de Bretagne* in Rennes am Quai Emile Zola (Abb. 124–132) gehört aufgrund seiner reichhaltigen Sammlungen und hervorragenden didaktischen Konzeption zum notwendigen Bestandteil jeder anspruchsvollen Bretagne-Reise. Eine Besichtigung am Anfang einer Rundreise ist besonders empfehlenswert, macht doch das Museum mit allen geschichtlichen und kulturellen Aspekten vertraut. Der Saal für Vor- und Frühgeschichte gibt einen guten Überblick jener für die Bretagne so wichtigen Kulturepoche. Modelle megalithischer Begräbnisstätten, Geräte, Waffen und Keramik aus dem Neolithikum, der Bronze- und Eisenzeit, die Salzindustrie des 2. und 1. Jahrhunderts v. Chr. und Münzen der armorikanischen Städte sind lohnende Studienobjekte (Abb. 128, 129). Ein weiterer Saal ist der gallo-römischen Epoche in Armorika (57 v. Chr. – 5. Jh. n. Chr.) gewidmet. Ausstellungsstücke sind hier lateinische Inschriften auf Steinblöcken, die in das Jahr 135 zurückreichen, Meilensteine, Keramik, Figurinen aus Bronze, Gläser und Schmuck (Abb. 124). Der nächste Saal ist der mittelalterlichen Bretagne (5.–15. Jh.) vorbehalten, und zwar sind die einzelnen historischen Abschnitte chronologisch gegliedert: im 5. bis 7. Jahrhundert die Einwanderung der Kelten, die Armorika in die Bretagne verwandeln, anschließend die Feudalzeit mit dem fundamentalen Beitrag der Kirche, dann die Bildung eines bretonischen Staates gegen Ende des 14. Jahrhunderts, dessen Bestehen über hundert Jahre lang zum Geschicklichkeitsspiel der mächtigen englischen und französischen Nachbarn wird. Die Kunst jener Zeit findet vor allem in der Bildhauerei ihren Ausdruck. Beachtenswert sind die schönen romanischen Granitkapitelle der ehemaligen Renneser Abteien St-Melaine und St-Georges. Aus der gotischen Epoche folgen eine Säulenstatue des hl. Paulus (13. Jh.) und die Muttergottes mit Kind (15. Jh.). Dokumente, Medaillen und Münzen erinnern an das Ende der Unabhängigkeit der Bretagne im 15. Jahrhundert. Im Saal ›Bretagne des Alten Regimes‹ (1532–1789) werden als Themen politische Institutionen, sozialer Aufbau und kultureller Ausdruck veranschaulicht. Dabei hat man die schroffe Einteilung der sozialen Klassen dadurch gemildert, daß man die Reichhaltigkeit des Mobiliars betont: bemalte oder geschnitzte Paneele, reich verzierte Holztruhen (Abb. 132), das schrankartige, durch eine Schiebetür zu besteigende Bauernbett (lit-clos) (vgl. Abb. 133), Schränke, Wiegen und sonstiges Mobiliar. Wichtig in dieser Periode ist die Holzschnitzerei, insbesondere die für den Kirchenschmuck bestimmte polychrome Bildhauerei, die Schnitzbalken (poutres und sablières) oder eine naive Statue des bretonischen Schutzheiligen St-Yves, der als Rechtsprecher zwischen einem Reichen und einem Armen dargestellt ist (Abb. 127). Zuletzt folgt die Galerie der modernen Bretagne (1789–1914). Es ist die Zeit, in der die seit Jahrhunderten überlieferten landwirtschaftlichen, handwerklichen und häuslichen Ausrüstungen allmählich verschwinden zugunsten moderner Utensilien. Bunt gestickte Bauerntrachten und Spitzenhauben (coiffes) aus den einzelnen Landesteilen der Bretagne spiegeln den Reichtum und Erfindungssinn ihrer ehemaligen Träger wider. Es sind Festtrachten, wie wir sie noch heute während der großen Pardons überall in der Bretagne antreffen (vgl. Abb. 99, 100, Farbt. 44).

Das Museum der Schönen Künste *(Musée des Beaux-Arts)* ist in demselben Gebäude untergebracht. Es besitzt u. a. eine Abteilung mit Malern der französischen Schule, daneben aber auch Keramikarbeiten regionalen Ursprungs (aus Rennes, Quimperlé und Le Croisic). Nach dem Besuch der Museen bietet der zauberhafte Jardin du Thabor, den wir durch ein kunstvoll geschmiedetes Prunktor betreten, einen erholsamen Aufenthalt.

3 Nantes – Stadt zwischen Tradition und Fortschritt

Nantes (266 000 E.), die ehemalige Residenz der bretonischen Herzöge, ist heute Mittelpunkt eines wirtschaftlichen Ballungsraumes, einer der wichtigsten Hafenplätze Frankreichs, größte Stadt der historischen Bretagne und zugleich Hauptstadt des Départements Loire-Atlantique. Die Stadt erstreckt sich größtenteils am rechten Ufer der Loire, die sich von hier bis zu ihrer 50 km entfernten Mündung bei St-Nazaire zu einer betriebsamen Hafenlandschaft verbreitert, deren kräftiger Rhythmus – Werftanlagen, Kräne, Fracht- und Tankschiffe, Eisenbahnen – vom hochgelegenen Belvédère Ste-Anne am äußersten Ende des Quais de la Fosse zum Erlebnis wird.

Zur Zeit der keltischen Namneten, die der Stadt ihren heutigen Namen gaben, hieß die Ansiedlung noch Condivicnum. Die römische Stadt war Verwaltungszentrum, und schon im 3. Jahrhundert hatte sich das Christentum verbreitet. Zwischen dem 10. und 15. Jahrhundert war Nantes abwechselnd mit Rennes die Residenz der Herzöge der Bretagne, bis die Vereinigung des Herzogtums mit Frankreich diesem Status ein Ende machte. Dennoch blieb Nantes eine politisch engagierte Stadt. Am 13. August 1598 erließ König Heinrich IV. das berühmte Edikt von Nantes, wodurch die Protestanten eine bedingte Glaubensfreiheit erhielten und ein fanatischer und blutiger Religionskrieg beendet wurde. Doch 1685 hob Ludwig XIV. das Edikt wieder auf. Die Revolution 1789 wurde von der Bevölkerung der Stadt zunächst stark begrüßt, doch nahm sie hier dann besonders abstoßende und grausame Züge an: Statt der Handelsschiffe fuhren nun die ›nationalen Badewannen‹, eine Vernichtungsmaschinerie, die von Jean-Baptiste Carrier ausgedacht war, der vom Konvent in das von Royalisten wimmelnde Nantes gesandt wurde. Um die Gefängnisse möglichst schnell zu leeren, ließ er Adlige, Priester und Verdächtige auf Schiffe verfrachten, die in der Loire versenkt wurden. Diese Grausamkeit steigerte er noch durch Aneinanderfesseln von gefangenen Paaren (›republikanische Hochzeit‹). 1794 beendete die Guillotine in Paris Carriers Greueltaten. Das 17. und 18. Jahrhundert war auch die Zeit schwunghaften Menschenhandels, der von Nantes aus organisiert wurde. Die mit afrikanischen Negersklaven überfüllten Schiffe stachen von hier aus in See und beförderten ihre Fracht zu den Antillen, um von dort als Gegenwert den begehrten Zucker mitzubringen. Eine weitere tragische Episode fällt in das Jahr 1832, als die Herzogin von Berry, Marie-Caroline, Schwiegertochter des ver-

Schloß der Herzöge

1 Eingang
2 Tour de la Couronne d'Or
3 Grand Logis
4 Grand Gouvernement
5 Tour de Pied-de-Biche
6 Tour de la Boulangerie
7 Tour des Jacobins
8 Tour du Port
9 Tour de la Rivière
10 Tour du Fer-à-Cheval
11 Tour au Duc
12 Alter Bergfried
13 Tour des Espagnols
14 Petit Gouvernement
15 Altes Herrenhaus
16 Kapelle 17 Brunnen 18 Arsenal 19 Bastion Mercœur 20 Ursprüngl. Burg

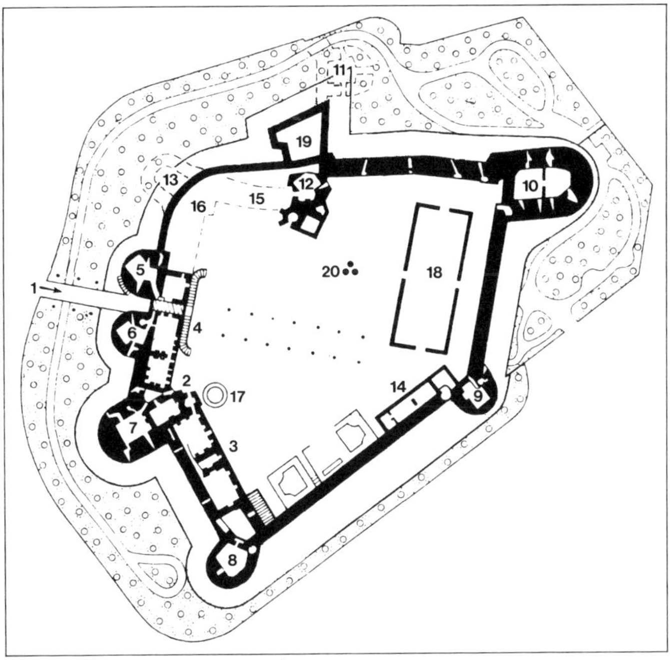

triebenen Karl X. und Todfeindin des Bürgerkönigs Louis-Philippe, versuchte, die Vendée, das Zentrum des Widerstandes gegen die Revolution, und die Bretagne gegen Philippe aufzuwiegeln. Nach gescheitertem Versuch mußte sie sich in Nantes in dem heute noch erhaltenen Haus de Guiny in der Rue Mathelin-Rodier Nr. 3 verbergen. Wäre ihr Versteck nicht verraten worden, hätte man sie kaum gefunden. So besetzte man sofort ihr Haus, fand es aber leer. Erst als die in der Novemberkälte frierenden Soldaten den Kamin anzündeten, mußten die Herzogin und ihre drei Begleiter halb erstickt, rußgeschwärzt und mit versengten Kleidern ihr Versteck räumen. – Noch einmal wird die Stadt vom Schicksal erteilt, als 1943 schwere Luftangriffe der Amerikaner stattfinden.

Das moderne Nantes ist keine typisch bretonische Stadt (vgl. S. 8), dafür zeigt sie pulsierendes Leben, Fortschritt und Eleganz wie z. B. in ihrer Hauptgeschäfts- und Promenadenstraße, der Rue Crébillon. Aus dem Jahre 1843 hat sich eine Kuriosität erhalten, die Passage Pommeraye, eine riesige verglaste Galerie mit altmodischen Geschäften, mehrstöckigen Säulengalerien, Kandelabern mit halbnackten Putten, erregenden Durchblicken durch Vitrinen und mit barock wuchernden verschnörkelten Eisentreppen und -geländern. Von dem romantischen, kitschigen und gelegentlich surrealistisch wirkenden Trödel geht ein anlockender Zauber aus.

Mit der Besichtigung des *Schlosses* beginnt man am besten in der mittelalterlichen Stadt an der Place de la Duchesse Anne. An der Westseite des Platzes erhebt sich das Schloß an der Stelle, an der bereits in gallo-römischer Zeit eine Befestigungsanlage gestanden hat. Im 12. und 13. Jahrhundert wurde am selben Ort eine neue Burg errichtet. Beide Anlagen sind durch Ausgrabungen sichtbar geworden: So zieht sich durch den Innenhof des Schlosses eine Linie, die den Verlauf der römischen Mauer andeutet. In seiner heutigen Gestalt wurde das Schloß 1466 von François II. nach Plänen von Mathelin Rodier gebaut, indem man die ehemalige Burg erweiterte und Neues dazuplante. Nach außen hin unterstreichen die Turmkolosse und meterdicken Mauern, das doppeltürmige Eingangskastell und die Zugbrücke über den Burggraben das Bild einer uneinnehmbaren Festung. Im Innern dominieren Bauten mit der Eleganz und Feinheit der zu Ende gehenden Gotik und frühen Renaissance und bestimmen den Schloßcharakter. Besonders erwähnenswerte Gebäude sind das Grand Gouvernement, der Tour de la Couronne d'Or und das Grand Logis (Abb. 120). Beim Eintritt in den mit Baumreihen bepflanzten Innenhof wird das erstgenannte Gebäude unterquert. Über eine von zwei Seiten begehbare ausladende Renaissancetreppe gelangt man ins Innere dieses 1684 wieder aufgebauten weniger schmuckvollen Herzogspalastes. Er enthielt unterirdisch die Gefängnisse, im Erdgeschoß die Räume der Palastwache und die Küchen, im 1. und 2. Stock die fürstlichen Appartements und im Dachgeschoß die Bedienstetenzimmer. Heute ist im Gebäude ein Museum für bretonische Volkskunst eingerichtet (Musée d'Art populaire régional), mit Möbeln (lits-clos, Abb. 133, coffres und Uhren), Trachten und Hauben der bretonischen Bevölkerung u. a. Ein graziöser Treppenturm nach italienischer Mode mit feinverzierten Loggien und Fenstern, der Tour de la Couronne d'Or, ist an dem Grand Gouvernement angewinkelt. Davor steht ein Steinbrunnen mit sieben schmuckvollen Speirohren, dessen oktogonaler Brunnenrand von einer schmiedeeisernen Konstruktion gekrönt ist, welche die Herzogskrone der Bretagne darstellt. Das repräsentative Grand Logis (Abb. 120) mit seinen schmalen verzierten Fenstern und hohen reich skulptierten Lukarnen ist das Herrenhaus François II. und seiner Tochter Anne de Bretagne. Hier im Schloß ihrer Geburt wird die 22jährige Witwe, ›La bonne Duchesse‹, 1499 zum zweiten Male Königin von Frankreich, als sie ihren Schwager und Cousin, Ludwig XII., heiratet, damit Frankreich und die Bretagne vereint bleiben (vgl. S. 77f.). Das Gebäude birgt heute in sieben Sälen ein Kunstgewerbemuseum (Musée d'Art décoratif).

Mit dem Bau der *Kathedrale St-Pierre-et-St-Paul* wurde im Jahre 1434 begonnen. Sie steht auf Fundamenten mehrerer älterer Kirchen, die bis ins 4. Jahrhundert zurückgehen. Aus dem 11. Jahrhundert stammt eine 1886 unter dem Chor der heutigen Kathedrale entdeckte Krypta. Die einzelnen Bauphasen erstreckten sich über mehrere Jahrhunderte: die Fassade und die 63 m hohen Türme zwischen 1434 und 1508, die drei Kirchenschiffe seit 1518, die Gewölbe 1628, das Querschiff 1637, der Chor mit den Kapellen zwischen 1650 und 1655. Und obwohl an der Kathedrale bis in das 19. Jahrhundert gebaut wurde, zeigt sie den einheitlichen Stil der Gotik ›flamboyante‹. Die

Südecke der Fassade schmückt eine Außenkanzel, am nördlichen Seitenportal erzählen Reliefs die Legende von St-Rogatien und St-Donatien, zwei gallo-romanischen Jünglingen, die 290 als Märtyrer starben. Die Kirchenschiffe sind in ihrer reinen gotischen Linienführung besonders gelungene Räume göttlicher Verehrung und übertreffen durch ihre Länge von 102 m und Höhe von 37,5 m alle anderen Kirchenbauten der Bretagne. Das größte Kunstwerk der Kathedrale ist das Grabmal des Herzogs François II. und seiner zweiten Gemahlin, Marguerite de Foix, das Anne de Bretagne für ihre Eltern durch den aus Léon stammenden Bretonen Michel Colombe zwischen 1502 und 1507 hat herstellen lassen. Dieses Meisterwerk der französischen Renaissance steht im Querschiff, ist aber z. Z. nicht zugänglich, da die Restaurierungsarbeiten nach dem großen Brand vom 28. Januar 1972, bei dem in wenigen Stunden Dachgebälk und Kirchenschiff verwüstet wurden, noch nicht abgeschlossen sind. Der quaderförmige Sockel aus weißem Marmor wird von einer schwarzen Marmorplatte bedeckt, auf der die Verstorbenen in liegender Haltung dargestellt sind. Löwe und Windhund schmiegen sich als Symbole der Macht und der Treue an den Füßen an, drei Engel halten Kopfkissen. In Nischen um den Sarkophag stehen die Statuen der Apostel, außerdem St-Samson und St-Louis, schließlich die Namenspatrone des Herzogpaares Franz von Assisi und Ste-Marguerite, an den Ecken halten die als Frauen gebildeten Kardinalstugenden Wacht: die ›Mäßigung‹, die ›Kraft‹, die ›Gerechtigkeit‹ und die ›Klugheit‹. Ein Meisterwerk der Bildhauerkunst ist die knabenhafte junge Gestalt im Brustpanzer mit den verinnerlichten Gesichtszügen, die ›Kraft‹ darstellend. Für die ›Gerechtigkeit‹ mit Schwert und Waage hat Colombe wahrscheinlich Anne de Bretagne selbst zum Vorbild genommen; die Gesichtszüge zeigen eine auffallende Ähnlichkeit mit zeitgenössischen Darstellungen der Herzogin. Die ›Klugheit‹ ist doppelgesichtig dargestellt; nach vorne schaut ein junges vorausschauendes Gesicht, nach hinten blickt ein altes in die Vergangenheit. An der Südflanke der Kathedrale hat sich ein spätgotischer Anbau, die Psalette, ehemaliges Haus des Domkapitels, erhalten, auf der nördlichen Gegenseite erhebt sich das malerische Tor Saint-Pierre aus dem 15. Jh. als Rest des alten Festungswerkes der Stadt.

Der Name Île Feydeau erinnert an die ehemalige Insellage dieses Stadtteils. Hier begegnen wir einem prächtigen architektonischen Komplex von Palästen im streng klassizistischen Stil, mit Pilastern, geschwungenen Balkongittern, prächtig skulptierten Konsolen und Giebelfenstern, die von dem Reichtum ihrer Erbauer zeugen.

Nantes ist schließlich eine Stadt der Museen. Neben den bereits erwähnten im Schloß ist das Musée des Beaux-Arts in der Rue Georges-Clemenceau eines der wertvollsten in Frankreich mit einer besonders großen Gemäldesammlung von der Renaissance bis zum 20. Jahrhundert. Die Galerie Maurice Denis des Museums besitzt Bilder der bretonischen Schule: Denis, Sérusier, Bernard u. a. m. (vgl. S. 123 f.). Das Palais Dobrée beherbergt eine Sammlung mittelalterlicher und neuzeitlicher Kunst. Schließlich zeigt das Muséum d'Histoire naturelle in der Rue Voltaire Sammlungen aus der Bretagne und der Vendée, aber auch zahlreiche Stücke, welche die Seefahrer von Nantes aus fernen Ländern mitbrachten.

4 Die Grande Brière und die Salinenlandschaft bei Guérande

In der Sumpflandschaft *La Grande Brière* auf der Halbinsel Guérande, in einem abgelegenen Gebiet mit altüberkommenen Privilegien, die mit dem hier betriebenen Torfabbau zusammenhängen, in einer Landschaft mit Kanälen und Inseln, die der Nebel wie in ein weiches, weißes Tuch einhüllt, mit ihren Strohdächern, Torffeuern und Kähnen inmitten einer melancholischen und ernsten Natur spielt der 1923 erschienene Roman ›La Brière‹ von Alphonse de Chateaubriant (1877–1951). Die dramatische Handlung ergibt sich folgerichtig aus einem gewalttätigen Menschenschlag, unberechenbar, wild und selbstbewußt, und aus dem Charakter der Hauptperson, dem Jagdaufseher Aoustin, einer Gestalt von finsterer, barbarischer Größe. Aber der eigentliche Held dieses Buches ist die Brière selbst, dieses kleine, auf sich und seine Belange beschränkte Gebiet, das seine Vorrechte und seinen Partikularismus zu bewahren strebt und mit aller Kraft gegen den Einbruch der Moderne kämpft.

Auch heute ist der seit 1970 unter Naturschutz stehende Parc Régional de Brière noch immer eine der geheimnisvollsten Landschaften der Bretagne. Ursprünglich dehnte sich hier ein Meeresgolf aus, in den die Flüsse Vilaine und Loire mündeten. Schwemmmaterial füllt den Golf auf und verwandelte ihn in jene Moorlandschaft, aus der heute nur noch siebzehn Felseninseln herausragen, auf deren Kuppen malerische Weiler verstreut liegen. Eine einzige Straße durchzieht dieses Moorgebiet von etwa 15 bis 20 km Durchmesser und verbindet die kleinen Orte mit den Inselnamen: Île de Fédrun, Île de Pendille, Île de Ménac u. a. m. Die kleinen, meist weißgekalkten Häuser mit der Lukarne über dem Eingang sind schilfgedeckt und stehen beiderseits der die Inselkerne rundumlaufenden Straßen (Umschlagrückseite). Der äußere Häuserkranz besitzt langgestreckte Obst- und Gemüsegärten, an deren Ende ein Entwässerungskanal vorbeifließt. Von Bootsanlegestellen erreichen die Bewohner in ihren flachen schwarzgeteerten Kähnen einen schilfumrandeten See, ein Paradies für Wasserwildjäger und Angler. Zugleich sind diese Kanäle wichtige Verkehrswege in der fast straßenlosen Gegend.

Seit dem 16. Jahrhundert besteht die bis heute gültige ›Charte de la Brière‹, wonach die 6000 ha Land ungeteilter Besitz aller Gemeinden sind, doch heute hat dieses Besitzrecht seine einstige Bedeutung eingebüßt; die Bewohner können nicht mehr allein vom Fischfang, Jagen, vom Schilf- und Weidenflechten oder vom Torfstechen leben und sind gezwungen, ihren Unterhalt in der nahen Industrie von St-Nazaire zu verdienen.

Moorlandschaft der Grande Brière (Loire-Atlantique)

Es ist vor allem die Ortschaft *Île de Fédrun,* die ihren traditionellen Rahmen bewahrt hat. Hier befindet sich auch die Verwaltung des 1970 gegründeten »Parc natural régional«. Neben dem Anblick der schilfgedeckten Bauernhäuser ist eine Bootsfahrt durch die romantische Moorlandschaft ein Höhepunkt jedes Brière-Besuches. In dem kleinen Heimatmuseum von Île de Fédrun ›Chaumière brièronne‹ kann man Werkzeuge vom Torfabbau, alte Möbel und Holzfiguren besichtigen, und schließlich locken die Gasthäuser den Gourmet wie in alter Zeit mit ihrer Spezialität: über Torf gebackenem Aal. Romantische Punkte zum Verweilen finden sich auch auf dem Weg bis kurz vor La Chapelle-des-Marais. Die Straße zwischen St-Lyphard und St-André-des-Eaux begrenzt den Westen der Grande Brière. Von hier aus bieten sich noch einmal Abstecher in die abgeschiedene Naturlandschaft an, z. B. nach Bréca. Bei Le Brunet lohnt ein Abstecher zum Dolmen de Kerbourg (allée couverte), der malerisch auf einem Hügel neben einer alten Mühle steht.

Westlich der Hafenstadt St-Nazaire reihen sich die großen internationalen Badeorte an der Küste entlang, vor allem das mondäne Luxusbad *La Baule* mit seinem einzigartig schönen und mehrere Kilometer langen Sandstrand, daneben *Le Pouliguen, Pornichet* und *Ste-Marguerite* mit modernen Hotels, Kasino, Golfplätzen, Jachthafen und nicht zuletzt mit der üppigen mittelmeerischen Vegetation. Von dem 60 m hohen Glockenturm der Kirche St-Guénolé (mühsamer Aufstieg) im Ort *Batz-sur-Mer* schweift

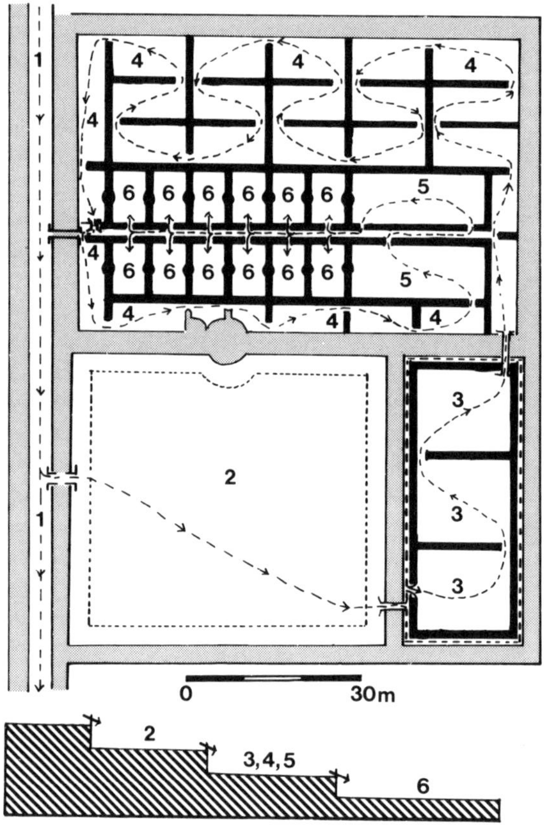

Schema einer Saline (nach E. Bureau)

1 Kanal, durch den das Meerwasser bei Hochflut einfließt (étier)
2 Erstes Klärbecken (vasière)
3 Zweites Klärbecken (gobier)
4/5 Becken mit niedrigem Wasserspiegel zur Erwärmung, Verdunstung und Konzentration des Salzwassers (fare, aderne)
6 Becken mit weniger als 5 cm Wasserhöhe, Kristallisation der Sole (œillet)

der Blick über die Halbinsel Croisic und über die in der Sonne flimmernden Salinen (Marais Salants) bis nach Guérande. Einen Eindruck von der Salzgewinnung bekommen wir in der Nähe von Saillé, einem typischen Ort von Salinenarbeitern inmitten dieser kunstvoll vom Menschen geschaffenen Landschaft (Abb. 137). Als ehemalige Meeresbucht verwandelte sich auch dieses Gebiet ähnlich wie die Grande Brière in eine Sumpflandschaft, die nur noch bei Le Croisic eine schmale Verbindung zum Meer hat. Weite Flächen dieses ehemaligen Golfes wurden für die Salzgewinnung ausgebaut, indem man eine große Anzahl viereckiger gleichgroßer Wasserbecken und Kanäle anlegte. Zur Zeit der Flut läßt man das Meerwasser durch Kanäle (étiers) in eine Folge von Becken laufen, deren Wasserhöhe immer niedriger wird. Durch Verdunstung steigt der Konzentrationsgehalt der Sole, bis diese in den nur 5 cm hohen Becken (œillet) zu kristallisieren beginnt. Mit großen Holzrechen schaben die Salinenarbeiter das den Boden bedeckende graue grobkristalline Salz zusammen und lassen es auf einer Platte am Rande des Beckens (ladure) in kleinen Häufchen trocknen und schaufeln es später bis zum Abtransport auf größere Haufen. Wichtig ist, daß das weiße Salz an der Oberfläche des Beckens gesondert abgeschöpft und gelagert wird. Der Ertrag eines Œillets beträgt pro Jahr durchschnittlich 1200 kg graues Salz und 80 kg weißes Salz. Weil die Konkurrenz der klimatisch begünstigteren Mittelmeerländer sehr groß ist, wurden viele Salzgärten um Guérande stillgelegt. Doch 1972 erließ der französische Staat die notwendigen Gesetze zur Erhaltung der Halbinsel Guérande und ihres traditionellen Salzerwerbs. Die weiten, weißen Trachten der Salinenarbeiter sind heute allerdings nur noch an Festtagen zu bewundern. Außer der urwüchsigen Küstenlandschaft zwischen La Turballe und Piriac-sur-Mer ist die kreisförmig angelegte und von einer unversehrten Befestigungsmauer umgebene Stadt *Guérande* einen Besuch wert. Aller Reichtum, den der Salzhandel brachte, wurde zur Befestigung verwendet. Das Château St-Michel (Abb. 11), zugleich eines der vier Stadttore, diente dem ehemaligen Statthalter als Wohnsitz und beherbergt heute ein kleines Museum mit Möbeln, Trachten und Keramik der Region. Die pittoresken Straßen innerhalb des Mauerrings führen zur zentralen Kirche St-Aubin, deren acht riesige romanische Säulen mit Kapitellen grotesker Skulpturen und Pflanzenreliefs an die Gründung im 12. Jahrhundert erinnern, während alle weiteren Teile des Baus aus dem 16. Jahrhundert stammen.

Vorbei an der Moulin du Diable (vgl. Fig. S. 275) fahren wir in nordöstlicher Richtung (D 774) bis Herbignac und von dort ostwärts, vorbei an der Ruine des Château de Ranrouet, über La Chapelle-des-Marais bis kurz vor Missillac. Hier erhebt sich inmitten eines schönen Parks mit Teichanlagen das imposante gotische *Château de la Bretesche* von 1471, das im 19. Jahrhundert restauriert wurde. Seine Räume werden heute als Luxusappartements vermietet, und in dem Nebengebäude befindet sich ein Hotel.

Redon, die Unterpräfektur des Départements Ille-et-Vilaine an der Kreuzung des Nantes-Brest-Kanals und der Vilaine, weist interessante Hafenanlagen und Schwimmdocks auf, ist für den Kunstreisenden aber wegen der Kirche St-Sauveur ein lohnendes Ziel. Schräg gegenüber dem Rathaus steht einsam ein 67 m hoher gotischer Glockenturm, der ursprünglich mit dem romanischen Hauptschiff der Kirche verbunden war, bis dieses 1780 durch ein Feuer stark verkürzt wurde. Glücklicherweise blieb der einzigartige massive romanische Turm des 12. Jahrhunderts mit buntem Mauerverband aus Sandstein und Granit und mit seinen in drei Stockwerken angelegten Arkaden vom Feuer verschont. Er gilt als der schönste romanische Turm der Bretagne und ist in Frankreich zugleich der einzige, dessen Ecken abgerundet sind (Abb. 63). Erwähnenswert sind im Innern der Kirche neben den romanischen Überresten, darunter ein als Taufbecken dienendes romanisches Kapitell, ein Altar im Stil Ludwigs XIII., ein Geschenk von Richelieu, der Titularabt von Redon war, und die Kapelle aus dem 15. Jahrhundert, die als Sakristei dient.

St-Just, ein kleiner Ort 18 km nordöstlich von Redon an der D 177, ist durch seine Megalithmonumente berühmt geworden. Aus vorgeschichtlicher Zeit sind Menhire, Alignements, Tertres tumulaires und Allées couvertes auf einem eigens angelegten Rundweg (Circuit des mégalithes) zu besichtigen.

5 Vannes und der Golf von Morbihan

Vannes (40700 E.), Präfektur des Départements von Morbihan und eines der sieben Bistümer der Bretagne, liegt amphitheatralisch am innersten Punkt des Golfes von Morbihan. Der Name der Stadt stammt aus keltischer Zeit, als Vannes die Hauptstadt der Veneter war, die Julius Caesar bei Port-Navalo besiegte (vgl. S. 99). Im Jahre 826 ernannte Ludwig der Fromme einen Mann aus dem Volk, Nominoë, zum Herzog von Vannes. Dank der Autorität dieses Mannes konnten alle Bretonen in einem Königreich vereinigt werden, das Nominoë von Vannes aus regierte. Nach dem bretonischen Erbfolgestreit wird Vannes vorübergehend Herzogsstadt, muß aber 1532 wie viele andere Städte der Bretagne seine Unabhängigkeit im Zuge des Anschlusses der Bretagne an Frankreich aufgeben. Heute ist die Stadt mit ihrem provinziellen Charme ein wichtiger zentraler Marktort. Dank der günstigen Verkehrslage an der Eisenbahnstrecke Paris – Quimper siedeln sich immer mehr Industriebetriebe an. Nicht zuletzt ist Vannes ein bedeutendes Touristenzentrum durch seine Ausgangslage zum Golf von Morbihan und zur Halbinsel Rhuys.

Eine Stadtbesichtigung beginnt mit großartigem Ausblick an der Rue Alexandre le Pontois, die entlang der starken Befestigungsmauer mit ihren drei efeuumrankten Türmen (13.–17. Jh.) führt. Durch drei Tore können wir die malerische Altstadt betreten. Im Süden ist es die Porte St-Vincent, die auf den Hafen mündet, in dem die Schiffe zu Ausflugsfahrten durch den Golf ablegen. Eine zweite befestigte Ausfallpforte befindet sich in der Mitte der Mauer an der Ostseite. Hier lohnt es sich zu verweilen, denn von der Brücke, die über den Bach Rohan zum Tor führt, hat man eine schöne Aussicht auf ein altes ehemaliges Waschhaus im Fachwerkstil mit geraniengeschmückten Lukarnen und einem tiefgezogenen Schieferdach über den ehemaligen Waschbänken, das den Wäscherinnen bei schlechtem Wetter Schutz bot (Farbt. 32). Im Hintergrund liegt vor der Befestigungsanlage anstelle des ursprünglichen Burggrabens eine geometrisch aufgeteilte Gartenanlage im französischen Stil. Der gute Ein-

Die folgenden Ansichten (Abb. 1–13) sind Lithographien des 19. Jh. aus ›Voyages Pittoresques et Romantiques Dans L'Ancienne France‹ von M. M. J. Taylor, Ch. Nodier und Alph. De Cailleux, Paris 1846 (Collection Musée de Bretagne, Rennes) ▷

Alignements von CARNAC (Morbihan)

Dolmen TABLE DES MARCHANDS bei Locmariaquer (Morbihan). Zustand der Grabanlage mit freiliegendem Deckstein bis 1937 (s. a. Abb. 21, 22)

3 Grotte von MORGAT, Halbinsel Crozon (Finistère)

POINTE DE SAINT-MATHIEU mit Abteiruine und Leuchtturm (Finistère)

BREST Hafen und Burg

CHÂTEAULIN (Finistère), Kapelle Notre-Dame, 15. Jh.

] 6 Ruinen der ABBAYE DE BEAUPORT bei Paimpol (Côtes-du-Nord)

] 7 LE FOLGOËT (Finistère). Kirche Notre-Dame mit Lettner aus Granit im Flamboyant-Stil, 15. Jh. (s. a. Abb. 75)

9 Burg CLISSON bei Nantes (Loire-Atlantique), Tour jumelles und Palas aus dem 13. und 14. Jh., zerstö 1793

10 Burg SUSCINIO, Halbinsel Rhuys (Morbihan)

Porte Saint-Michel oder Burg von GUÉRANDE (Loire-Atlantique), 15. Jh.

Schloß JOSSELIN (Morbihan), Fassade des Innenhofs im Flamboyant-Stil, 1490–1505 (s. a. Farbt. 34)

13 Bürgerhäuser in MORLAIX (Finistère)

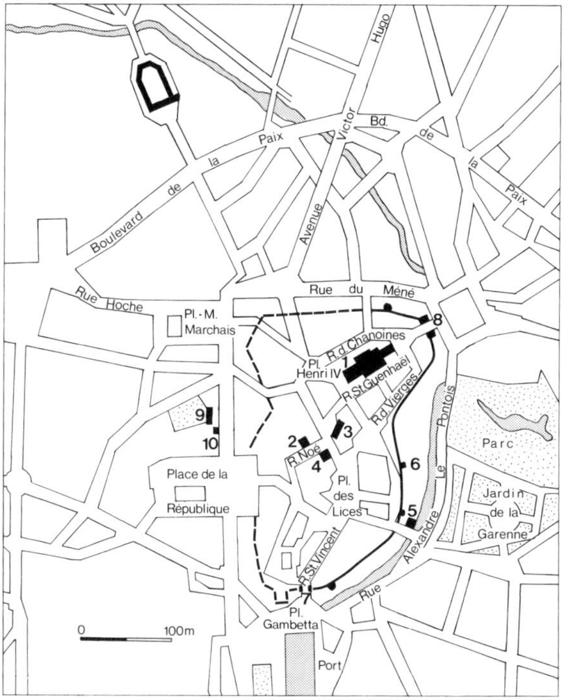

Stadtplan von Vannes

1 Kathedrale Saint-Pierre
2 Château Gaillard (Musée archéologique)
3 Maison de Saint Vincent Ferrier, 16. Jh.
4 Maison de Vannes
5 Altes Waschhaus
6 Tour du Connétable
7 Porte St-Vincent
8 Porte Prison
9 Hôtel de Limur, 17. Jh.
10 Muschelmuseum (Musée de l'huître)

druck von einer städtebaulich geglückten Anlage steigert sich noch, wenn wir den historischen Stadtkern vom Jardin de la Garenne überblicken, einem Lieblingsplatz der Kunstmaler. Dann setzen wir unseren Weg in nördlicher Richtung entlang der Stadtmauer fort und betreten die Stadt durch die Porte Prison, das Gefängnistor, in dem die 1795 gefangenen Royalisten vor ihrer Erschießung eingesperrt waren. Die Rue des Chanoines und die Rue St-Guenhaël beiderseits der Kathedrale mit ihren alten Fachwerkhäusern und vorkragenden oberen Etagen haben ihre mittelalterliche Stadtatmosphäre noch bewahrt, und der Besucher wird dieses unverkennbare Fluidum auch noch in anderen Ecken und Winkeln bei seinem gemächlichen Spaziergang aufspüren.

Zunächst aber überrascht die Größe der Kathedrale St-Pierre, ihr Kreuzgang aus dem 16. Jahrhundert, die schöne Renaissancekapelle, ein Rundbau von 1537 nach dem Vorbild italienischer Architektur, und das Querschiff aus dem 16. Jahrhundert im gotischen Stil. Durch das Querschiffportal betreten wir das Kircheninnere und gelangen vom Chorraum aus in die Seitenkapelle mit den Gräbern der Bischöfe Sébastien de Rosmadec (gest. 1646) und François d'Argouges (gest. 1716). In der Rundkapelle auf der anderen Seite des Kirchenschiffs befinden sich das Grabmal und die Reliquien des heiligen Vincent Ferrier, eines spanischen Dominikaners, der 1419 in Vannes starb. Ein Wandteppich veranschaulicht die Wunder des Heiligen. Durch das Hauptportal treten

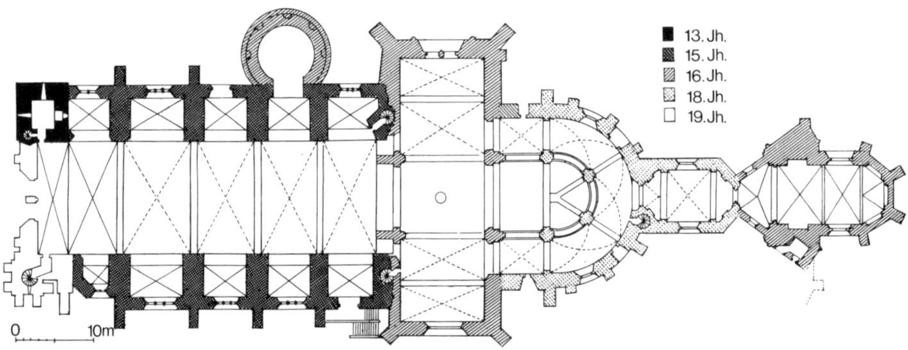

Vannes, Kathedrale St-Pierre, Grundriß

wir wieder hinaus auf den Place Henri IV., der von Häusern aus dem 16. Jahrhundert umgeben ist. In der Rue St-Salomon stehen ein Haus mit lateinischer Inschrift von 1560 (Nr. 10) und ein weiteres mit phantastischer Tierdekoration (Nr. 13). Die Rue des Halles wird ebenfalls von herrlichen alten Häusern gesäumt. An der Ecke zur Rue Noé am Ende der Straße steht das berühmte Maison de Vannes, das mit dicken grotesken Köpfen auf Konsolen geschmückt ist, die im Volksmund ›Vannes et sa femme‹ genannt werden. Das Château Gaillard in der Rue Noé Nr. 2, das ehemalige Parlamentsgebäude, hat im 1. Stock das Musée archéologique de la Société Polymathique du Morbihan untergebracht (Abb. 39–42, 44–46). Die reichhaltige Sammlung von Funden aus der prähistorischen Zeit um den Golf von Morbihan gibt eine Vorinformation auf das, was uns auf unserer Reise in die Megalithzeit rund um den Golf erwartet. Besondere Aufmerksamkeit verdienen die geschliffenen Beile aus verschiedenen Materialien: Fibrolit, Jadeit, Chlormelanit, Diorit oder Pyroxenit, die meist bei Locmariaquer gefunden wurden. Interessant ist auch der Schmuck, vor allem die Halsketten aus Callaïsperlen, Armreifen und Ringe, daneben die Pfeilspitzen aus Silex und die Abdrücke von Steinplatten mit Gravierungen aus den Dolmen. Aus gallo-römischer Zeit stammen Lanzenspitzen, Urnen und Münzen.

Nicht nur am Tage, auch in der Abenddämmerung strahlt die traditionsbewußte Stadt ihren Reiz aus, wenn Scheinwerferlicht die Mauern, Türme und die Kathedrale in einen warmen Glanz taucht.

Im Süden wird der Golf von Morbihan von dem langgestreckten Schieferrücken der *Halbinsel Rhuys* abgeschlossen. Auf der Golfseite besteht die flache Küste aus einer Folge von Landzungen und Buchten, die bei Niedrigwasser völlig trocken fallen. In manchen Niederungen haben sich auch Salzsümpfe gebildet. Die zum Ozean gekehrte Seite dagegen bietet steilabfallende Küstensäume und weite Sandstrände. Wegen des milden ozeanischen Klimas erinnert uns die Flora an jene des Mittelmeerraumes: der Duft zarter Mimosen, Feigenbäume, Myrten, Kamelien und Granatäpfel erfüllt die Luft (s. Karte in der hinteren Umschlagklappe).

Auf der N 165 verlassen wir Vannes in Richtung Nantes, biegen aber schon nach 6 km auf die N 780 rechts ab. 500 m hinter St-Colombier liegt links der Straße das Schloß Kerlévenan mit seiner im klassizistischen Stil errichteten Fassade. Kurz vor Arzon erhebt sich rechts der Straße weit sichtbar der *Tumulus de Tumiac* (Butte de César) (Farbt. VIII). Der Fürstenhügel hat einen Durchmesser von 55 m und eine Höhe von 15 m; die Grabkammer wurde restauriert. Vom Gipfel des Tumulus haben wir eine großartige Aussicht auf den gesamten Golf und seine Umgebung. Von hier aus soll auch Caesar im Jahre 56 v. Chr. den Verlauf der Seeschlacht gegen die Veneter verfolgt haben. Da er den Volksstamm nicht vom Lande her besiegen konnte, ließ er eine Flotte flacher Schiffe bauen, die mit Rudern angetrieben wurden. Zwar waren die Schiffe der Veneter hoch gebaut und deshalb schwer angreifbar, doch bei zufällig einsetzender Windstille waren die Segelschiffe manövrierunfähig und wurden eine leichte Beute der Eroberer. Im ›bellum gallicum‹, Buch 3,2, Kap. 7–16 hat Caesar den Krieg mit den Venetern ausführlich beschrieben.

Von Port-Navalo aus überblicken wir die Einfahrt in den Golf. Die Rückfahrt nehmen wir über *St-Gildas-de-Rhuys* (D 198 b). Hier gründete der aus Britannien stammende gallische Mönch St-Gildas um 530 ein Kloster. Die heutige Kirche wurde im 16. und 17. Jahrhundert teilweise restauriert und umgebaut, hat aber ihren Chor und ein Querschiff in reinem romanischen Stil bewahrt (11. und 12. Jh.) (vgl. S. 63).

Die einfache runde Apsis der Kirche mit drei aufgesetzten Apsidiolen gehört zu den schönsten Werken romanischer Architektur in der Bretagne (Abb. 64). Aufmerksamkeit verdienen auch die vier wuchtigen romanischen Kapitelle mit ihren verschlungenen bretonisch-keltischen Motiven, mit Köpfen und Blattformen, die ehemals auf den Chorsäulen thronten und später zu Weihwasserbecken umfunktioniert wurden (Abb. 66, 67). Sehenswert sind weiterhin ein großes Votivschiff im linken Querschiff, Grabstätten von Äbten im Chorumgang und hinter dem Hochaltar die schlichte Grabplatte des Gründers, St-Gildas, der 570 in St-Nicolas-des-Eaux verstarb. Schließlich birgt die Schatz-

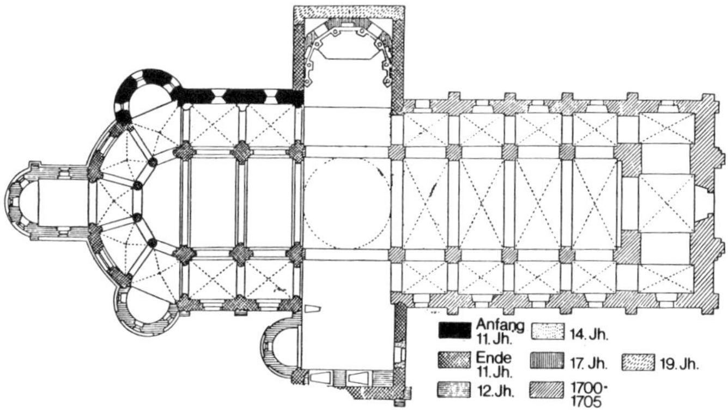

St-Gildas-de-Rhuys (Morbihan), Grundriß der Kirche

St-Gildas-de-Rhuys, romanische Basen und Kapitelle

kammer wertvolle Reliquienschreine, eine goldbestickte Mitra aus dem 16. Jahrhundert und ein mit Smaragden besetztes Emaillekreuz neben anderen Kostbarkeiten.

Mit dem Ort ist auch das Schicksal des berühmten mittelalterlichen Liebespaares Abälard und Heloïse verknüpft. Abälard (1079–1142), Kanonikus und berühmter philosophischer Lehrer in Paris, hatte seine junge Schülerin Heloïse verführt, später geheiratet und sich schließlich vor seinen persönlichen und philosophischen Gegnern als Abt ins Kloster St-Gildas zurückgezogen.

1 km westlich von St-Gildas liegt der felsige, 33 m steil abfallende Pointe du Grand Mont mit herrlichem Panorama.

Zum Abschluß besuchen wir die Burg *Suscinio* aus dem 13. Jahrhundert, die ehemalige Sommer- und Lieblingsresidenz der bretonischen Herzöge (D 198 östlich von Sarzeau). Die heutige Ruine mit sechs Türmen, zum Himmel ragenden Kaminen, mit dächerlosen Wohnbauten und leeren Fensterhöhlen läßt die damalige Größe und Herrlichkeit dieses gewaltigen Gebäudes ahnen (Abb. 10). Auch später spielte dieser Ort noch einmal eine bedeutende Rolle, als am 9. Juli 1795 3500 Königstreue und royalistische Emigranten am Strand von Suscinio landeten, in der Absicht, die republikanischen Truppen Hoches von hinten anzugreifen. Ihr kühnes Vorgehen scheiterte jedoch durch Verrat.

Das ›bretonische Lourdes‹ *Ste-Anne-d'Auray*, 6 km nordöstlich von Auray, ist am 25. und 26. Juli jeden Jahres der bedeutendste Wallfahrtsort der Bretagne. Zwischen Pfingsten und Michaelis veranstalten viele Pfarreien ihre Prozessionen (Pardons, s. a. S. 292 ff.). Über die von den Schritten vieler Generationen ausgetretenen Wege und Pfade zieht dann ein ganzes Dorf mit Kreuzen und Bannern zu einer einsamen geweihten Kirche oder Kapelle. Charakteristisch sind die Trachten der Frauen, vor allem ihre schneeweißen Spitzenhäubchen (coiffes), von denen es zahlreiche von Ort zu Ort wechselnde Varianten gibt. Berühmt ist die einhornartige Röhre, welche die Frauen des Bigouden südwestlich von Quimper tragen; aber auch die Flügelhauben von Pont-Aven sind durch einige Bilder des Malers Paul Gauguin berühmt geworden (Abb. 99, 100).

An den beiden Wallfahrtstagen haben sich Pilger aus der gesamten Bretagne in Ste-Anne-d'Auray versammelt. Während der nächtlichen Prozession am 25. Juli erleben wir beim Schein der Fackeln und Kerzen eine ursprüngliche Bretagne; aber auch die große Prozession am folgenden Tag mit den hohen geistlichen Würdenträgern ist eine prachtvolle Demonstration tiefer Religiosität katholischer Bretonen und zugleich kirchlicher Macht. Die Legende schildert, daß die hl. Anna aus der Bretagne stammte und eine vornehme Schloßherrin zu Moellien war. Da ihr Ehemann von einer derartig egoistischen Liebe besessen war, gönnte er seiner Frau keine Kinder, um ihre Liebe nicht teilen zu müssen. Als Anna dennoch schwanger wurde, jagte er sie davon. Von Engeln nach Nazareth getragen, gebar sie ihre Tochter Maria, die Gottesmutter. Im Alter kehrte Anna in ihre bretonische Heimat zurück, wo sie bis heute tief verehrt wird.

Südöstlich von Auray, hoch über dem rechten Ufer des Flusses Bono, liegt noch ein anderer Wallfahrtsort, *St-Avoye*. Die Kirche, deren Größe in keinem Verhältnis zur Bedeutung des Weilers steht, besitzt im Innern einen schönen Lettner mit bemalten Skulpturen. Neben der Kirche stehen einige typische alte, zum Teil restaurierte Bauernhäuser des Morbihan (Karte in der hinteren Umschlagklappe).

Kurz hinter Auray biegt von der Schnellstraße N 165 die D 101 nach Süden ab, auf der wir eine landschaftlich reizvolle Gegend durchfahren. Von der modernen Stahlbrücke über den Bono ist der malerische Fischerort *Le Bono* mit seinen weißgekalkten Häusern gut zu überblicken. Auf der anderen Brückenseite beobachten wir, wie der Bono in das noch breitere ehemals ertrunkene Flußtal des Auray einmündet, ein Eldorado für Angel-, Segel- und Motorbootsport. Hinter der Brücke führt die erste Straße rechts ab zum *Tumulus du Rocher*. Unter einem Rundhügel ist eine rechtwinklig gebogene Langgrabanlage (allée couverte coudée) verborgen, wie sie sich im Morbihan nur an vier Gräbern wiederholt. Die wenigen Gravierungen auf einigen Tragsteinen sind heute kaum noch erkennbar. Auch machte man außer einer kupfernen Lanzenspitze keinerlei Funde. Auf der D 101 fahren wir durch den Ort Baden und erreichen auf der D 316 die kleine Hafen- und Feriensiedlung *Larmor-Baden* am Golf von Morbihan. In geschützten Buchten schaukeln die bunten Segelkutter der Fischer; Austern wuchern in langen Ziegelbänken im flachen Wasser. Auf den freien ungeschützten Flächen gleicht das Binnenmeer einem heftig strömenden Fluß mit reißenden Strudeln um Landzungen und Inseln, so daß eine Fahrt im Ruderboot zum Kampf mit unerwarteten Widerständen wird. Deshalb sollte man sich im Hafen von Larmor-Baden einer der Schiffahrtsgesellschaften anvertrauen, um zu einem der schönsten Grabmonumente der Erde zu gelangen, zum Königsgrab auf der unbewohnten Insel *Gavrinis* (l'île de la chèvre = Ziegeninsel). Nachdem der Bootsmann dort angelegt hat, bedarf es nur eines kleinen Fußmarsches, bis wir vor dem kreisrunden Grabhügel (galgal) stehen. Sein oberer Teil ist aus lockerem Geröll und Erde 8 m hoch aufgeschüttet und beherrscht mit seinem 100 m großen Umfang die Insellandschaft, so daß damit allen Seefahrern das Grab des Königs angekündigt wurde. Jugendliche verkaufen am Grabeingang Kerzen und führen uns anschließend über einen 1,5 m breiten gepflasterten Gang aus großen behauenen Blökken 15 m weit in das Innere des Ganggrabes (dolmen à couloir), das sich am Ende zu

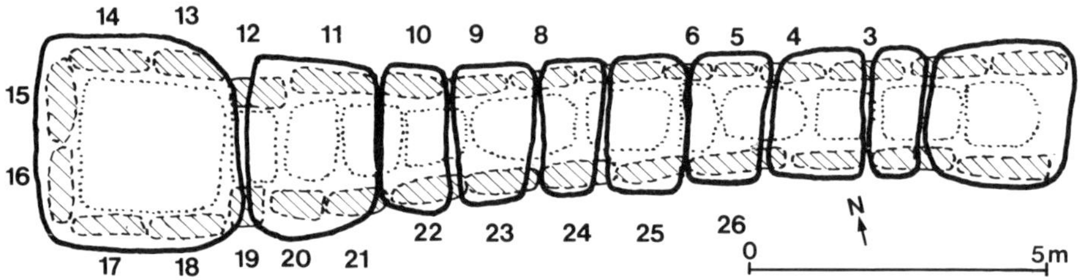

Larmor-Baden (Morbihan). Dolmen von Gavrinis. Die Ziffern kennzeichnen die Tragsteine mit Gravierungen (nach Z. Le Rouzic)

einer 1,80 m hohen rechteckigen Grabkammer von 2,50 m Breite und 2,60 m Länge erweitert. Im schwankenden Kerzenlicht erscheint auf den Tragsteinen rechts und links ein phantastisches Spiel aus Schattenlinien. Fast jeder der 29 Tragsteine besitzt Gravierungen, bei 23 sind sie tief eingeritzt und überziehen die ganze Vorderseite der jeweils leicht gerundeten Träger. Vor allem die auf der rechten Seite auftretenden Flachreliefs auf den Steinen 4, 5, 6, 9, 10, 12 – kurvige Rippen in ziemlich symmetrischer Anordnung – erinnern an eine stark stilisierte menschliche Gestalt. Bei näherem Beschauen erkennt man jedoch dann viele Ornamente wie Steinbeile ohne Schäfte in typisch spitznackiger Form, Schlangen, konzentrische Halbkreise, Schildformen, Tannenzweigmuster usw. (Abb. 37, 38, vgl. S. 29 ff.). »Hinter dem Leitmotiv der konzentrischen Kreise, Halbkreise und Bögen, das in verschiedenen Varianten immer wieder erscheint, glaubt man jetzt die zur abstrakten Formel gewordene Gestalt der Herrin des Totenreiches zu erkennen. Es sieht aus, als sei sie auf dem Wege vom bildfreudigen Mittelmeer in den mehr dem Ornament zugewandten Westen und Norden Europas immer mehr entmaterialisiert und schließlich auf einige symbolische Zeichen reduziert worden. Die Bedeutung dieser Abkürzungen wird aber für die Menschen von damals genau so klar gewesen sein wie heute für uns der Sinn des Kreuzes.«[9] Der linke große Tragstein der eigentlichen Grabkammer bietet noch eine besondere Überraschung: drei faustgroße Löcher sind mit zwei Stegen dazwischen in den Granit eingearbeitet. Vielleicht waren es Halter für Fackeln, oder aber in die Hohlräume wurde Öl geschüttet und mit Hilfe von Dochten zum Brennen gebracht. *W. Hülle* hält es für sehr wahrscheinlich, daß die relativ hohe Grabkammer zugleich eine Kultstätte war, und ein Vergleich mit den Megalithtempeln von Malta zeige, daß auch dort solche eingearbeiteten Stege häufiger vorkommen. Leider konnten die Archäologen, die im Jahre 1832 den Tumulus von Gavrinis wiederentdeckten, keinerlei Grabfunde machen. Wir müssen annehmen, daß Plünderer die wertvollen Beigaben dieses Königsgrabes schon in alter Zeit ausgeraubt hatten. Der Bau und die Ausschmückung des Ganggrabes und die Konstruktion des schützenden Cairns darüber müssen eine lange Zeit gedauert haben. Einige der großen Steinplatten sind aus ortsfremdem Material und mußten mit dem Schiff herangebracht worden sein.

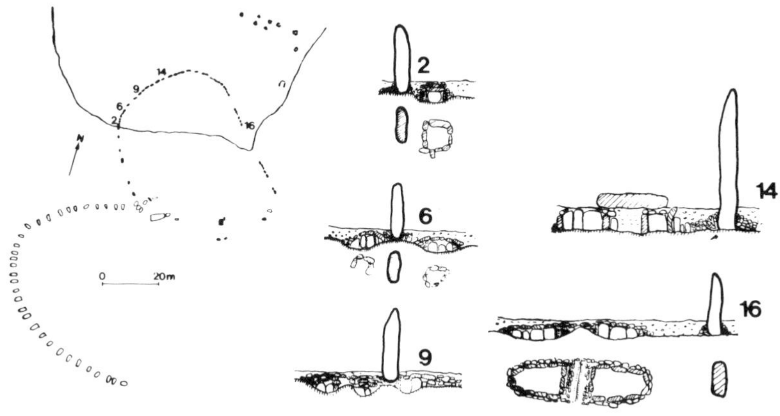

Er Lanic (Golf von Morbihan). Doppelter Cromlech (nach Z. Le Rouzic)

Abschließend sollte man es nicht versäumen, auf die Spitze des Fürstenhügels zu steigen, um einen herrlichen Rundblick über den Golf mit seinen mit Kiefern bestandenen, stark gegliederten Küsten und den vielen großen und kleinen Inseln zu genießen. Südlich der Insel Gavrinis ragt das Eiland *Er Lanic* aus dem Wasser (Abb. 17). Da Er Lanic keine Bootsanlegestelle besitzt und die Strömung hier besonders reißend ist, können wir den Bootsmann gegen ein Trinkgeld nur für eine außerplanmäßige Fahrt rund um dieses Inselchen gewinnen, bevor er Kurs zurück auf Larmor-Baden nimmt. Die beiden Cromlechs von Er Lanic haben die Form einer riesigen Acht. Wo sich die beiden Steinkreise berühren, stand ursprünglich ein 7 m hoher Menhir. Die beiden umhegten Kultplätze waren möglicherweise einst Teil einer heiligen Gräberzone, die sich von Gavrinis herüberstreckte. Der südliche Cromlech ist gegenwärtig durch ständiges Ansteigen des Meeresspiegels nach Abschmelzen der würmzeitlichen Inlandeismassen (Flandrische Transgression) und durch gleichzeitiges Absinken des Gebietes von Morbihan unter den Wasserspiegel getaucht (vgl. S. 10, 26), und auch der nördliche Cromlech steht zu zwei Drittel im Wasser. *Z. Le Rouzic* hat den letzteren genauer untersucht und dabei entdeckt, daß neben dem üblichen Steinbett für jeden Menhir auch noch kleinere Gruben daneben angelegt worden waren, in denen er rituelle Feuerstellen vermutete. Außer Holzkohle fand er Zähne von Rindern. Im Innern des Steinkreises, er könnte nach *Le Rouzics* Auffassung eine Art ›Arbeitsstätte‹, zugleich aber auch Opferstätte gewesen sein, lagen zahlreiche Feuersteingeräte und -absplisse, Steinbeile, geglättete Steine, Mühlsteine zum Mahlen von Getreidekörnern und eine große Anzahl von verzierten Tonscherben zylindrischer Gefäße, die einem eigenen Keramiktyp von Er Lanic zugeordnet werden. Wahrscheinlich dienten die mit dreieckförmigen Ausschnitten versehenen Gefäße als Untersetzer und konnten mit Holzkohle beheizt werden. Le Rouzic konnte auch noch feststellen, daß ähnlich wie bei anderen Cromlechs (vgl. S. 110) die Abstände zwischen den einzelnen Menhiren mit ›Futtersteinen‹ ausgefüllt waren, so daß die Kultstätte ganz nach außen hin abgeschlossen war.

6 Carnac – Dolmen und Menhire der Steinzeit

Wo die tiefstehende Abendsonne Tausende von Menhiren in ein rötliches Licht taucht und die Schatten dieser stummen Zeugen einer vorgeschichtlichen Kulturepoche länger und länger werden, wo leuchtender Stechginster dieser herben Heidelandschaft eine freundliche und anmutige Stimmung verleiht, dort, in der Umgebung von Carnac, brauchen wir Zeit und Muße, um uns ganz dem geheimnisvollen Zauber jener Kult- und Totenstätten unserer steinzeitlichen Vorfahren hinzugeben. *Carnac,* dieser aufstrebende Ferienort, besitzt im Ortsteil *Carnac-Plage* alle Voraussetzungen für einen längeren Sommeraufenthalt: einen weiten weißen Sandstrand, zwischen Kiefern gelegene moderne Hotels und prachtvolle Villen, Segelclubs, Restaurants und Bars und etwas abseits gut organisierte Campingplätze. Von hier aus wollen wir auf mehreren Exkursionen mit dem Auto und zu Fuß unsere Entdeckungen der Vor- und Frühgeschichte der Bretagne unternehmen (s. Karte in der hinteren Umschlagklappe).

Am Fuße des Tumulus St-Michel, des größten Grabhügels Europas, liegt der alte Ortskern *Carnac-Bourg.* Die Kirche St-Cornély stammt aus dem 17. Jahrhundert. Bemerkenswert ist ihre in der Bretagne einmalige Vorhalle (1792), die sich nach Norden zum zentralen Platz hin öffnet, flankiert von dorischen Säulen und überragt von einem Baldachin, der einer königlichen Krone nachgebildet ist. Für unsere geplanten Ausflüge in die Steinzeit wichtiger aber ist der lohnenswerte Besuch des *Musée préhistorique J. Miln – Z. Le Rouzic,* in dem zahlreiche Funde aus den Gräbern und Siedlungen der Megalithkultur, vor allem aber auch viele Abgüsse von Gravierungen auf Steinplatten von Grabmonumenten, Modelle von Gräbern, Karten und Bilder ausgestellt sind (Abb. 36).

Einen ähnlich prachtvollen Ausblick wie vom Tumulus de Tumiac oder Tumulus de Gavrinis erleben wir auch vom *Tumulus St-Michel* (Abb. 31), den wir auf der D 781 in Richtung La Trinité am Ortsende von Carnac erreichen. Der Blick schweift über die in der Heidelandschaft wohl geordneten Alignementsfelder zum Meer und zur Halbinsel von Quiberon. Ein Wahrzeichen des Grabhügels ist die dem hl. Michael geweihte Kapelle von 1664, in der nur am 1. September jeden Jahres eine Messe stattfindet. Vorher reinigen die Fischerfrauen den Kapellenboden mit dem Besen und schütten den Staub in die Richtung, aus der sie günstige Winde für ihre Männer erhoffen. – Der Tumulus (vgl. S. 28) ist 125 m lang, 60 m breit und etwa 10 m hoch. Die obere Plattform mit einer Länge von 75 m verläuft in Ost-West-Richtung. Im Innern besitzt der Hügel einen langgestreckten ovalen Steinkern (galgal), über den eine 1,5 m mächtige Tonschicht aufgeschüttet wurde, während die Hügeloberfläche wiederum aus Steinen besteht. Bei Ausgrabungen wurde in der Mitte des Tumulus eine größere trapezförmige Grabkammer freigelegt, deren Tragsteine aus waagerecht gelegten Steinplatten bestanden (vgl. Querschnitt) und die durch zwei senkrecht stehende Steinplatten auch nach außen hin völlig abgeschlossen war, also keinen Gang zum Hügelrand hin besaß. Der Boden der Kammer war mit einer groben Packung von flachen Steinen belegt, auf denen verbrannte Knochenreste gefunden wurden, außerdem 39 Steinbeile, z. T. aus Jadeit; zwei von ihnen waren durchbohrt. Da alle aufrecht mit der Schneide nach oben in der Erde steckten, handelte es sich sicherlich um ein großes Beilopfer. Ferner barg man eine Perlenkette aus 97 Callaïsperlen und zehn Anhänger aus dem gleichen Gestein (vgl. Abb. 44) sowie Reste einer Perlenkette aus einer Art Elfenbein. Südlich von diesem Hauptgrab liegt ein etwas kleineres mit einem Gang, dazu gesellen sich 13 kleinere Steinkisten rings um das Hauptgrab; alle Grabstätten sind durch eine kreisrunde Mauer eingefaßt, die nach oben hin in ein falsches Gewölbe überging (vgl. S. 28). Auch die Steinkisten enthielten Reste von verbrannten und unverbrannten Tierknochen. Um diesen Fürstenhügel untersuchen zu können, wurden neben einem senkrechten Schacht auch ein Stollen von Osten aus bis zum gewachsenen Fels in Längsachse des Galgal getrieben, der dann im Zentrum nach beiden Seiten erweitert wurde. Dabei entdeckte man am östlichen Ende des Stollens noch außerhalb des Steinkerns eine Grabkammer ohne Gang mit einem nordöstlich weisenden Eingang. Vier große Deckplatten wurden von acht Tragsteinen gestützt. Der Boden war mit feinen Kieselsteinen gepflastert. Auch Funde kamen zutage: zwei Tongefäße, eine kleine Bronzeglocke (Hallstattzeit?), Feuer-

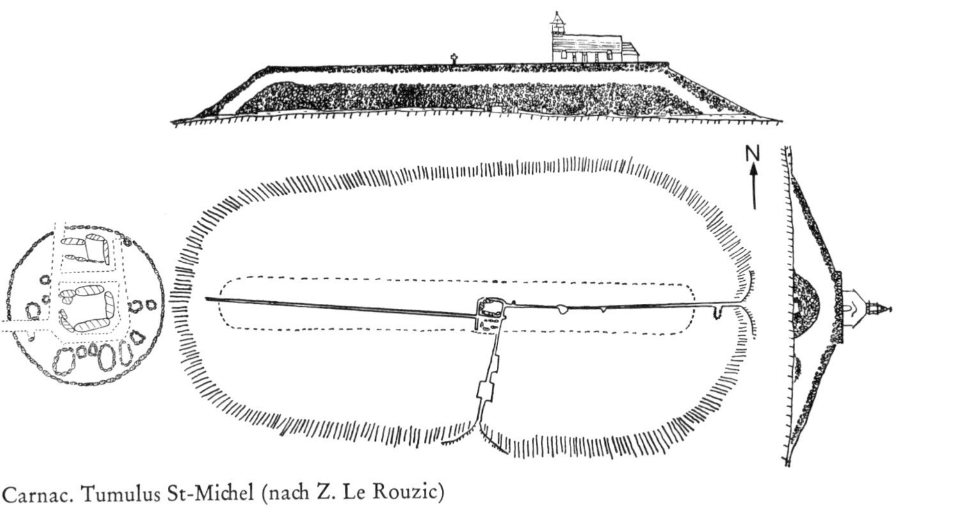

Carnac. Tumulus St-Michel (nach Z. Le Rouzic)

steinabschläge und Holzkohle. Wahrscheinlich handelt es sich bei dieser Grabstätte um eine relativ späte Nachbestattung. *Z. Le Rouzic* sieht in dem Tumulus St-Michel mit seinem sorgfältig eingeebneten und vorbereiteten Untergrund über einer natürlichen Granitkuppe eine Art Totenresidenz, in der ein Fürst mit seinem Gefolge und Tieren als Opfergaben bestattet wurde. Im Gegensatz zu anderen Megalithgräbern war dieses Zentralgrab nicht durch einen Gang zugänglich und die Überdeckung des Hügels durch eine gewaltige Steinanhäufung und eine fast hermetisch abschließende Tonschicht sollte wohl die ›Ruhe‹ der Toten garantieren, vielleicht auch die Lebenden vor den Gefahren eines ›Wiedergängers‹ schützen.«[10] Der Besuch des Tumulus geschieht stets im Rahmen einer kleinen Führung; er ist außerdem ausreichend beleuchtet.

Die Bretagne ist in Europa das klassische Land der Großanlagen aus Menhiren, Steinkreisen (Cromlechs) und Steinalleen (Alignements). Um den Golf von Morbihan gibt es allein zwölf Steinalleen und vierzehn Steingehege, im Dép. Finistère zwölf Steinalleen und siebzehn Steingehege. Die schönsten Anlagen sind zweifellos die Alignements von *Le Ménec, Kermario* und *Kerlescan,* die sich nördlich von Carnac in einer Kette von 4 km erstrecken. Wir wollen den Besuch dieser Alignements mit dem Aufsuchen weiterer Monumente aus der Megalithzeit – Langgräber, Ganggräber und Tumuli – auf einer Rundreise verbinden. Um u. a. einige in unübersichtlichem Waldgelände gelegene Gräber ausfindig machen zu können, sind zur Orientierung Meterangaben hinzugefügt worden (Abmessen mit Hilfe eines einstellbaren Auto-Kilometerzählers). Innerhalb Carnacs fahren wir zunächst auf der D 781 in Richtung Lorient und biegen kurz vor dem Ortsende rechts in die mit ›Circuit des Alignements‹ bezeichnete Straße D 196 ein, auf der wir nach etwa 500 m den Weiler *Le Ménec* und die gleichnamigen Alignements erreichen (Farbt. 5) (rechts ein großer Parkplatz, an dessen Ende Beginn der Entfernungsmessung = 0 m). Die Anlage besteht aus insgesamt 1099 Menhiren in elf parallel verlaufenden Reihen mit einer Durchschnittsbreite von 100 m und einer Länge von 1167 m. In Höhe des Parkplatzes können wir die Gesamtanlage gut überblicken. Zum westlichen Ende der Steinallee wachsen die Menhire an und erreichen teilweise eine Höhe bis zu 4 m, während sie in der anderen Richtung oft kaum 60 cm hoch aus der Erde schauen und sich häufig im Ginstergebüsch verlieren. Der aufmerksame Betrachter erkennt am westlichen Ende einen Cromlech mit Querreihe als Abschluß, doch sind die Steine jenes Halbkreises zum großen Teil zwischen Häusern verborgen. Zugleich liegt der Cromlech stark exzentrisch, so daß einige der Steinreihen daran vorbeilaufen. In östlicher Richtung hören die Steinreihen an einer größeren Wiese (400 m) plötzlich auf, beginnen aber wieder nach Überqueren der D 119, bis schließlich das Ostende der Alignements von Ménec erreicht ist (700 m). Hier ist wiederum ein Cromlech durch eine Querreihe zur Steinallee hin abgegrenzt, doch ist nur ein Ansatz zum Bogen des Cromlechs bei den nördlichen Steinreihen bei der gegenüberliegenden Häusergruppe zu sehen (vgl. Fig. S. 24).

Etwa 500 m weiter auf der D 196 erleben wir linkerhand die zweite größere Anlage, die *Alignements von Kermario* (Farbt. 6, Abb. 16) (Parkplatz 1150 m). In der Anlage

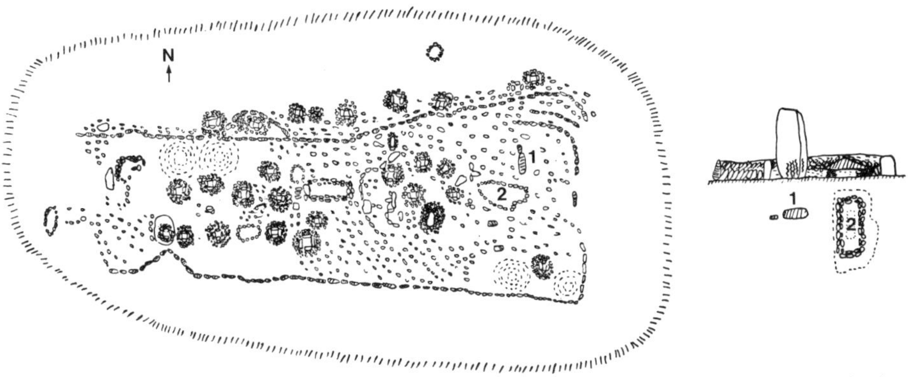

Carnac. Langhügelgrab Manio-Kermario II (nach Z. Le Rouzic) 1 Menhir indicateur mit eingravierten Schlangenlinien 2 Steinkiste

befinden sich 1029 Menhire in zehn Reihen auf einer Länge von 1120 m. Wiederum stehen am Westende die eindrucksvollsten Felsblöcke mit Höhen bis zu 6 m; ein umgestürzter Menhir mißt 6,40 m. Einige durch Vergrusung aus dem Gesteinsverband herausgewitterte Blöcke zeigen deutliche Fließrinnen durch die Niederschlagstätigkeit. Schließlich können die Menhire auch in mehrere Blöcke auseinanderbrechen. Die Alignements steigen sanft in östlicher Richtung eine Anhöhe hinauf, vorbei an einer verfallenen Mühle (1800 m), von deren Turmstumpf aus man die gesamte Anlage besonders gut überblicken kann, hinab etwas talwärts und dann wieder hinauf bis zum Plateau von Manio. Weder am West- noch am Ostabschluß der Steinallee kann man Spuren eines Cromlechs entdecken. Auf keinen Fall sollte man es aber versäumen, sich am östlichen Ende (2350 m), 100 m vor dem rechts abzweigenden Weg nach Kercado, das Langgrab von *Manio-Kermario II* anzusehen. Der Tertre tumulaire (vgl. S. 26f) war ursprünglich etwas höher, trat aber dennoch nicht das Gelände beherrschend hervor. Besonders interessant ist die Tatsache, daß von den Alignements von Kermario einige kleinere Menhire einer Steinreihe über das Grab hinweggehen, ein deutlicher Beweis dafür, daß zunächst das Grab vorhanden war und später die Steinsetzungen darüber angelegt wurden. Der Hügel des Langgrabes erstreckt sich in Ost-West-Richtung, ist etwa 54 m lang und 35 m breit, doch nur durchschnittlich 1 m hoch. Seine fast rechteckige Steinfassung hat eine Länge von 35 m und eine Breite im Osten von 16 m, im Westen von 11 m. Im Innern dieser Steinfassung befanden sich nicht weniger als 45 einzelne runde, ovale und quadratische Steinkisten (coffres) mit falschem Gewölbe. Überraschenderweise wurden keinerlei Bestattungsreste gefunden, sondern meistens nur Gefäßscherben. Zu den Steinkisten im Innern gesellen sich noch vierzehn weitere außerhalb. Einem am östlichen Ende des Langgrabes stehenden Menhir (Nr. 1) von etwa 3 m Höhe sollte man besondere Aufmerksamkeit schenken; er hat als weithin sichtbares Zeichen Malsteinfunktion (Menhir indicateur). Beim Freilegen der Basis kamen fünf eingravierte Schlangenlinien zum Vorschein, wobei an einer eine Art runder Kopf abgebildet war. Heute ist davon allerdings nur noch eine Schlangenlinie erkennbar; der ehemalige Zustand ist auf einem Abguß im Museum von Carnac festgehalten (vgl. S. 30). Auch für kleinere Steinbeile aus Diorit und Fibrolit, die an der Basis des Menhirs senkrecht mit der Schneide nach oben aufgestellt waren, sind heute im Museum von Carnac zu besichtigen. In einer länglichen Vertiefung neben dem Menhir (Nr. 2) war auf einer Mauer aus groben Steinen ein gestieltes Beil eingraviert. Wenn man sich zuletzt daran erinnert, daß die Langhügelgräber zu den ältesten Formen der Megalithkultur gehören, und man ferner davon ausgeht, daß der Menhir und die Grabanlage in enger Beziehung miteinander stehen, so kann gefolgert werden, daß das Aufstellen von Menhiren sehr früh in der bretonischen Megalithkultur eingesetzt haben muß (nach *Hülle*).

Bevor wir unsere Route zu den nächsten Alignements von Kerlescan fortsetzen, lohnt sich ein Abstecher zu einem sehr gut erhaltenen Ganggrab mit zentraler rechteckiger Kammer, dem von *Kercado* (Mané Er Groez, 3800 v. Chr. ± 300). Hierzu zweigen wir von der D 196 (2450 m) rechts ab und gelangen auf einer schnurgeraden Erdstraße zum Schloß von Kercado (Schlüssel zum Grab!). Durch ein Kiefernwäldchen erreichen wir den 3,5 m hohen Grabhügel, auf dessen Spitze ein kleiner Menhir thront. Der Hügel, ein Cairn von etwa 30 m Durchmesser, wurde von *Z. Le Rouzic* restauriert. Über dem Steinkern befindet sich eine Erdaufschüttung, die am Hügelfuß durch einen nicht mehr ganz erhaltenen Kreis von Menhiren abgeschlossen wird. Nach Durchschreiten eines 6 m langen Ganges, bei dem fünf bzw. vier Tragsteine fünf Überlieger stützen, stehen wir in der Grabkammer, die durch zwei querstehende, den Gang verengende Tragsteine deutlich vom Gang gesondert wird. Ein riesiger Deckstein wird von sechs Tragsteinen gestützt, doch liegt dieser nicht unmittelbar auf den Tragsteinen auf, da kleine aufgeschichtete Steine eine Art Zwischenfutter bilden, was eine fortgeschrittene Zivilisation andeutet. Beim Umgraben der Erde fand *Le Rouzic* 1925 u. a. 147 Callaïs-Perlen, welche die Kette des eingeäscherten Anführers bildeten, einen Schieferanhänger, zwei kleine Goldbänder und Feuersteingeräte. Holzkohlenreste und verbrannte Knochen ließen in der Mitte der Grabkammer ein Opferfeuer vermuten. Mehrere Tragsteine besitzen Gravierungen; am deutlichsten sind sie am 5. Tragstein links am Eingang zur Grabkammer, mit dem Blick zum Grabausgang. Hier überziehen gitterartige Muster fast den ganzen Stein (vgl. S. 30). Außerdem bemerkt man einige kleinere ›Näpfchen‹. Diese sind im gesamten Megalithbereich auftretende schalenförmige Vertiefungen, die mit Hilfe eines Holzbohrers und Schleifmaterial, womit man auch die Steinäxte durchbohrte, ausgehöhlt sein sollen. Aus bretonischen Legenden ist zu erfahren, daß mit diesen Näpfchen ein eigentümlicher Brauch verbunden war. So sollen z. B. im Dolmen Er Roh bei dem Ort Roh en Aud (Gem. St-Pierre-Quiberon) vier Näpfchen festgestellt worden sein – ›Hufspuren des hl. Roch‹, die zugleich die vier Himmelsrichtungen darstellten. Hierhin schlichen sich nachts unbemerkt die Fischersfrauen und schlugen mit einem Hammer gegen die Näpfchen, um damit für ihre auf dem Meer weilenden Männer günstige Winde zu erbitten.

Kehren wir zur D 196 zurück und folgen ihr 200 m nach Osten. Hier zweigt nach links ein Waldweg zum Langgrab *Manio-Kermario I* ab. Wir erreichen das Grab, wenn wir auf diesem Waldweg den 3. Weg nach links einschlagen (Wegweiser!). Das Grab ähnelt im Grundriß dem vorherbeschriebenen Grab Manio-Kermario II, besitzt allerdings im Osten einen halbkreisförmigen cromlechartigen Abschluß. Über Funde ist bisher nichts bekannt geworden, gehört es doch zu jener Anzahl von Langhügelgräbern, die nur teilweise oder ganz unerforscht sind. 50 m entfernt steht ein 6,45 m hoher Menhir (Menhir von Le Manio), von dem man jedoch nicht genau weiß, ob er zum erwähnten Grab in Beziehung steht, da er von *Z. Le Rouzic* an der Stelle wieder aufgerichtet wurde, wo er damals gefunden worden war.

Wir fahren 100 m auf der D 196 weiter und erblicken dann links die *Alignements von Kerlescan,* 555 Menhire in dreizehn fast 880 m langen Reihen auf einer Front von 139 m Breite. Kurz vor dem Ort Kerlescan laufen die Steinreihen in einer einzigen Reihe aus. Doch können wir davon ausgehen, daß beim Anlegen von Gärten und Feldern etliche im Wege stehende Menhire entfernt worden sind. Östlich von Kerlescan setzen sich die Steinallen in den *Alignements von Petit Ménec* fort, in sieben Reihen mit insgesamt 101 Menhiren. Eine deutlich erkennbare Querreihe aus dicht nebeneinander stehenden Menhiren schließt die Alignements von Kerlescan am westlichen Ende ab. *W. Hülle* konnte durch Probegrabungen die Steinbetten ehemaliger und heute innerhalb dieser Querreihe fehlender Menhire nachweisen. Hinter dieser Reihe schließt sodann ein Cromlech an, dessen Halbkreis heute noch aus zwanzig aufrechtstehenden Menhiren besteht. Im Norden endet der Cromlech vorzeitig. Nördlich vom letzten Menhir (Nr. 20) steht abseits ein einzelner, der als Malstein das dort befindliche Langhügelgrab Kerlescan II anzeigt und damit nicht zum Cromlech gehört. *Hülle* konnte jedoch fest-

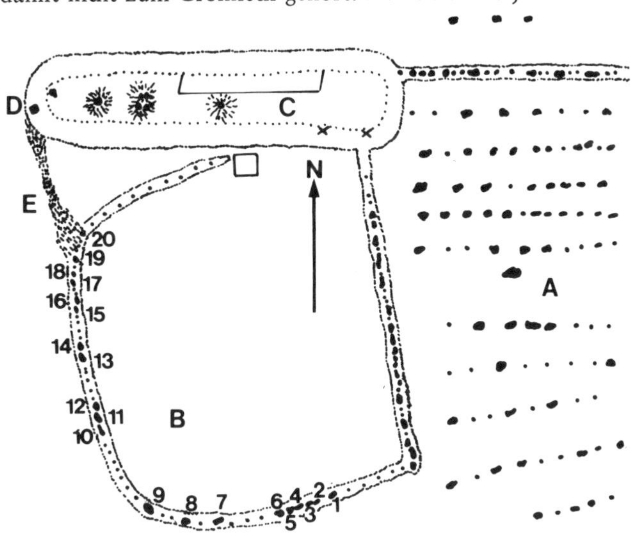

Camp von Kerlescan (nach W. Hülle)

A Aligenements
B Cromlech
C Langhügelgrab (Tertre tumulaire), Kerlescan II.
D Menhir indicateur
E Gepflasterter Weg
1–20 Menhire des Cromlechs

stellen, daß der Cromlech sich ursprünglich fortsetzte, und zwar bis zur Mitte des Langgrabes. Zwischen dem Menhir indicateur und dem Menhir des Cromlechs (Nr. 20) fand er einen gepflasterten Weg von etwa 5 m Breite. Wichtig für eine Datierung des Cromlechs war der Fund eines Metallbeiles in der unversehrten Steinpackung eines Menhirs, in der es als Weihe eingefügt worden war. Die charakteristische rechteckige Form mit nur wenig verbreiterter Schneide ließ eine Einordnung in die Kupferzeit (Aeneolithikum) beweiskräftig genug erscheinen. Überraschend war für *Hülle* ebenfalls die Bauart des Cromlechs einschließlich der Querreihe, denn die Menhire standen nicht nur dicht nebeneinander, sondern waren mit kleinen Steinbrocken dicht aufgefüllt, so daß ein kultischer Innenraum entstand, der gegen Blicke der Außenwelt abgeschlossen war. Mit dieser Erkenntnis ging *Hülle* weiter der Frage nach, ob der Cromlech, der sich von den in größeren Abständen errichteten Menhiren der benachbarten Steinallee so deutlich unterschied, überhaupt gleichzeitig oder wenigstens nach einem gemeinsamen Plan erbaut worden ist. Für einen Gesamtplan spricht die Tatsache, daß nur die südlichste Steinreihe der Alignements, wäre sie ganz erhalten, am Cromlech vorbeiführen würde, was ebenfalls für die äußerste nördliche Reihe zutrifft, vorausgesetzt allerdings, man bezieht das Langgrab *Kerlescan II* mit in die Anlage ein. In diesem gut erforschten Tertre tumulaire waren fünf Steinkisten enthalten, die z. T. nur Tonscherben, Feuersteingeräte und ein Steinbeil enthielten. Eine dieser Steinkisten war von einem Steinkreis von rund 2 m Durchmesser etwa 1,80 m hoch überwölbt, unter dem ein zweiter Kreis zum Vorschein kam, der ebenfalls aus kleinen in den darunter anstehenden Lehm eingelassenen Steinen bestand. Holzkohlenreste, verbrannte Eicheln, grobe Tonscherben und Feuersteinabsplisse waren die Funde dieser wie einer weiteren Anlage. Fünfzehn Feuerstellen mit Resten von verbrannten (Tier?)-Knochen und bereits erwähnten Artefakten vervollständigen das Bild dieses Grabes. Wenn man bedenkt, daß in diesen Langhügelgräbern (vgl. Manio-Kermario II, S. 107 f.) kaum menschliche Bestattungsreste gefunden wurden, so muß die Frage erlaubt sein, ob es sich hier überhaupt um Grabstätten handelt. Ein Vergleich mit ähnlichen Anlagen, besonders mit den gut erhaltenen der sogenannten Windmill-Hill-Gruppe in Südengland, scheint aber beweiskräftig genug zu sein. Zur Problematik der Langhügelgräber in der Bretagne muß noch manche Grabanalyse vorgenommen werden.

Etwa 200 m nordöstlich von Kerlescan II entdecken wir in einem Waldstück das Langgrab *Kerlescan I*. Das Besondere dieser Anlage ist die ehemals durch zwei querstehende Steine geteilte Grabkammer, in die wenig über Bodennähe eine ovale Öffnung geschliffen worden war. Auf der Südseite der Steinkiste war 4 m vor ihrem östlichen Ende die gleiche ovale Öffnung zwischen zwei Tragsteinen angebracht worden. Diese Öffnung wird auch als ›Seelenloch‹ bezeichnet, wie man sie häufiger bei den Megalithgräbern auf der Iberischen Halbinsel antreffen kann, was zugleich als Indiz für die Herkunft der bretonischen Langgrabkultur gilt.

Unsere Rundreise geht weiter auf der D 186 (am Ortsende von Kerlescan links einbiegen!), der wir etwa 2 km nach Nordwesten folgen, wo wir eine Straßenkreuzung errei-

Carnac. Dolmen mit Seitenkammern von Keriaval (nach Z. Le Rouzic)

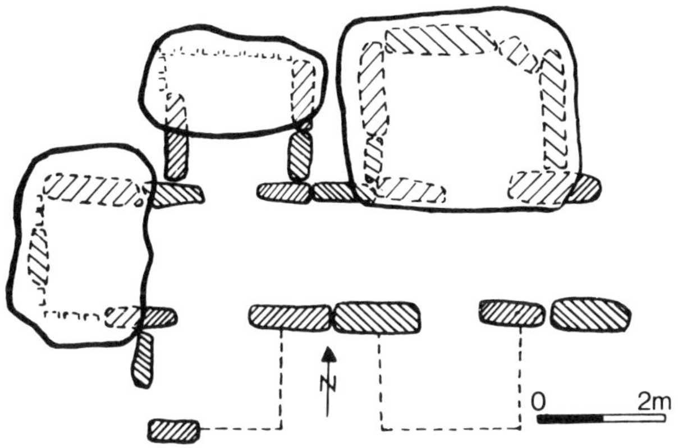

chen. Die rechte Straße (D 186) führt über den Weiler Penhoët zu einer der wenigen prähistorischen Siedlungen der Bretagne, dem spät-bronzezeitlichen *Camp du Lizo* (vgl. S. 58 f.), die linke führt zurück nach Carnac. Folgen wir der letzteren, so erhebt sich hinter dem Weiler Le Moustoir auf der rechten Seite der *Tumulus du Moustoir,* der mit 90 m Länge, 25 m Breite und 5,5 m Höhe hinter dem eindrucksvolleren Tumulus St-Michel zurückbleibt. Fahren wir an der genannten Kreuzung geradeaus, so queren wir nach 1 km die D 119 und machen einen Abstecher zum *Tumulus von Crucuny.* Anschließend stoßen wir auf die Hauptstraße Auray-Plouharnel (D 768) und folgen ihr 1 km links in südwestlicher Richtung. Etwa 100 m vor der ersten Straßenkreuzung führt links ein überwachsener schmaler Fußweg durch ein Waldstück zum *Dolmen de Keriaval* (Farbt. 8). Trag- und Decksteine dieses sogenannten Kreuzganggrabes (dolmen à cabinet latéral) sind sehr eindrucksvoll und gut sichtbar, da das auf einer niedrigen Granitkuppe liegende Grab nicht mehr von einem Hügel überdeckt ist. Es hat einen 6 m langen und 2 m breiten Gang, von dem aus vier seitlich gelegene Kammern abzweigen. Die beiden östlichen Kammern sind mit zwei großen Überliegern gut erhalten, während die beiden westlichen auch in ihren Tragsteinen gestört sind. Insgesamt hinterläßt das Bild dieses einsamen Dolmens innerhalb der kargen Heidelandschaft einen besonders starken Eindruck von der schwermütigen Atmosphäre der Bretagne.

Nur ungefähr 200 m weiter auf der D 768 in Richtung Plouharnel liegen rechts drei interessante Ganggräber, die unter dem Namen *Mané-Kerioned* (Haus der Zwerge) bekannt sind (Abb. 19, 20). Ursprünglich lagen hier drei Ganggräber unter einem großen Hügel, heute ist allerdings nur noch eines davon bedeckt, die beiden anderen wurden durch Erosion freigelegt. Ihre Anordnung ist hufeisenförmig, zwei fast genau in Nord-Süd-Richtung, das kleinste dritte in Ost-West-Richtung. Die Baukonstruktion aller drei ist gleich: ein langer Gang, der sich am Ende nur gering zu einer Grabkammer verbreitert. In den Gräbern fand man Gefäßscherben, Steinbeile, Feuersteinpfeilspitzen (aufbewahrt im Museum von Vannes) und bei der Nachuntersuchung durch *Le Rouzic* im Jahre 1899 und 1901 weitere Artefakte und eine große Anzahl runder Kiesel, mit denen wahrscheinlich der Boden des unterirdischen Dolmen belegt war. Besonders interessant ist das in der Erde befindliche Grab aber aus einem anderen Grund: hier sind auf dem 8., 9., 11. und 12. Tragstein (rechts vom Eingang aus) gitterförmige Ornamente, hakenförmige Figuren und Muster aus parallelen Zickzacklinien eingraviert (Abb. 20) (vgl. S. 30). Den mit den schönsten Zeichen versehenen Stein kann man heute im Museum von Carnac bewundern. Ganz deutlich sind auf ihm zwei geschäftete Beile tief eingeritzt, wobei ein Schaft als Krummstab ausgeführt ist. Auf der D 768 fahren wir anschließend bis zur nächsten Kreuzung, biegen links ein und folgen dieser direkten Straße nach Carnac, wo wir uns bald am Ausgangspunkt der Rundfahrt, mitten in den Alignements du Ménec, wiederfinden.

Die Umgebung von Carnac besitzt noch eine große Anzahl weiterer steinzeitlicher Kult- und Totenstätten. Zwar können sich die Alignements von Kerzerho südöstlich von Erdeven oder die Alignements von Ste-Barbe nordwestlich von Plouharnel nicht mit jenen großartigen Steinalleen von Ménec oder Kermario messen, doch ein Abstecher zu einigen interessanten Dolmen zwischen Plouharnel und Erdeven schließt auch den Besuch dieser Alignements ein. Von Carnac erreichen wir über die D 781 den Ort Plouharnel mit seinem Cairn und drei Dolmen von *Rondossec*. 2 km weiter in Richtung Erdeven zweigt links eine Straße zu den *Alignement von Ste-Barbe* ab. Die meisten der Menhire sind jedoch umgestürzt; dennoch ist am westlichen Ende der Anlage ein Cromlech auszumachen. Knapp 1 km weiter auf der D 781 zweigt rechts eine schmale Straße zum *Dolmen von Crucuno* ab, der sich im gleichnamigen Weiler dicht an ein altes Bauerngehöft anlehnt (Abb. 23). Neun Tragsteine stützen in 2 m Höhe einen über 40 Tonnen schweren Deckstein und bilden die Grabkammer. Der Gang dieses dolmen à long couloir in P-Form weist nach Südosten, ist aber nur noch zu einem kleinen Teil erhalten. Wir folgen der schmalen Straße hinter Crucuno noch etwa 500 m, steigen links der Straße einen Hang hoch und stehen vor dem außergewöhnlich schönen *Dolmen*

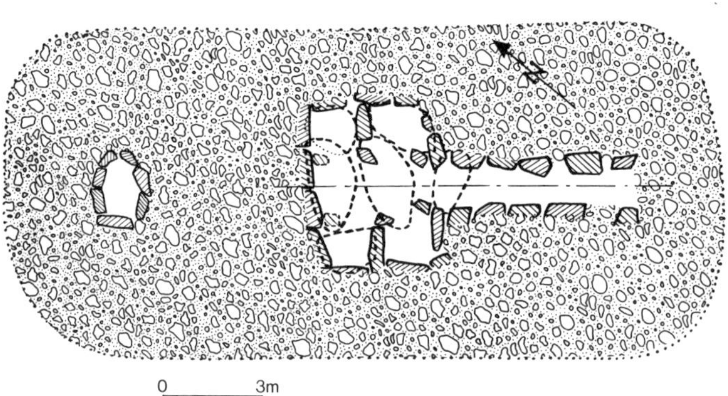

Erdeven (Morbihan), Dolmen von Mané-Groh mit Seitenkammern (nach J. L'Helgouach)

von Mané-Groh. Der Grundriß zeigt einen langen Gang und zwei Seitenkammern an jeder Seite als Grabkammern (dolmen à chambre laterale). Kehrt man zur D 781 zurück und folgt ihr weiter in Richtung Erdeven, so durchschneidet die Straße bald den westlichen Teil der *Alignements von Kerzerho,* wo wir allerdings nur noch wenige erhaltene Menhire antreffen. Nach Ost-Nord-Ost ziehen zehn Steinreihen in einer Länge von ca. 2100 m mit ca. 1100 Menhiren. Nach Osten zu hören die Steinreihen bald völlig auf, bzw. setzen sich bis zum Dolmen von Mané-Braz nur noch in zwei bis drei Reihen fort.

Unser dritter Ausflug führt uns zum Golf von Morbihan und zu einer der bedeutendsten Ganggräbergruppe der Bretagne, nach *Locmariaquer.* Wir fahren auf der D 781 nach Osten und erreichen nach 4 km zunächst den Fischereihafen *La Trinité-sur-Mer,* der sich in jüngster Zeit zu einem Familienbadeort und Segelboothafen entwickelt hat. Von der großen 300 m langen Brücke von Kerisper genießen wir eine herrliche Aussicht auf das malerische Hafenstädtchen mit Hunderten von weißen Jachten und auf die breite Flußmündung der typischen Riasküste (Farbt. 2). Wenn wir später die ersten Häuser von Locmariaquer passieren, liegt rechts der Straße der sehenswerte Dolmen *Mané-Lud* (bret. Mané Nélud = Hügel der Leichen). Der etwa 5,50 m hohe, 80 m lange und 50 m breite Grabhügel besteht fast vollständig aus aufgeschichteten Steinen, die nur von einer dünnen Schlickschicht überdeckt sind. Der Grundriß zeigt den Gang und eine ovale Grabkammer. Der letzte Tragstein auf der rechten Seite des Ganges besitzt besonders tief eingravierte Zeichen: links geschäftete Beile, rechts unten ein schildförmiges Zeichen und darüber möglicherweise Schiffszeichen. Auch auf anderen Steinen bemerkt der aufmerksame Besucher weitere Gravierungen. Der Ausgräber *R. Galles* fand 1863/64 im Ostteil des Hügels sieben kleine Menhire, auf denen jeweils ein Pferdeschädel gelegen hat. Im Zentrum der Grabkammer stellte er einen Bestattungsplatz fest: eine aus kleinen Steinen erbaute und ringsum verschlossene Steinkiste, die ganz mit Leichenbrand angefüllt war. Bei einer späteren Nachgrabung fand *Le Rouzic* fünf kleine Goldbänder, Callaïs-Perlen, Scherben von Glockenbechern u. a. m. (heute im Museum von Carnac).

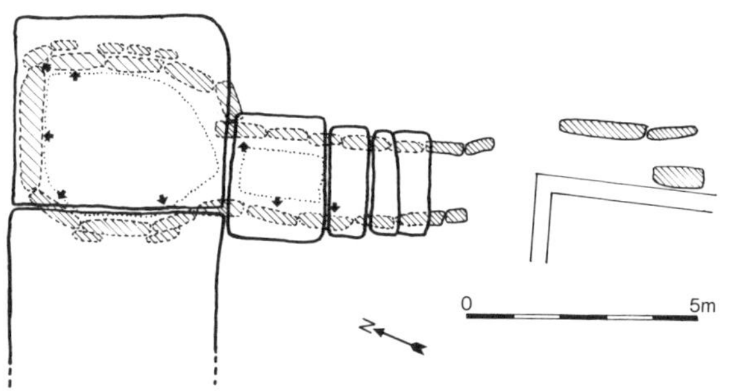

Locmariaquer (Morbihan). Dolmen von Mané-Lud. Die Pfeile weisen auf Gravierungen hin (nach Z. Le Rouzic)

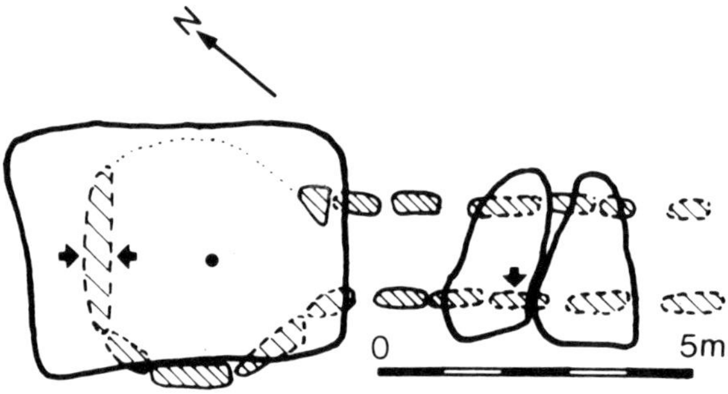

Locmariaquer (Morbihan). Dolmen Table des Marchands. Die Pfeile und der Punkt weisen auf Gravierungen hin (nach Z. Le Rouzic)

Eine Hinweistafel am nächsten rechts abbiegenden Weg führt uns zum Höhepunkt unserer Fahrt zu Megalithdenkmälern auf der Halbinsel von Locmariaquer: zum gewaltigen Ganggrab Table des Marchands und zum größten Menhir der Bretagne, dem ›Grand Menhir‹. Der Dolmen *Table des Marchands* (bret. Dol-ar-Marc'hadouriens = Tisch der Kaufleute) hatte bis 1937 das Aussehen eines Riesentisches, dessen Tischplatte eine mittlere Dicke von 0,85 m, eine Länge von 5,72 m und eine Breite von 3,95 m besaß und in etwa 3 m Höhe über dem Erdboden auf wenigen Tragsteinen balancierte (Abb. 2); von dem runden Cairn mit 36 m Durchmesser waren nur wenige Überreste erhalten geblieben. Um die auf dem großen Tragstein befindlichen Bildzeichen nicht weiterhin der Zerstörung durch Erosion auszusetzen, verbarg man das großartige Totenhaus wieder unter einer Stein- und Erdaufschüttung (Abb. 21). Unsere Aufmerksamkeit widmen wir insbesondere den Gravierungen auf der konvexen Oberfläche des regelmäßig geformten spitzbogigen Tragsteins (Abb. 22). Mit Ausnahme der unteren waagerechten Begrenzungslinie ist der Stein von einem kleinen Strahlenkranz umgeben; dieser gehört zu einer fast die ganze Fläche einnehmenden ›marmite‹ (›Kochkessel‹), dem häufig auf der Iberischen Halbinsel vorkommenden Symbol für das Haupt der Großen Göttin (Cles-Reden). Das Innere dieser heiligen Form zeigt eine glatte, senkrechte Bahn, auf der in halber Höhe eine kleine Strahlensonne eingemeißelt ist. Links und rechts von ihr sind in vier übereinander angeordneten Reihen insgesamt 56 Hakenstäbe in flachem Relief fein herausgearbeitet. Unterhalb der ›marmite‹ wurden auf dem Steinsockel noch eine Anzahl von Näpfchen sowie schlangenförmige Zeichen angebracht (nur sichtbar auf dem Abguß im Museum von Carnac). Auch auf der Unterseite des großen Decksteines, etwa in der Mitte, sind deutliche Zeichen erhalten: vor allem ein großes geschäftetes Beil und weitere Hakenstäbe. Diese bildlichen Darstellungen erfuhren viele Deutungen. So soll nach *Z. Le Rouzic* das Hauptmotiv der symmetrisch angeordneten Hakenstäbe ein Kornfeld mit reifeschwer hängenden Ähren unter lebensspendender Sonne darstellen, das geschäftete Beil auf dem Deckstein deutet er in Verbindung mit den ›Ähren‹ als ein Pflüggerät, das von einem Tier gezogen wird, dessen Leib die eingravierten Linien andeuten. Das Ganze soll sich auf den Sonnen- und Fruchtbarkeitskult eines ackerbautreibenden Volkes beziehen. Für *S. v. Cles-Reden* steht »eine solche, beinahe naturalistische Darstellung eines sonnenbeschienen Kornfeldes ... in Widerspruch zu den übrigen, stets sehr abstrakten Zeichnungen in den bretonischen Dolmen. Auch kommt das Motiv des Krumm- oder Hakenstabes immer wieder und in ganz anderen Zusammenhängen vor. Es ist daher wohl richtiger, in ihm eines der wichtigen Symbole des religiösen Vokabulars der armorikanischen Megalithiker zu sehen, ein Abzeichen göttlicher und weltlicher Macht, wie es auch auf den südfranzösischen Menhirstatuen erscheint und in den Krummstab-Idolen Portugals.«[11] Auch der moderne Mensch eines technischen Zeitalters wird sich der magischen Kraft dieses Totenheiligtums und besonders dieses sorgfältig behauenen Tragsteines und Kultbildes nicht entziehen können. Damit erhalten diese steinernen Monumente eines vorgeschichtlichen Totenkultes überraschend und überwältigend zugleich eine alle Zeiten überdauernde Aktualität: sie zwingen den Menschen, Stellung zu nehmen zu seiner kurzen irdischen Existenz und sich mit seinem Tode einzulassen auf die Frage, welche Bedeutung dem Ende irdischen Lebens zukommt.

Von der Table des Marchands blicken wir hinunter auf den großen zerbrochenen ›Grand Menhir‹ (Men-er-Hroëc'h, Pierre de la Fée = Feenstein), der in vier Teilen am Boden liegt (Abb. 18). Mit seiner Gesamtlänge von 20,30 m – aufgestellt und im Boden verankert sicherlich 17 m hoch – und seinem Gewicht von ca. 350 Tonnen dürfte er der höchste und schwerste Menhir gewesen sein, den man kennt. Der Stein besteht aus einem grobkörnigen Granit, der noch nicht einmal in unmittelbarer Nähe ansteht, sondern an der Côte Sauvage auf der Halbinsel von Quiberon (vgl. S. 20). Die Aufrichtung eines solchen Riesensteines bedurfte großer Erfahrung. Ob der Stein schon beim Aufrichten umgestürzt ist, ob ein Blitz ihn fällte, ob er langsam aus seinem Bett heraussank oder ob es fanatisch religiöse Menschen waren, die dieses Sinnbild einer heidnischen Vorzeit zerstörten, kann man nicht mehr mit Sicherheit feststellen. Man glaubt allerdings Anhaltspunkte dafür zu haben, daß er erst später in geschichtlicher Zeit umstürzte, da man unter der Erdoberfläche, auf die er fiel, gallo-römische Spuren entdeckt hat. Die Bedeutung des Menhirs als Menhir indicateur, als zentrales Element eines großen Observatoriums oder als Wegweiser für die Einfahrt der steinzeitlichen Seefahrer vom Atlantik in den Golf von Morbihan wurde schon früher diskutiert (vgl. S. 21 f.).

Einem weiteren Grab mit interessanten Zeichen begegnen wir, wenn wir Locmariaquer in Richtung Pointe de Kerpenhir verlassen: es ist der *Tumulus Mané-er-Hroëck.* Eine kurze dolmenartige Grabkammer, 3,90 m lang, 2,80 m breit und 1,50 m hoch, wird von einem Steinhügel (cairn) von 100 m Länge, 60 m Breite und 10 m Höhe überdeckt. Zwar wurden auch hier wiederum reichhaltige Funde gemacht (Museum in Vannes), doch ist besonders auffallend ein stelenartiger Menhir, der zwar am Eingang gefunden, später aber im Innern des Grabes aufgestellt wurde. Auf ihm erkennen wir

Locmariaquer (Morbihan). Tumulus Mané-er-Hroëck. Stelenartiger Menhir mit Gravierungen (nach R. Galles)

deutliche Zeichen: das marmiteförmige Symbol, das von Schlangenlinien, Stieläxten und Jochformen ausgefüllt wird, ist das zentrale Motiv, darüber und darunter jeweils vier kleine oder große geschäftete Beile, also die üblichen Bildzeichen der megalithischen Religion.

Empfehlenswert ist eine Fortsetzung der Route zur Spitze von Kerpenhir, die gemeinsam mit dem gegenüberliegenden Port-Navalo die Eingangspforte zum Golf von Morbihan bewacht. Durch den nur knapp einen Kilometer breiten Durchgang zwängen sich die Wassermassen nach dem rhythmischen Wechsel von Ebbe und Flut. Wir folgen anschließend der Küstenstraße 2 km nach Westen, bis wir die unmittelbar auf einem kleinen Steilufer ruhenden und von einem Menhir indicateur angezeigten *Pierres-Plates* entdecken (Abb. 27–29, 35). Es handelt sich hierbei um ein Langgrab in Ellenbogenform (allée couverte coudée), dessen Errichtung man dem späten Neolithikum zuschreibt (2500 v. Chr.). Elf Decksteine sind in einer nach dem 4. Stein einsetzenden leichten Biegung nach Nordwesten angeordnet, nach dem 8. Stein erweitert sich der Grabraum, von dem eine kleinere Kammer am Ende durch einen querstehenden Tragstein abgeteilt

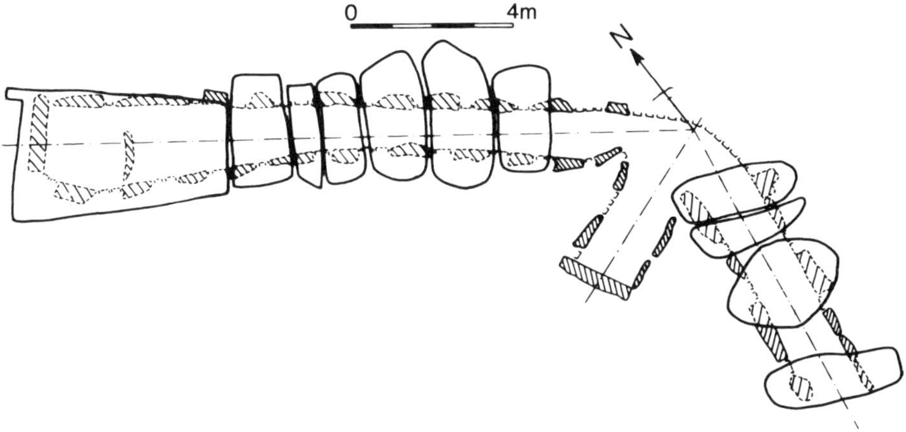

Locmariaquer (Morbihan). Pierres-Plates, Allée couverte coudée (nach Z. Le Rouzic)

ist. Auf vielen Tragsteinen sind Gravierungen zu finden, vor allem verschiedenartige Schildformen (vgl. S. 29f.). Auf der rechten Seite nach der Biegung folgt ein schlanker Menhir, auf dessen Mitte eine Längsachse erkennbar ist, die sich nach oben hin gleichmäßig gabelt. Beiderseits dieser Achse verteilen sich vier Halbovale und vier Kreise, ein sehr eindrucksvolles Bildzeichen für die Muttergottheit (vgl. S. 32).

In den Sommermonaten bietet der Strand von Locmariaquer ein heiteres Bild jenes unbeschwerten Ferienparadieses, doch in der übrigen Jahreszeit versinkt die Küstenlandschaft in eine schwermütige Einsamkeit, wie sie der Totenstätte der Pierres-Plates gebührt; hier konnten sich die Seelen der Toten in Boote begeben, um ihrer Göttin ins Jenseits zu folgen. Die Halbinsel von Locmariaquer wurde zum bevorzugten Begräbnisplatz großer Herrscher über den Bereich des Golfes von Morbihan, die sich und ihrer Sippe jene gewaltigen Mausoleen errichten ließen, die wir 5000 Jahre später bewundern.

7 Halbinsel Quiberon und Belle-Ile

Schäumender Gischt an steilen Kliffküsten, Grotten und Naturbrücken an weißen Sandstränden, Herbst- und Winterstürme an der *Côte Sauvage,* der wilden Westküste der *Halbinsel von Quiberon* gehören zu den elementaren Begegnungen des naturliebenden Bretagne-Reisenden (Farbt. 14, 16, Abb. 49). Die ehemalige Insel ist durch einen schmalen, oft nur einige hundert Meter breiten Dünenstreifen mit dem Festland verbunden. Auf der Höhe des Weilers Penthièvre ist das Meer auf beiden Seiten der Straße zu sehen. Im Westen liegt die Insel Téviec, die durch ihre reichen mesolithischen Funde bekannt wurde (vgl. S. 18f.). Rechts der Straße beherrschen die hohen Mauern des Forts Penthièvre einen Felsvorsprung. Republikanische Soldaten, die sich als Königstreue getarnt hatten, konnten das Fort 1795 von der Seeseite her stürmen. Es war eine wichtige Entscheidung in jener Schlacht, in der die Heere Hoches und die royalistischen Truppen aufeinanderstießen, welche sich aus Bretonen Cadoudals und Emigranten, die von englischen Schiffen an Land gegangen waren, zusammensetzten. Westlich von Portivy liegt dicht am Meer hoch über der Steilküste der Dolmen *Beg-Port-Blanc,* ein Beispiel von Ganggräbern mit Kuppelgewölbe. Von hier aus empfehlen sich Wanderungen entlang der Côte Sauvage, vorbei an Grotten und Naturbrücken (Abb. 49).

Am südlichen Ortsende von *St-Pierre-Quiberon* biegt nach links eine Straße ein, die zu einem aus 25 Menhiren bestehenden Cromlech und weiter zu einer Steinallee führt, deren fünf Reihen aus 25 Menhiren in Ost-Südost-Richtung angeordnet sind. Wenn man die Steinsetzungen bis zum Strand hin verfolgt, erkennen wir besonders bei Ebbe, wie eine Anzahl von Menhiren im Wasser untertaucht. Ähnlich wie bei Er Lanic (vgl. S. 103) mußten die Alignements vor der Transgression des Meeres angelegt worden sein.

Unser Tagesausflug zur größten bretonischen Insel, zur *Belle-Île,* beginnt morgens im Hafen von Quiberon, Port-Maria, wo wir uns auf einer der regelmäßig verkehrenden Autofähren einschiffen. Nach einstündiger Überfahrt legt das Schiff im kleinen Hafen der Inselhauptstadt *Le Palais* an, der versteckt und gut geschützt hinter hohen Molen liegt. Etwas oberhalb der Stadt grüßt eine mächtige Zitadelle im Stil Vaubans, die 1549 auf Wunsch Heinrichs II. erbaut wurde. Am Kai besteigen wir einen der für die mehrstündige Inselrundfahrt bereitstehenden Autobusse (Voranmeldung in Quiberon) und verlassen Le Palais auf der D 190 in Richtung Bangor, einem Mittelpunkt der Landwirtschaft. Weiter geht es zum ›Grand Phare‹, einem der lichtstärksten Leuchttürme Frankreichs (Besichtigungsmöglichkeit). Bei klarem Wetter bietet sich vom 46 m hohen Turm aus ein herrliches Panorama über die gesamte Insel, über die Nachbarinseln und die Küste von Lorient bis Locmariaquer. Unten liegen weißgetünchte Häuser zwischen Weizen-, Hafer- und Roggenfeldern, daneben Heideflächen, wo nur noch Schafe ihr karges Futter finden. An den Inselrändern übt die ewige Brandung ihr zerstörerisches Spiel; typisch sind die halbkreisförmigen Abrasionsbuchten, die zwischen Kaps mit Brandungspfeilern und -nadeln liegen. Der Bus fährt durch ein kleines von Stechginster überwuchertes Tal nach *Port-Goulphar,* einer tief eingeschnittenen Bucht mit malerischen Fischer- und Segelbooten (Farbt. 17), an deren Ende eine moderne Hotelanlage hoch über den Klippen steht. Schließlich endet die D 190 von den *Aiguilles de Port-Coton.* Schmale Felsnadeln ragen pittoresk aus dem Meer heraus und schenken der Bretagne eine der schönsten Kliffküsten (Abb. 48).

Nach längerem Mittagsaufenthalt kehrt der Bus bis zum zentral gelegenen Inselflughafen zurück und fährt anschließend in nordwestlicher Richtung auf der D 25. Bald tauchen links der Straße die Menhire Jean und Jeanne auf. Die Legende weiß von zwei versteinerten Liebenden zu erzählen, die sich einer verbotenen Liebe hingeben wollten. Beim Menhir Jean biegt links eine schmale Straße zum weißsandigen und größten Strand der Insel, *Plage de Port-Donant,* ab, doch meist ist ein allzu rauhes Meer für den Badenden zu gefährlich.

Der nächste Aufenthalt findet im äußersten Norden, an der *Pointe des Poulains,* statt, wo wir an fein gefältelten Gneisfelsen die ehemalige Metamorphose des plastischen Gesteins im Erdinnern ablesen können. Nachdem durch Druck und Hitze die schiefrige Struktur des Gesteins geschaffen worden war, tauchten die Gesteinsschichten in langen Zeiträumen langsam bis über den Meeresspiegel heraus, wurden von der Brandung des Meeres, von Regen und Wind geformt bis zum gegenwärtigen Zustand der heutigen Insel.

Besonders eindrucksvoll ist auch das Erlebnis der *Grotte de l'Apothicairerie* (Apothekergrotte), die am Ende der D 30 erreicht wird. Auf künstlich in den Felsen gehauenen Stufen gelangt man in das weiträumige unterirdische Gewölbe, das die Meeresbrandung geschaffen hat. Bei ruhigem Seegang können wir die Fische im blaugrünen Wasser entlanggleiten sehen. Die Grotte verdankt ihren Namen den früher in den Klüften der Felswand nistenden Kormoranen; ihre Nester waren wie die dickbauchigen Salbenflaschen in einem Apothekerschrank aufgereiht. Allzuviele Neugierige verscheuchten die Vögel, doch diese sind seit einigen Jahren in großer Anzahl auf die Landzunge des Vieux-Château nördlich der Grotte zurückgekehrt. Ein großer Teil der Steilküste und der Heide wurde hier zum Vogelschutzgebiet erklärt.

Nach einem Erfrischungsaufenthalt in *Sauzon,* einem kleinen Hafenort mit zahlreichen Segeljachten, geht es auf der D 30 zurück nach Le Palais. Falls noch Zeit verbleibt, lohnt sich ein Besuch des Musée de la Citadelle au Palais (Dokumente zur Geschichte der Insel, Wappen, Standarten, Waffen und Schiffsmodelle). Am Abend schiffen wir uns wieder nach Quiberon ein.

8 Von Auray nach Concarneau – Auf den Spuren Paul Gauguins

Am rechten Ufer des Rivière d'Auray liegt das altertümliche und malerische Städtchen *Auray*. Besonders das Quartier St-Goustan mit seinen zahlreichen Häusern aus dem 15. und 16. Jahrhundert überrascht mit seinen schiefen Fassaden. Erwähnenswert sind auch die Kapelle Père Eternel mit ihrem schön geschnitzten Chorgestühl und die Kirche St-Gildas aus dem 17. Jahrhundert mit einer Renaissance-Vorhalle und einer sehenswerten Altarwand.

15 km westlich von Auray (D 22) lädt der kleine Fischerort *St-Cado* auf einer in den Rivière d'Etel hinausragenden Halbinsel zum Verweilen ein. Über einen Damm erreichen wir zu Fuß einen von alten Ulmen beschatteten Platz, auf dem sich ein Calvaire von 1852 und die Kapelle St-Cado erheben, letztere mit gut erhaltenen Arkaden und dem Chor aus der romanischen Epoche. Auf Treppen hinter der Kapelle steht am Rande des Flusses die Fontäne des Heiligen, bei der man um Genesung von Gebrechlichkeit bittet.

Nach einem herrlichen Ausblick von der Pont du Lorois auf die Flußlandschaft des Etel fahren wir nach *Merlevenez*, dem Ort mit einer romanischen Kirche aus dem 12. Jahrhundert (Notre-Dame de la Joie). Leider wurde das Bauwerk im 2. Weltkrieg stark beschädigt, zwischen 1946 und 1960 aber hervorragend restauriert. Der schöne

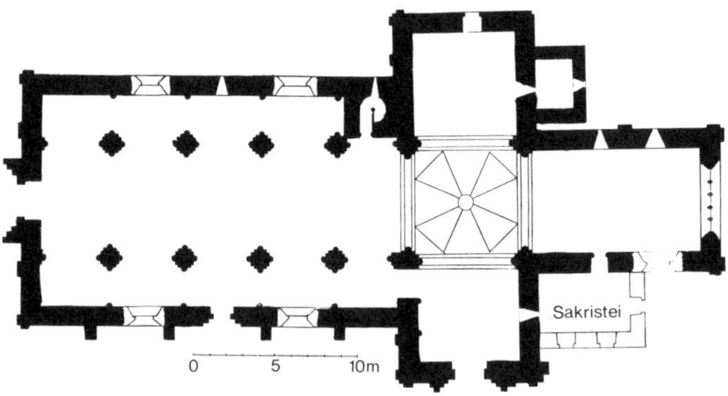

Merlevenez (Morbihan), Grundriß der Kirche

achteckige Kirchturm aus dem 14. Jahrhundert mit einer Turmspitze von 1535, der sich über der Vierung erhebt, mußte vollständig rekonstruiert werden. Charakteristisch sind die hohen Spitzbogenarkaden des fünfjochigen Kirchenschiffes mit reichverzierten Kapitellen (Abb. 61). Das Hauptschiff wird nicht direkt erhellt, sondern indirekt durch die Seitenschiffe, den Chor und die Fassade gemäß den Vorbildern Poitiers (vgl. S. 64).

Hennebont verdankt seinen Namen einer alten Brücke über den Unterlauf des Blavet, in dessen Flußtal vor Jahrtausenden das Meer eindrang. Die Stadt hatte als Versorger der U-Boot-Basis von Lorient unter den Kriegswirren 1944–45 stark zu leiden. Aber auch ihre starken Befestigungsmauern, die sich vom Hafen bis zur oberen Stadt erstrecken und in der 2. Hälfte des 15. Jahrhunderts unter François II. erbaut wurden, weisen die Stadt als einen schon früher wichtigen strategischen Punkt aus. Das Zentrum der Stadt bildet der große Place du Maréchal-Foch. An seiner Ostseite steht die Kirche Notre-Dame du Paradis, erbaut zwischen 1513 und 1550 in spätgotischem Stil. Der 72 m hohe Turm mit doppelter Galerie und Spitzsäulen erhebt sich über einer hohen mit Nischen dekorierten Vorhalle im Flamboyant-Stil. Westlich der Kirche bildet die von zwei mächtigen Türmen flankierte Porte du Bro-Erech (15. Jh.) den Zugang zur mittelalterlichen Ville close, deren Häuser des 16. und 17. Jahrhunderts durch ein Feuer fast alle zerstört wurden.

Quimperlé im Département Finistère liegt am Zusammenfluß (›Kemper‹ – daher der Ortsname) der Isole und der Ellé, die dann gemeinsam als behäbige Laïta dem Atlantik entgegenfließen. Aufgeteilt in eine Ober- und Unterstadt, liegt die letztere auf einer schmalen Landzunge, die von den oben genannten Flüssen gebildet wird. Hier findet sich auch der älteste Kern der Stadt. Vor allem in der Rue de Brémond-d'Ars herrscht noch etwas von dem Glanz aus jener Zeit, als die bretonischen Herzöge noch nach Quimperlé zur Jagd kamen; manch altes Haus schmückt noch eine alte Renaissancetreppe, ein schönes Portal oder aber ein gotisches Fenster. Beachtenswert sind vor allem die Häuser Nr. 8, 10, 11, 12, 15. Diese Straße mündet direkt auf die Kirche Ste-Croix, in deren großartigem Zentralbau, einer riesigen Rotunde mit drei Apsiden, die ein griechisches Kreuz bilden, die Grabeskirche von Jerusalem wiederzuerkennen ist. Die 1038 gegründete Kirche mußte nach einem Einsturz 1848 fast völlig restauriert werden, wobei man jedoch sehr stark den ursprünglichen Grundriß respektierte. Die erhalten gebliebene Apsis mit ihren Säulen, Fenstern und Kapitellen zählt zu den schönsten Exemplaren romanischer Kunst in der Bretagne. Ebenso blieb auch die unter der Apsis gelegene dreischiffige Krypta vor dem Einsturz verschont. Von ihren zwei Säulenreihen blicken Kapitelle mit stilisiertem Blattwerk auf den Beschauer herab. Durch das niedrige Gewölbe gelangt man zum Grabmal des heiligen Gunthiern, eines frommen Einsiedlers, dem zu Ehren die Abtei errichtet wurde, und zum Sarkophag des 1054 verstorbenen heiligen Gurloës. Italienischer Kunsteinfluß ist beim Betrachten der Figuren in den Muschelnischen des an der Eingangspforte innen aufgestellten steinernen Renaissancealtars festzustellen.

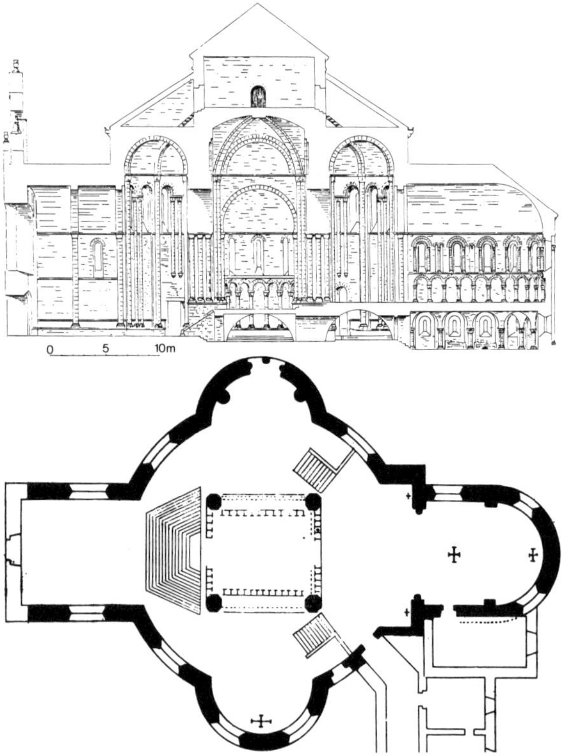

Quimperlé (Morbihan), Kirche Ste-Croix, Grundriß und Querschnitt von Rotunde, Chor und Krypta

Von Quimperlé lohnt sich ein Ausflug auf einsamer, aber guter Straße nordwärts, vorbei an abgelegenen Bauernkaten mit moosbewachsenen Strohdächern, zu den riesigen Felsblöcken, den *Rochers du Diable* in herrlich grüner Landschaft. Auch ein Abstecher in südliche Richtung wird zum Erlebnis, vor allem dann, wenn zur Pfingstzeit in dem Weiler *Toulfoën* der ›Pardon des oiseaux‹ unter freiem Himmel stattfindet mit einer Ausstellung aller Arten von Vögeln. Anschließend lädt der *Forêt de Carnoët* mit seinen über hundert Jahre alten Eichen und Buchen zur Rast ein. Der Legende nach war dieser Wald das Domizil des Grafen von Comorre, des Ritters Blaubart. Ihm war geweissagt worden, daß er einst durch die Hand seines Sohnes sterben müsse. Deshalb ließ er seine vier Frauen ermorden, sobald sie schwanger waren. Seiner fünften Frau gelang es jedoch, das Kind vor ihrem Tode noch zu retten. Viele Jahre später begegnete Comorre dem nun schon zum Manne herangewachsenen Sohn, und verunsichert durch die starke Ähnlichkeit mit der Mutter, ließ der Ritter ihn köpfen. Doch der Sohn, der heilige Trémeur, setzte sich den abgeschlagenen Kopf wieder auf, machte sich dann auf zum Schloß seines Vaters und warf eine Handvoll Erde gegen das Gemäuer, worauf dieses zusammenstürzte und den Vater unter sich begrub. Nach Verlassen des Waldes zweigt nach wenigen Kilometern eine Straße (D 224) nach St-Maurice ab. Von der gleichnamigen Brücke haben wir eine großartige Aussicht auf die Laïta, eine der schönsten Riaslandschaften in der Bretagne.

Vorbei an Moëlan-sur-Mer mit der Quelle St-Roch, in die besorgte Mütter früher die Hemden ihrer Kinder tauchten, um sie vor Krankheit zu bewahren, gelangen wir nach *Pont-Aven,* einem Ort, der vielleicht längst in Vergessenheit geraten wäre, hätte ihn nicht ein großer Künstler zur Stätte seines Wirkens gemacht: *Paul Gauguin* (1848–1903). Der sensible Reisende, der die Bretagne bis zu ihrem einsamen westlichen Zipfel im Finistère durchstreift, durch die Heckenlandschaften des Argoat bis zu den Kliffküsten und Sandbuchten des Armor, wird ähnlich fühlen wie jene zahlreichen Künstler, die gegen Ende des 19. Jahrhunderts aus ihrer zivilisierten Umgebung aufbrachen, um in der Bretagne mit ihren wenigen Landschaftsformen und einem Licht, das Umrisse und Farben belebt, das einfache Leben der Bretonen und ihr Festhalten an althergebrachten Bräuchen, Sitten und Trachten zu erleben. Pont-Aven mit seinen idyllischen Mühlen zwischen hellen Wiesen und düsteren Felsen, aber auch *Le Pouldu* an der Laïta-Mündung wurden zu Zufluchtsorten und in der Geschichte der Malerei unter dem Namen ›Schule von Pont-Aven‹ weltberühmt. Paul Gauguin führte in Paris als Gehilfe eines Börsenmaklers ein bürgerliches Leben und entdeckte erst spät durch die Hilfe eines Freundes seine künstlerische Begabung. Zunächst sind seine Bilder stark von Camille Pissarro, dem Pointillisten beeinflußt. 1883 verläßt Gauguin Beruf und Familie und verschreibt sich vollends der Malerei. Der erste Aufenthalt in Pont-Aven zeigt noch Festhalten am Impressionismus. Später wird er von den rein sinnlichen Eindrücken unabhängig und beginnt in lebhaften Farben flächig zu malen. Sein Durchbruch zur expressiven, symbolischen Malweise gelingt ihm endgültig erst während seiner späteren Aufenthalte in Pont-Aven in den Jahren 1888–1891, wo er sich vollends vom Impressionismus löst. Die sichtbare Umwelt tritt jetzt zugunsten des Wesentlichen zurück, das vereinfacht und stilisiert zum Symbol wird. Bedeutende Bilder dieser Zeit sind ›Bretonischer Bauernhof‹, ›Ernte in der Bretagne‹, beide noch mit pointillistischen bzw. impressionistischen Reminiszenzen, dann ›La Belle Angèle‹, ›Bretonische Kinder‹ und ›Betende Bretonin‹. Sie bekunden das Gefühl für farbige Flächen und Verzicht auf Schatten und Modellierung. Anregung zu jenen Stilmitteln erhielt Gauguin von der mittelalterlichen Glasmalerei, den flächigen japanischen Farbdrucken, von Wandteppichen des Mittelalters und von der Bauernkunst. Das Gemälde ›Jakobs Kampf mit dem Engel‹, eine endgültige Absage an den Impressionismus, ist von bestürzender Originalität. ›Bretonische Tangsammler‹ (Farbt. 41) gehört allein schon vom Thema her zu dem bretonischsten aller Bilder; Gauguin unterwarf es der Rhythmik der parallelen Formen. Aus den Gesichtern der Tangträgerinnen spricht eine dem Archaischen verwandte Unbewegtheit. Oberhalb des rechten Flußufers des Aven liegt der Bois d'Amour, durch den der Maler häufig zu der Kapelle von Trémalo (17. Jh.) wanderte, die mit ihrem tief heruntergezogenen, nur von Lukarnen durchbrochenen Dach in einer friedlich bäuerlichen Landschaft steht. Hier hängt noch heute ein Kruzifix, das Gauguin zu seinem berühmten Gemälde ›Der gelbe Christus‹ inspirierte. Wie die einzigartigen aus Granit gemeißelten Calvaires der Bretagne, so steht auf diesem Bild das Kreuz mit dem gelben Christus in einer hügeligen Wiesenlandschaft, vor rostroten Obstbäumen und Heckenbüschen unter einem grau verhangenen Himmel; drei Bretoninnen hocken trauernd um den Verstorbenen.

Auf seiner Flucht in noch größere Einsamkeit und Stille zu der Südseeinsel Tahiti gelangt Gauguin in den von 1897 an geschaffenen Bildern zu höchster Meisterschaft; Pont-Aven war eine wichtige Zwischenstation. Sein letztes großes Bild stellt eine bretonische Winterlandschaft dar, die er fern der Bretagne auf der exotischen Antilleninsel Dominique malte: Bekenntnis und Sehnsucht zu einer Landschaft, in der der Mensch ein enges Verhältnis zum Tode hat.

Zur ›Schule von Pont-Aven‹ gehören auch Maler wie Paul Sérusier, der später die antinaturalistische Nabi-Bewegung anführte (diese kultivierte die symbolische Malerei), oder der noch junge Émile Bernard, der geistigen Einfluß auf Gauguin ausübte, daneben Émile Schuffenecker, Charles Laval u. a. (vgl. S. 83).

Die Pension Le Gloannec ist heute mit einer Gedenktafel versehen, und im Rathaus von Pont-Aven finden häufig Ausstellungen von bretonischen Künstlern statt. Doch leider fehlen jene Bilder des großen Malers, der diesen Ort so berühmt gemacht hat; sie sind heute die Schmuckstücke der großen Galerien der Welt.

Concarneau ist neben St-Malo das schönste Beispiel einer befestigten Stadt (Ville close) (Abb. 136), gleichzeitig eine lebendige Hafenstadt und Heimathafen einer bedeutenden Fischereiflotte, nicht zuletzt aber beliebter Ferienort durch seine am Ostufer der Baie de la Forêt sich ausdehnenden Sandstrände. Gleich bei der Einfahrt in die Stadt kann man sich von der Pont du Moros einen Gesamtüberblick über das Hafengebiet und die Ville close verschaffen. Diese liegt auf der Insel, zu der man am besten von dem Place de Jaurès aus hingelangt. Eine schmale Brücke verbindet die 350 m lange und 100 m breite Inselstadt mit dem Festland. Mit starken Mauern, Türmen und Bastionen sicherte man sich im 14. Jahrhundert gegen feindliche Angriffe und vervollständigte die Befestigungsanlage im 17. Jahrhundert. Am Eingang zur Zitadelle befindet sich das Museum für Fischerei und Geschichte von Concarneau (Musée de la Pêche).

Rosporden nördlich von Concarneau gilt ein Abstecher. Hier steht am Rande eines Teiches eine Kirche aus dem 14. und 15. Jahrhundert. Besonders bewunderungswürdig sind der Glockenturm und die Vorhalle sowie im Innern ein vergoldeter Holzaltar und interessante Steinstatuen.

9 Quimper und die Cornouaille

Quimper, die Hauptstadt des Départements Finistère (58 000 E.), liegt am Zusammenfluß (bret. ›Kemper‹) von Odet und Steir, wobei sich der Odet bis zu seiner Mündung in den Atlantik zu einer breiten Ria erweitert. Das Spiel der Gezeiten wirkt sich bis zu den Kaimauern von Quimper aus. Schon zu Zeiten der Römer war die Stadt eine wichtige Straßenkreuzung und später Hauptstadt der Cournouaille und Residenz von Königen und Herzögen. Der sagenhafte König Gradlon, der im 5. Jahrhundert gelebt haben soll, hatte sich auf einer Jagd verirrt und erreichte müde und hungrig die Hütte eines Einsiedlers, des heiligen Corentin, der in größter Anspruchslosigkeit lebte und sich das ganze Jahr hindurch von ein und demselben Fisch ernährte. Dieser kam täglich herangeschwommen und ließ sich geduldig ein Stück Fleisch aus seinem Leib herausschneiden, das dann auf wundersame Weise bis zum nächsten Tag wieder nachwuchs. Mit diesem Fisch speiste der Heilige den König, bis dieser wieder genügend Kräfte gesammelt hatte. Als Dank dafür ernannte Gradlon ihn zum Bischof von Quimper, das er nach dem Untergang der Stadt Is (vgl. S. 151) als seinen Wohnsitz auserwählt hatte. Noch heute reitet König Gradlon auf seinem Pferd zwischen den Türmen der Kathedrale.

Von der Rue Keréon mit ihren alten Häusern blicken wir durch eine Straßenschlucht auf die Doppelturmfassade der Kathedrale Saint-Corentin – eines der schönsten bretonischen Stadtbilder (Abb. 74). Obwohl die Kirche 1240 gegründet wurde und die Bauabschnitte bis ins 15. Jahrhundert reichten, zeigt sie keinerlei Stilbruch. Zunächst ist im Chor noch normannischer Einfluß wirksam, doch bald gelangte man zum eigenen bretonischen Stil, und so gehört Saint-Corentin mit der Kathedrale von Saint-Pol-de-Léon und der von Tréguier zu den vollkommensten Bauten der französischen Hoch- und Spätgotik in der Bretagne. Die Türme haben immerhin eine Höhe von 76 m, und selbst ihre erst zwischen 1854 und 1856 aufgesetzten Turmspitzen passen sich harmonisch dem Gesamtkomplex an. Durch das große doppeltürige Westportal, von dessen Giebel das von einem Löwen der Monforts getragene Wappen Herzog Yanns V. grüßt, betreten wir das Kircheninnere, dessen gotische Gestaltung fast allzu perfekt wirkt. Eigentümlich weicht der Chor von der Längsachse des langen Kirchenschiffes ab. Verschiebungen solcher Art kann man auch an anderen Kirchen beobachten. Sie werden häufig mit Rücksichtnahme auf den Baugrund erklärt, hier sollte die aus dem 11. Jahrhundert stam-

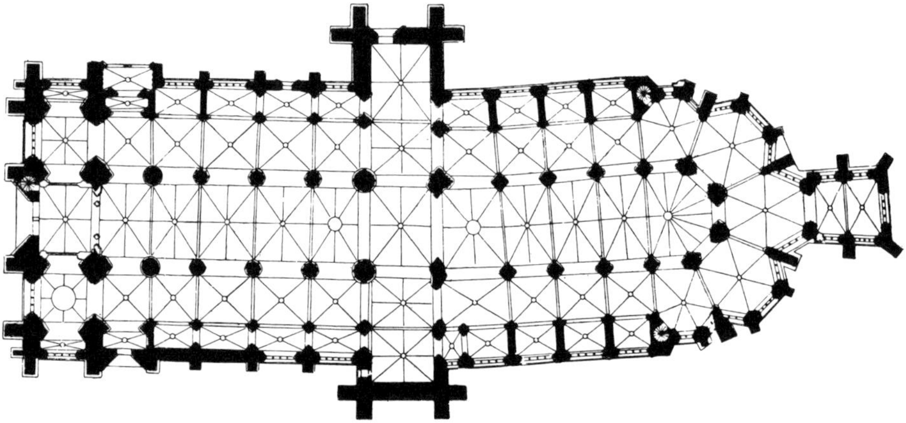

Quimper, Kathedrale St-Corentin, Grundriß

mende Absidialkapelle in die Achse des Chores aus dem 13. Jahrhundert einbezogen werden; außerdem mußte bei der Konstruktion des Mittelschiffs im 15. Jahrhundert auf schon vorhandene ältere Bauten Rücksicht genommen werden. Kirchenschiff und Chor werden von Glasfenstern im spätgotischen Stil erhellt. Auffällig sind auch die imposanten Bündelpfeiler der Hauptschiffarkaden. Südlich der Kathedrale schließt sich in der Rue Gradlon der ehemalige Bischofspalast im Renaissancestil an, in dem heute das Musée départemental breton untergebracht ist, das einen Gesamteindruck der bretonischen Kunst und Wohnkultur verschafft. Im Vestibül steht ein bearbeiteter Menhir mit gallo-römischen Gottheiten: Merkur, Herkules, Mars, die als Flachrelief eingemeißelt wurden. Daneben sind ausgestellt Grabfiguren von Rittern, eine Statue des eselsohrigen König Marke (vgl. S. 151), Heiligenstatuen, eine mittelalterliche Hausfassade im Fachwerkstil des 15. Jahrhunderts, Fenster des 16. Jahrhunderts und eine typisch bretonische Stube mit Schrankbetten (lits-clos), Wiegen, Truhen, Küchengeräten und vielen weiteren bretonischen Gegenständen (Abb. 134). Einen Ehrenplatz hat die in Quimper seit langem hergestellte Keramik bekommen.

Nördlich vom Place St-Corentin liegt das Musée des Beaux-Arts mit einer großen Sammlung französischer und ausländischer Maler. Bretonischer Volkskunst begegnet man schon auf der Treppe; es sind Heiligenstatuen aus Holz. Der bretonische Saal ist den Landschaften und Geschichtsereignissen gewidmet. Die ›Schule von Pont-Aven‹ (vgl. S. 124) ist zwar durch Émile Bernard, Maurice Denis, Paul Sérusier u. a. vertreten, doch ein Bild von Paul Gauguin fehlt leider.

Ein Besuch des Vororts Locmaria empfiehlt sich einerseits wegen der romanischen Kirche aus dem 11. und 12. Jahrhundert, zum anderen wegen der beiden Fayencerien, wo man die Fertigung der Töpferwaren und ein angeschlossenes Keramikmuseum besichtigen kann.

Ein Ausflug nördlich von Quimper ist den Landkirchen und zwei weniger bekannten, dennoch aber künstlerisch wertvollen Calvaires gewidmet. Wir verlassen Quimper auf der D 15 in Richtung Gourin und zweigen nach etwa 2 km rechts nach Ménez-Meur ab. Die zweite links abbiegende Straße führt uns zur Kapelle *Notre-Dame de Kerdévot* aus dem 15. Jahrhundert, die sich in einem Wald versteckt. Diese für die Cornouaille typische Kapelle überrascht uns mit einem schönen polychromen und vergoldeten flämischen Altar. Bei La Croix-Saint-André kommen wir wieder auf die D 15 und folgen ihr 2 km in Richtung Quimper. Rechts geht es dann ab über Lestonan und Quélennec zum *Site du Stangala.* Nach einem kurzen Spaziergang durch dichten niedrigen Wald erreichen wir den 70 m über dem Odet auf einer felsigen, von Buschwerk umwucherten Böschung gelegenen Aussichtspunkt. Unten im engen Kerbtal mäandriert der Odet, umgeben von dichtem grünen Laubwald. Wir fahren nach Lestonan zurück und von dort nördlich bis Briec. 2,5 km hinter Briec (N 785) biegt links die Straße zur Kapelle *Saint-Vennec* ab. Nach weiteren 4 km erhebt sich auf der rechten Seite der dreieckige Sockel des Calvaires, dahinter die Kapelle. Der erst 1556 errichtete Calvaire kann längst nicht mit der Schönheit seines Vorbildes, dem Calvaire von Quilinen – unserem nächsten Ziel – wetteifern. In der Kapelle steht die Steinfigur der heiligen Guen, der Gott drei Brüste gewährte, damit sie ihre Drillinge Vennec, Guénolé und Jacut zugleich stillen konnte. Man muß die Straße überqueren, um zu dem heiligen Brunnen aus dem 16. Jahrhundert zu gelangen, der von der Statue des heiligen Vennec behütet wird. Auf der N 170 geht es in Richtung Quimper zurück. Bald sehen wir links unter Baumgruppen die kleine Landkirche *Notre-Dame de Quilinen,* die von einigen Bauerngehöften umgeben ist. Ihr Calvaire, der wie fast alle in der Bretagne aus Granit gemeißelt und von Flechten und Moosen überzogen ist, verrät in seiner einmaligen, betont vertikalen Komposition gotischen Geist (Abb. 98). Zwei verschieden große, über Eck gesetzte Dreiecke bilden den Sockel, auf dem die Zwölf Apostel stehen, einzeln oder auch Rücken an Rücken, in verschiedenen Größen und Höhenlagen. Man meint, die Figuren steigen schlank und schmal ohne Unterstützung von Querbalken an der Kreuzessäule hinauf. Unter den kleinen Sockeln, welche die Figuren stützen, tragen Engelsköpfe dazu bei, einen fließenden Umriß herzustellen, um dadurch den ohnehin dynamischen Eindruck noch zu steigern. Die beiden Schächer bäumen sich in wilder Verrenkung über die Querbalken. Die Erhabenheit der Apostel, vor allem Petrus mit dem übergroßen Schlüssel, stellt ein Meisterwerk bretonischer Kunst dar, dessen anonymer Künstler mit El Greco verglichen worden ist.

Eine Bootsfahrt von Quimper auf dem Odet bis nach Bénodet ist ein besonderes Erlebnis. An jeder Flußbiegung wechseln die reizvollen Landschaftsbilder: prachtvolle Villen in üppigen Parks, ankernde Jachten und bewaldete Hänge. Frische und Charme dieser Gegend und das milde Klima, das mittelmeerische Vegetation gedeihen läßt, sind äußerst wohltuend und erholsam. In *Bénodet* kann man den Leuchtturm La Pyramide besteigen, um den besonderen Blick von der Höhe zu genießen. Bénodet ist auch mit dem

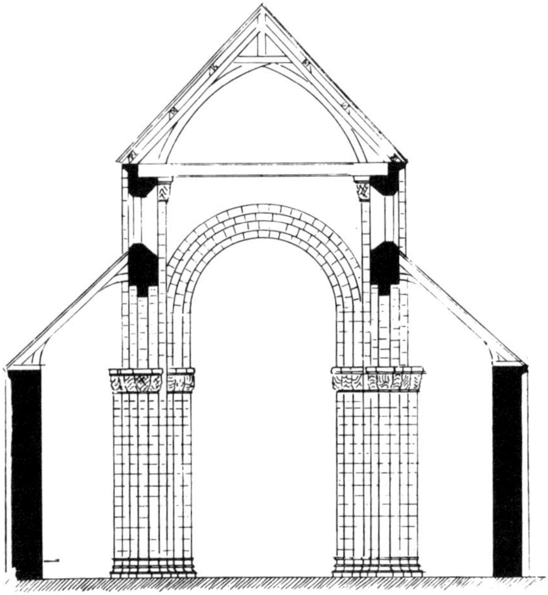

Fouesnant (Finistère), Querschnitt durch das Längsschiff der Kirche

Auto auf der D 34 zu erreichen. Dabei sollte man an der Kapelle *Le Drennec* mit ihrer schönen Fontäne aus dem 16. Jahrhundert eine Pause einlegen (Abb. 81). Nächstes Ziel ist *Fouesnant,* inmitten üppiger Obstbaumhaine; hier liefern die Apfelbäume einen der süffigsten Apfelweine (cidre) der Bretagne. An Festtagen beleben die Frauen und Mädchen diese zauberhafte Landschaft; weithin leuchten ihre weißen Spitzenhauben mit den großen geschwungenen Flügeln und die steifen Kragen, die das Gesicht einrahmen. Die romanische Kirche aus dem 12. Jahrhundert (vgl. S. 63 f.), deren Apsis und Fassade im 18. Jahrhundert umgebaut wurden, hat ihre ursprüngliche Architektur im fünfjochigen Kirchenschiff, in den rosafarbenen Granitsäulen und in den Kapitellen bewahrt. Die großen Arkaden der Vierung sind Rundbögen, welche die Rolle eines Triumphbogens erhalten.

Nur 1,5 km nördlich von Fouesnant steht die Kapelle Sainte-Anne (1685) mit einer kleinen Fontäne. Der Strand des nahegelegenen *Beg-Meil* bietet Erholung und einen Blick über die Baie de la Forêt nach dem gegenüberliegenden Concarneau.

Bretonische Heckenlandschaft bei LOCRONAN (Finistère)

15 Menhir von KERLOAS bei Plouarzel (Finistère), mit 12 m der höchste noch aufrechtstehende Monolit[h] der Bretagne

16 CARNAC (Morbihan), Alignements von Kermario, 1029 Menhire in zehn Reihen (s. a. Farbt. 6) ▷
17 Cromlech von ER LANIC im Golf von Morbihan ▷
18 LOCMARIAQUER (Morbihan). Umgestürzter und zerbrochener Grand Menhir, 20,30 m ▷

18

19, 20 CARNAC (Morbihan), Dolmen von Mané-Kerioned. Gitterförmige Ornamente, Zickzacklinien u. a
als Gravierungen in dem östlichen bedeckten Ganggrab

, 22 LOCMARIAQUER (Morbihan). Dolmen Table des Marchands (Zustand seit 1937, s. a. Abb. 2). Großer Tragstein mit Krummstäben in Flachrelief

23 Dolmen von CRUCUNO bei Plouharnel (Morbihan)

24

6

4–26 Dolmen La Roche-aux-Fées mit Portikus, Vorhalle und geteilter Grabkammer, ESSÉ (Ille-et-Vilaine)

27–29 Pierres-Plates bei LOCMARIAQUER (Morbihan). Langgrab in Ellenbogenform (allée couvert coudée), Blick nach SO. Tragstein mit Schildform, symbolische Darstellung der Muttergottheit

Langgrab (allée couverte) von KERGUNTÜIL bei Trégastel (Côtes-du-Nord)

CARNAC (Morbihan). Tumulus Saint-Michel

32–34 Cairn von BARNENEZ bei Plouézoch (Finistère), rekonstruiertes Hügelgrab mit elf Dolmen

35 Schildfigur aus dem Langgrab von Pierres-Plates bei LOCMARIAQUER (Morbihan)

36 Schildfigur (Muttergottheit) aus dem Dolmen von Luffang, Musée préhistorique, Carnac

37, 38 Wandmuster, Beile und Schlangen aus dem Dolmen von Gavrinis, Golf von Morbihan

39, 40 Keramik der Glockenbecherkultur, Beg-Portivy, Halbinsel Quiberon und Dolmen du Lizo, Carnac

41 Vase mit vier Henkeln, Tumulus de Kerusan bei Saint-Jean-Brévelay, Bronzezeit

42 Vase mit Buckeln, Tumulus du Moustoir, Carnac, Bronzezeit

43 Graburne mit eingravierten Ornamenten, Tronoan bei Saint-Jean-Trolimon (Finistère), Ältere La-Tène-Zeit, 450–400 v. Chr.

.4 Halskette aus Callaïs-Perlen, Tumulus de Tumiac bei Arzon, Bronzezeit

.5 Armreifen mit Ornamenten, Dépot de Keran bei Bignan, Bronzezeit

Abb. 39–42, 44–46: Musée archéologique, Vannes; Abb. 43: Musée préhistorique finistérien, Saint-Guénolé)

46 Bronzezeitliche Pfeilspitzen aus Silex, Tumulus de Coët-er-Graf bei Elven

.7 Pointe de Pontusval bei Brignogan-Plage (Côtes-du-Nord) (s. a. Farbt. 12)

Fischer in LESCONIL (Finistère)

48 BELLE-ÎLE, Aiguilles de Port Coton
49 CÔTE SAUVAGE, Halbinsel Quiberon. Port-Blanc mit Naturbrücke (s. a. Farbt. 14)

51 PORZ-POULHAN Kleiner Fischerhafen in der Bucht von Audierne (Finistère)

10 Ins Bigoudenland

Pont-l'Abbé ist die Hauptstadt des Bigouden, einer Landschaft, die sich von der Odetmündung bis nach Plozévet bei Audierne erstreckt und nach der Kopfbedeckung der hiesigen Frauen benannt wird. Aber nicht nur die hohen, einhornartigen Spitzenhauben (coiffes) (Farbt. 24, 44, Abb. 99), auch die schwarz bestickten Frauentrachten und das goldbestickte Wams der Männer gehören zum Stolz dieser Einwohner, die ihre Originalität zu bewahren suchen und eine Verwechslung mit anderen Bretonen übelnehmen. Um etwas über die Geschichte des Bigouden, über die Kirchen, über Wohnkultur und Trachten zu erfahren, besuche man das Museum Bigouden in Pont-l'Abbé, das im Turm eines ehemaligen mittelalterlichen Schlosses untergebracht ist. Die Stadt ist außerdem interessant als Zentrum einer traditionellen Handwerkskunst für Stikkereien, Spitzenklöppelei und bretonische Möbel.

Menhire und Lechs, romanische und gotische Kunst, vor allem aber der älteste bretonische Calvaire sind Ziele einer Rundreise durch das Bigoudenland. Die Kapelle *Notre-Dame de Tréminou* aus dem 15. Jahrhundert mit einer schattigen Einfriedung und die kleine gotische Kirche *Saint-Jean-Trolimon* mit Turm und Fassade aus derselben Zeit sind die ersten Stationen. Ein Abstecher führt nordwestlich zur malerischen Ruine *Chapelle de Languidou* mit teilweise interessanten Elementen des 15. Jahrhunderts. Bei Plovan stehen drei Menhire und zwei Dolmen, ein Calvaire mit Kirche, deren Schiff noch von romanischen Arkaden gestützt wird. 4 km westlich von Saint-Jean-Trolimon steht in der Nähe eines Bauernhofes in der Einsamkeit der Dünenlandschaft eines der schönsten, ursprünglichsten und ergreifendsten Kunstwerke, der älteste bretonische Calvaire von *Notre-Dame de Tronoën* (Abb. 96). Erbaut zwischen 1450 und 1470, besitzt er weder Vorgänger noch Nachfolger in unmittelbarer Umgebung; das Land der Calvaires zwischen Quimper, Brest und St-Brieuc mit seinen jüngeren Beispielen aus dem 16. und 17. Jahrhundert ist ein eigenständiger künstlerischer Raum. Nach *H. Waquet* handelt es sich bei Tronoën wohl um eine frühe Kultstätte, da man Siedlungsspuren aus vor- und frühgeschichtlicher Zeit fand. An stürmischen und regnerischen Tagen trägt der Wind Sand und feuchte salzhaltige Luft vom nahen Meer herüber, und gemeinsam mit dem Regen nagt er an den Figuren und wäscht sie aus, so daß nach und nach ihre deutlichen Formen verwischt sind und sie einen Zug ins Unwirkliche erhalten haben. Auf dem quaderförmigen Sockel, der von drei Kreuzen überragt wird, sind ringsum zwei Reliefzonen übereinander angebracht, wobei auch die Figuren der oberen Zone an die Rückwand angelehnt und nicht wie später als Freiplastiken gearbeitet sind. Wegen der unterschiedlichen Größenverhältnisse der Figuren vermutet man neben einer ursprünglich anderen Aufstellung auch noch zwei verschiedene Künstler. Dem einen schreibt man die Szenen zu, die nach Kleidung und Gestus die älteren sein sollen und wahrscheinlich aus dem letzten Drittel des 15. Jahrhunderts stammen: Maria im Wochenbett, Heilige Drei Könige, Darstellung im Tempel, Geißelung und Kreuztragung. Die Figuren der zweiten Gruppe sind viel inniger empfunden und wahrscheinlich später entstanden: Verkündigung, Heimsuchung, Fußwaschung, Kruzifix und Assistenzfiguren. Die Szene, wo Christus nach seiner Auferstehung Maria Magdalena erscheint, gibt es nur hier in Tronoën. In einen weiten Mantel gehüllt und in der linken Hand einen Spaten tragend, tritt Christus als Gärtner verkleidet zu der überraschten Frau. Ergreifend ist die Geburt Christi dargestellt. Blockhaft erstarrt empfängt Joseph im Traum die Botschaft des Engels. Maria liegt mit nackten Brüsten und offenem Haar auf einem geflochtenen Bett und streckt ihre Hände sehnsüchtig nach dem Jesuskind aus, das ihr bereits als Herrscher entgegentritt, mit der Weltkugel in der einen Hand, wäh-

Calvaire von Notre-Dame-de-Tronoën (Finistère), 1450–70, Geißelung Christi

rend die andere zum Segen erhoben ist. Diese frühmittelalterliche Auffassung ist später aus theologischen Gründen anders interpretiert worden: als eine Darstellung jenseits irdischen Gebärens. Die Heiligen Drei Könige, die rechts davon mit ihren Gaben aufwarten, sind merkwürdig klein geraten. Einmalig ist auch die Szene der Kreuztragung. Hier tragen die Schächer ihr eigenes Kreuz hinter Christus her, was die Vermutung nahelegt, daß sich der Schöpfer dieser Plastik von den Aufzügen der großen mittelalterlichen Passionsspiele hat anregen lassen. Gegenüber vom Calvaire steht die Kirche Notre-Dame de Tronoën aus dem zweiten Viertel des 15. Jahrhunderts mit einem für die Bretagne seltenen steinernen Gewölbe.

Wir setzen unsere Fahrt in südlicher Richtung durch eine einsame Landschaft fort und erreichen die Pointe de la Torche, die uns neben einem eindrucksvollen Panoramablick über Land und Meer (Farbt. 13) noch mit dem Tumulus an Dorchenn bekannt macht. Er enthält ein Ganggrab mit Seitenkammern, das 1946 erforscht wurde und dessen Funde im *Musée préhistorique finistérien* bei Penmarch ausgestellt sind. Das Museum an der Straße nach St-Guénolé in diesem abseits gelegenen Winkel der Bretagne verdankt seine Entstehung den vielen in dieser Landschaft gemachten archäologischen Funden. Als Außenstelle der Universität von Rennes (Laboratoire d'Anthropologie) ist es streng nach wissenschaftlichen und didaktischen Gesichtspunkten aufgebaut. Im Garten stehen verschiedene prähistorische Denkmäler: Menhire, Lechs, Allée couverte coudée usw. Zwei Säle zeigen chronologisch die wichtigsten Funde aller Epochen der regionalen Vor- und Frühgeschichte (Abb. 43).

An den malerischen Felsen von *St-Guénolé,* einem bekannten Sardinenfischereihafen, vorbei fahren wir zum Leuchtturm Phare d'Eckmühl, nachdem wir zuvor eine Pause in der Kapelle *Notre-Dame de la Joie* eingelegt haben, die durch eine Mauer gegen die ständigen Angriffe des Meeres geschützt werden mußte. Auch hier versucht der Calvaire mit der Pietà dem Verwitterungsprozeß durch die Meeresluft standzuhalten. In der Kirche erinnern Votivschiffe an die Fischer, die in Seenot geraten und gerettet worden sind. Alljährlich findet am 15. August ein Pardon der Fischer und Seeleute statt, die sich dann in ihren schönen Trachten um die Kirche lagern.

Der *Phare d'Eckmühl* an der Pointe de Penmarch (Pferdekopf) ist mit 65 m Höhe einer der höchsten Leuchttürme Frankreichs, benannt nach dem napoleonischen General Louis Nicolas Davout, Fürst von Eckmühl. Von seiner Plattform aus kann man die Weite der Landschaft Bigouden mit ihrer teils sandigen, teils felsigen Küste erleben. Auf der N 785 kehren wir über *Penmarch* zurück und besuchen dort die Kirche Saint-Nonna von 1508, ein schönes Beispiel des gotischen ›Style flamboyant‹ (Abb. 76). Vorbei am Menhir von Kerscaven geht es auf der D 53 nach Loctudy. Ein anderer Weg führt nahe an der Küste entlang über Guilvinec und Lesconil, anmutigen kleinen Fischerorten (Farbt. 40, Abb. 50).

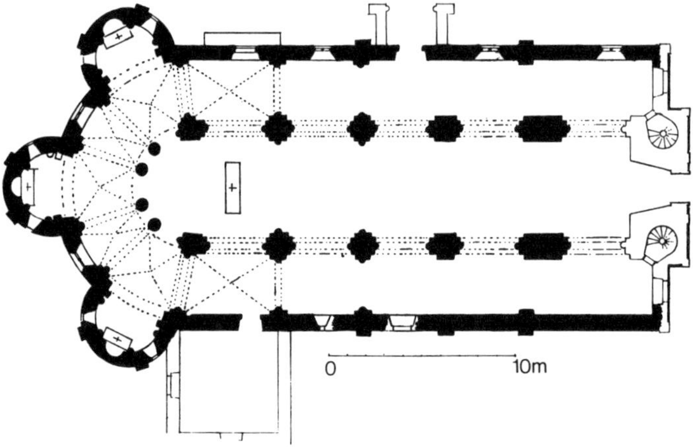

Loctudy (Finistère),
Grundriß der Kirche

Loctudy besitzt eine der wenigen rein romanischen Kirchen der Bretagne, die Anfang des 12. Jahrhunderts errichtet wurden; Fassade und Glockenturm stammen allerdings aus dem 18. Jahrhundert. Der Chor der Kirche hat einen Umgang mit drei Apsiden. Die Säulen des halbrunden Chorabschlusses sind durch gestelzte Bögen miteinander verbunden. Steingewölbe gibt es nur über dem Chor, dem Chorumgang (Kreuzgewölbe) und den Kapellen, sonst tragen die Unterzüge Holzverschalungen in Form von Vierteltonnen wie in den Seitenschiffen oder erwecken wie im Hauptschiff den Eindruck eines Tonnengewölbes. Durch die Fenster oberhalb der Arkaden fällt Licht in das Kircheninnere. Besonders beachtenswert sind die schönen Kapitelle mit Blumendekor und geometrischen Mustern der vier zylindrischen Chorsäulen (Abb. 59) (vgl. Fig. S. 64), daneben die Reliefs an den Säulenbasen.

Auf der Rückfahrt nach Pont-l'Abbé liegt rechts der Straße (D 2) das Schloß von *Kerazan* mit einer Ausstellung moderner und alter Malerei, ein zweites Schloß, das von *Kernuz* mit einer interessanten 6 m hohen Befestigungsmauer, liegt links der Straße D 785 zwischen Pont-l'Abbé und Plomeur.

11 Pointe du Raz – Finis Terrae

Die *Pointe du Raz* (Umschlaginnenklappe vorn, Farbt. 45), diese weit ins Meer hineinragenden Klippen im Westen der Bretagne, ist eine überwältigende Begegnung mit der Urgewalt des Meeres, ein heftiger Kampf der Elemente mit dem harten Granitgestein und landschaftlicher Höhepunkt jeder Bretagne-Reise. Zunächst aber geht es von Quimper auf der D 784 nach *Plozévet* mit seiner gotischen Kirche Saint-Démet, deren linke Kirchenschiffseite noch aus romanischen Arkaden besteht, und zu der nahen unter schattigen Bäumen gelegenen Kapelle La Trinité aus dem 14. Jahrhundert. Äußerst lohnend ist ein Umweg an der Küste entlang über *Poulhan* (Farbt. 3, Abb. 51) nach Plouhinec, der an weißgetünchten und strohbedeckten Fischerkaten und kleinen Fischerhäfen vorbeiführt. Nordwestlich von Porz-Poulhan nahe der Pointe de Souch ist ein megalithisches Langgrab erhalten.

Das alte Städtchen *Pont-Croix,* vormals ein bedeutender Handelshafen, liegt auf der rechten Seite des ertrunkenen Goyen-Tales. Der Fluß mündet bei Audierne, einem wichtigen Hafen für Thunfisch- und Langustenfischerei, in den Atlantik. Pont-Croix mit seinen alten Häusern und engen Straßen ist vor allem wegen seiner Kirche Notre-Dame de Roscudon berühmt. Ihr 67 m hoher noch in die Romanik zurückreichender Vierungsturm mit seinen filigranhaften Galerien und an den Ecken herausragenden Wasserspeiern diente als Vorbild für die Glockentürme der Kathedrale von Quimper. Umgekehrt waren deren Türme dann 1854 wieder Vorbild für die vier kleinen flankierenden Turmspitzen bei Pont-Croix. Von äußerster Schönheit und Eleganz stellt sich die Portalvorhalle im Rayonnant-Stil des 14. Jahrhunderts dar. Über der Vorhalle ragt ein Wimperg mit gotischem Kleeblattmuster auf, dessen Spitze mit der Statue der Notre-Dame de Roscudon gekrönt ist (Abb. 82). Beachtenswert ist ferner ein Fries im Innern der Vorhalle mit Kleeblättern. Ursprünglich ein romanischer Bau, wurde die Gotik nur als Dekor vorgeblendet. So sind das romanische Kirchenschiff und der Chor noch erhalten (vgl. S. 36 f.). Besonders leicht und harmonisch erscheinen die Arkaden mit feinem Simswerk und ihre Säulen, deren Schaft abwechselnd von vier oder acht kleinen Säulen umschlossen ist. Die großen Pfeiler der Vierung wurden 1450 zur Unterstützung des Zentralturmes erbaut, während die Abside etwas später zwischen 1528 und 1544 entstand. Neben dem Altar mit der Abendmahlsszene in Hochrelief (Anfang 17. Jh.) sind ein Taufbecken im Renaissancestil und der Altar des Saou-Cœur im Barockstil nähere Aufmerksamkeit wert. Die vier großen Fenster auf der Südseite im Flamboyantstil stammen aus dem 15. Jahrhundert.

3,5 km hinter Audierne biegt links eine Straße ab, die zu der in schattiger Einfriedung gelegenen Kirche *Saint-Tugen* führt. Der Heilige soll den Geplagten vom Zahnschmerz befreien. Kostbarkeiten dieser Kirche sind die Altarwände, das Holzgewölbe mit Schnitzereien und ein mit Statuetten geschmückter Katafalk.

Hinter dem Ort Plogoff wird die Landschaft immer karger; windverkrüppelte Bäume vegetieren dahin, und in ihrem Windschutz stehen vereinzelt kleine Katen. Dann erreichen wir endlich das Ziel, die *Pointe du Raz,* wo die schweren Brecher des Meeres unaufhörlich gegen die Klippen donnern. Die phantastisch geformten Felsen sind auf z. T. halsbrecherischen Pfaden bis zur äußersten Spitze zu erklimmen; tief unter uns hallt in den schmalen Felsspalten das Tosen des Meeres besonders laut wider. Abends, wenn die Reisegesellschaften in ihren Bussen abgefahren sind, hüllt die Einsamkeit diese heroische Landschaft ein; nur das Gekreisch der Möwen und das Meeresrauschen erfüllen die Luft. Gleich einer Silberfolie glänzt das Meer von der tief stehenden Sonne; der durch Flechten vielfarbige Granit verblaßt und wird dunkel bis zur Silhouette. Und schließlich ist das Meer goldfarben, und der Leuchtturm auf der Felsenklippe sendet seine Warnsignale aus (Farbt. 45). Wenn dann der Glutball am Horizont im Meer versinkt, schweifen die Gedanken zu jenen rätselhaften Menschen unserer Vorgeschichte, die der Sonne nachzogen, um hier, am Ende der Welt, im Finistère, ihrem Gott ins Jenseits zu folgen.

Von Audierne laufen Schiffe zur *Île de Sein* aus, die der Pointe du Raz vorgelagert ist. Nur etwa 800 Menschen bewohnen diese flache, nur bis 8 m ü. NN aufragende Insel; wegen ihrer Armut brauchen sie bis heute keine Steuern zahlen. Früher standen die Bewohner im Verruf der Seeräuberei; so sollen sie absichtlich in der Nacht Segelschiffe irregeleitet haben, um sie auszuplündern.

An der nördlich gelegenen *Pointe du Van* ist der große Tourismus glücklicherweise bis heute noch vorbeigegangen. Zwischen den beiden felsigen Landzungen liegt die wilde Bucht der Abgeschiedenen (Baie des Trépassés). Nach alter Überlieferung sollen hier die sterblichen Überreste der Druiden in Booten zur gegenüberliegenden Île de Sein gebracht und dort begraben worden sein. Eine andere Version sagt, daß die vielen Schiffbrüchigen, deren Leichen hier immer wieder angeschwemmt werden, der Bucht ihren Namen gegeben haben. Einsam steht an der Pointe du Van die schlichte Kapelle Saint-They mit ihrem offenen Glockenturm. Nur eine Mauer schützt sie und das einfache Kreuz vor Meereswind und Salzluft. Fischerfrauen suchen den heiligen Ort häufig auf, um für die glückliche Heimkehr ihrer Männer zu bitten.

Von der Pointe du Raz bis fast nach Douarnenez erstreckt sich die steile Felsenküste des Cap Sizun. Das Vogelschutzgebiet des Reserve du Cap Sizun bietet seltenen Vogelarten ungestörte Nistplätze und ist zur Besichtigung freigegeben. Und auch der Mensch erlebt auf den zahlreichen ins Meer vorgeschobenen Felsklippen erholsame Stunden in völliger Abgeschiedenheit. Das Langgrab von Kerbannalec und der Menhir von Luguenez bei Beuzec-Cap-Sizun unterbrechen die Betrachtung der Naturlandschaft. An der Pointe de Beuzec versteckt sich ein Château hinter Bäumen mit Windschur (Farbt. 19) und meerwärts sind frühgeschichtliche Wallanlagen erhalten (vgl. S. 33, 34).

Vor der Weiterfahrt nach Douarnenez sind noch zwei Kirchen einen Abstecher wert: zunächst diejenige von *Confort* mit reich geschnitztem und bemaltem Gebälk und ihrem 400 Jahre alten Glockenspiel, das zu besonderen Festlichkeiten wie Hochzeit oder Taufe erklingt, anschließend die Kapelle *Notre-Dame de Kérinec*, 3 km nördlich von Confort an der Straße nach Tréboul, die als Besonderheit einen Calvaire mit Rundgang besitzt, der dem Pastor an Festtagen als Kanzel dient. Östlich von *Poullan* das Langgrab Ti Ar Corriged von Lesconil mit schräg stehenden Orthostaten (Farbt. 7).

Douarnenez, ehemals vor Quimper die Hauptstadt der Cornouaille, ist heute ein wichtiges Zentrum der Fisch- und Konservenindustrie. Vor der Stadt liegt die Insel Tristan, die an die bekannte mittelalterliche Liebestragödie erinnert. Als historischer Kern der Sage gelten die Fundamente eines Schlosses von König Marke, der im 5. und 6. Jahrhundert hier als König Marc'h der Cornouaille regiert haben soll. Der junge Tristan wird ausgeschickt, um für seinen Onkel Marke um die schöne Isolde zu freien. Ein Liebestrank soll sie an den alternden König binden. Doch aus Versehen trinken die beiden jungen Leute davon und entbrennen in Liebe füreinander. Als König Marke den Betrug entdeckt, verurteilt er die Liebenden zum Tod auf dem Scheiterhaufen. Tristan kann sich in eine nahe Kapelle flüchten und stürzt von dort aus in das Meer. Der Wind verfängt sich dabei in seinem Gewand und trägt ihn sanft zu jenem Uferfelsen, der heute als ›Tristansprung‹ auf der Insel gezeigt wird. Eine andere Sage berichtet von der schönen Stadt Is, die einstmals in der Bucht von Douarnenez gelegen haben soll, so daß selbst die Bewohner von Paris (d. h. gleich is) keinen treffenderen Namen für ihre Stadt finden konnten. Vielleicht versank Is durch eine Flutkatastrophe. Der Sage nach herrschte hier König Gradlon im 5. Jahrhundert. »Die Weisheit und Güte des Königs ... war so groß, daß man ihn noch heute den guten König Gradlon nennt, und so hätten die Bewohner der Stadt glücklich sein können. Aber der Reichtum hatte sie verdorben und lasterhaft gemacht. Sie tanzten und zechten alle Tage und bemerkten nicht einmal, daß auf der Schwelle der einstigen Kirche Gras wuchs. Am wildesten trieb es des Königs Tochter Dahut. Einmal, nach einem besonders turbulenten Fest, stahl sie ihrem schlafenden Vater die Schlüssel zu dem Deich, der die Stadt vor dem Meer schützte, und in grausamer Neugier, was nun geschehen würde, öffnete sie die Schleusen. – Der heilige Guénolé, der alles vorhergesehen hatte und auf wunderbare Weise nach Is gelangt war, weckte den König, und es blieb kaum Zeit, vor den hereinstürzenden Wogen zu flüchten. Der König hatte hinter sich seine geliebte Dahut aufs Pferd genommen. Als das Wasser immer näher kam und schon die Hufe der Pferde umgischtete, gebot Guénolé dem König, den Teufel hinter sich abzuwerfen. Gradlon zögerte, Guénolé stieß Dahut mit seinem Bischofsstab in die Fluten, und als die Flüchtlinge hinter sich blickten, war von der herrlichen Stadt nichts mehr zu sehen. Dahut aber ist zur unglückbringenden Fee Morgane geworden und lockt noch heute die Fischer ins Verderben.«[12] König Gradlon ritt weiter nach Quimper und erkor die Stadt zu seinem Wohnsitz (vgl. Seite 100). – Südöstlich von Douarnenez liegt der kleine, wenig bekannte Ort *Guengat*, dessen Name ›weißer Hase‹ bedeutet. Die gotische Kirche aus dem 15. und 16. Jahrhundert besitzt vier farbige Glasfenster und besonders schöne Schnitzbalken (sablières) mit ungelenken Tierdarstellungen, z. B. weiße Hasen, Füchse, Eber und Drachen, außerdem in der Sakristei ein schönes silbernes Passionskreuz im Renaissancestil und einen Calvaire mit einer besonders eindrucksvollen Pietàgruppe.

Hauptanziehungspunkt bildet dann *Locronan,* der Ort des heiligen Ronan, der von Irland herüberkam und hier als Eremit lebte. Nach Jahren des Predigens und der Mildtätigkeit soll er in der Nähe von St-Brieuc gestorben sein. Da er keinerlei Wunsch bezüglich seiner Bestattung geäußert hatte, lud man seinen Leichnam auf einen Ochsenkarren. In der Nähe seiner Einsiedelei Loc-ronan versteinerte das Gefährt, und die darüber sich ausdehnenden Baumäste wuchsen zu dem gotischen Gewölbe der Grabeskirche, der Pénity-Kapelle zusammen. Aus der ehemaligen Eremitage hat sich eine kleine Stadt mit 800 Einwohnern entwickelt, die ihren Wohlstand der Segeltuchherstellung verdanken. Der Legende nach soll hier schon der heilige Ronan seinen Nachbarn die Webtechnik gelehrt haben; genau bewiesen ist allerdings, daß der Wohlstand im 16. und 17. Jahrhundert begründet wurde. Selbst heute klappern hinter den tiefliegenden Fenstern der granitenen Häuser des 16. und 17. Jahrhunderts noch gelegentlich die Webstühle. Daneben greifen die Holzschnitzer auf eine alte bretonische Tradition zurück. Vor allem fasziniert Locronan durch sein schönes mittelalterliches Stadtbild. Der Platz ist großzügig angelegt und architektonisch harmonisch gestaltet; an drei Seiten stehen granitene Häuser, in deren Fensterrahmen feuerrote Geranien zur Aufmunterung und Belebung des grauen Granits beitragen. Schmiedeeiserne, verschnörkelte und originelle Ladenschilder kündigen die kleinen örtlichen Handwerks- und Versorgungsbetriebe an. Die vierte Platzseite wird von dem spätgotischen Portal der Kirche und der sich daran anschließenden Pénity-Kapelle eingenommen (Abb. 73). Der Steinbrunnen mit seinem graziösen schmiedeeisernen Baldachin ist ein wenig aus der Platzmitte verschoben.

Die Kirche stellt ein schönes Beispiel für die Kunst des 15. Jahrhunderts dar. Bemerkenswert sind auf dem Kanzelaufgang zehn farbige Reliefmedaillons, die Ereignisse aus dem Leben des heiligen Ronan erzählen. Die Pénity-Kapelle wurde zwischen 1504 und 1515 auf Wunsch von Anne de Bretagne errichtet. Der Sarkophag des Stadtheiligen zieht die Aufmerksamkeit an: auf sechs Engelschultern, anmutigen Gestalten in fließenden Gewändern, ruht eine Grabplatte, auf welcher der Heilige in bischöflichem Ornat und von einem Löwen bewacht aufgebahrt liegt. Auch die Dekoration des bischöflichen Kirchenstuhls (1707) und das Glasfenster in der Apsis sollten eingehend gewürdigt werden. Während Locronan den ganzen Sommer hindurch von Touristenschwärmen bevölkert wird, die nach der Besichtigung des Ortes von dem köstlichen Duft der Crêperien mit ihren stilvollen altbretonischen Einrichtungen angelockt werden, pilgern am zweiten Julisonntag Gläubige hierher, um an der berühmten Prozession, der Troménie teilzunehmen. Der Legende nach unternahm der heilige Ronan täglich fastend und betend einen Rundgang, der bei der alljährlich stattfindenden kleinen Troménie wiederholt wird. Dann geht die Prozession nicht über den Gipfel eines nahegelegenen Hügels hinaus. Am sechsten Tag soll Ronan seinen Bittgang auf die doppelte Länge ausgedehnt haben, und so findet alle sechs Jahre (1977, 1983 usw.) die Grande Troménie statt, wo die Pilger immerhin einen Weg von 12 km zurückzulegen haben. »Um zwei Uhr beginnt die große Wallfahrt. An ihrem Weg warten in 44 Laubhüttchen die Holzheiligen der Nachbarkirchen, Sankt Ronan zu Ehren. Neben jedem steht ein Teller, und ein Mann in Tracht bittet, aus Leibeskräften bimmelnd, für seinen Heiligen um Wegegeld. Chorknaben tragen Sankt Ronans verbeulte Eremitenglocke. Der Klerus mit dem Bischof von Quimper schließt sich an, dann kommt das Volk mit Rosenkränzen, Gebete murmelnd, singend. – Wenn die Prozession aus schattigen Hohlwegen ins Freie gelangt, kann man die fast endlose Menschenkette übersehen. Fahnen, Statuen und Kreuze schwanken darüber. Ihr Gold blitzt in der Sonne auf. Die Luft flimmert vor Hitze. Manchmal wischen sich die Bauern den Schweiß von der Stirn. Über ein Rinnsal ist ein Brett gelegt, durch Kornfelder und Wiesen sind schmale Pfade gemäht; denn Sankt Ronans Runde wird genau befolgt. Zwölfmal macht man zum Gebet an alten Kreuzen halt. Allmählich nähert sich die Prozession ihrem Höhepunkt, dem Anstieg zum Berg von Locronan, einer steilen Kuppe. Es ist Brauch, dieses beschwerliche Wegstück rasch zu gehen. Unermeßlich weit breitet sich das fruchtbare Land im gleißenden Sonnenlicht aus. Am Horizont glänzt das Meer, undeutlich schieben sich die gezahnten Umrisse der Halbinsel Crozon hinein. Soweit der Blick reicht, erstreckt sich saftiges, grünes Land, reihen sich von Hecken eingefaßte Weideplätze und Felder: ein großer Garten. Bei Trommelwirbel werden die letzten Meter im Ansturm genommen ... ›C'est la charge napoléonienne‹, ruft lachend ein Priester. – Oben ruht man aus; der Bischof hält eine kurze bretonische Predigt; dann beginnt der Rückweg. Er führt an einem großen Felsblock vorbei, der Ronans Schiff und Reittier gewesen sein soll. Von jeher setzen sich die Frauen darauf, die sich Kinder wünschen. Dann kommt man zu der Stelle, wo Sankt Ronans böse Gegenspielerin Kében von der Hölle verschluckt wurde. An dem Ort steht ein Kreuz, aber niemand hat sich je vor ihm bekreuzigt, und weder Gras noch Blumen wachsen in seinem Umkreis. – Die heimkehrende Prozession wird von Glocken begrüßt. Sie hat fünf Stunden gedauert. Zwei kräftige Burschen halten den Schrein mit Ronans Reliquien hoch über die Tür zur Pénity-Kapelle, in der sein Grab im Schein vieler Opferkerzen erglänzt. Die müden Wallfahrer ziehen darunter hindurch in die Kirche. Sie müssen sich ein wenig bücken, bleiben aber dafür von Halsschmerzen verschont.«[13]

Nicht weit von Locronan entfernt liegt der Ort *Sainte-Anne-La-Palud*, wo man am letzten Sonntag im August eines jeden Jahres eine außergewöhnliche Wallfahrt miterleben kann, eine der am häufigsten besuchten und auch eine der schönsten in der Bretagne. An jenem Sonntag versammeln sich Tausende von Pilgern in den Dünen am Meer vor der Kapelle der heiligen Anne. Die Gottesdienste unter freiem Himmel stellen gegen das Meer gesehen ein ergreifendes und malerisches Bild dar. Der Pardon endet schließlich mit einem fröhlichen und echt bretonischen Kirchweihfest.

12 Von Châteaulin zur Halbinsel Crozon

Das Städtchen *Châteaulin* kann als Ausgangspunkt einer Rundfahrt auf der Halbinsel Crozon gewählt werden. Der Ort liegt an der Aulne, die sich bis zu ihrer Mündung in die Bucht von Brest als Rias ausgebildet hat und eine der schönsten Flußlandschaften der Bretagne darstellt, somit ein begehrtes Ziel der Wanderer. Kunsthistorisch Interessierten bietet Châteaulin wenige Überreste der ehemaligen Burg, die gegen Ende des 10. Jahrhunderts durch Budic, den Herzog der Cornouaille, erbaut wurde. Unter hohen Bäumen steht die ländlich anmutende Kapelle Notre-Dame aus dem 15. Jahrhundert (Farbt. 22, Abb. 8) mit einem Beinhaus aus dem 16. Jahrhundert. Im Innern sind noch mehrere Bündelpfeiler aus dem 13. Jahrhundert erhalten; daneben sind naive Statuen aus dem Spätmittelalter beachtenswert. Nur 3 km flußabwärts liegt Port-Launay, der Vorhafen von Châteaulin; bis hierher wirken sich die Gezeiten des Atlantik aus. Seiner besonderen Topographie verdankt Châteaulin im übrigen seine Bedeutung als Treffpunkt der Lachsfischer in den Monaten Februar bis Juni.

Die Halbinsel Crozon erreichen wir auf der N 787. Schon bald beherrscht ein völlig kahler Berg das Landschaftsbild: es ist der 330 m hohe *Ménez-Hom,* der zweithöchste Berg der Bretagne, an dessen Hängen Reste römischer Befestigungsanlagen gefunden wurden (vgl. Abb. 124). Bevor wir von seinem Gipfel ein herrliches Panorama typischer bretonischer Hecken-, Fluß- und Küstenlandschaften genießen, besuchen wir an seinem südlichen Fuß den Weiler *Sainte-Marie-du-Ménez-Hom* mit seiner Kapelle aus dem 16. Jahrhundert, ein Schmuckstück ländlicher Frische und Volkskunst. Unter alten, schattenspendenden Bäumen verbirgt sich ein teilweise zerstörter Calvaire von 1544. Auf einem der Querbalken des Kreuzesstammes reitet der römische Hauptmann Longinus auf gedrungenem bretonischen Pferd und deutet auf sein Auge als Zeichen dafür, daß Christi Tod seiner religiösen Blindheit ein Ende machte. Die Kapelle, im Grundriß einem griechischen Tau nachgebildet, besitzt einen Glockenturm aus dem 17. und 18. Jahrhundert, der von drei Umgängen mit Geländer geschmückt ist. Das Innere der Kirche überrascht uns mit großen holzgeschnitzten Altären, welche die breite Front über alle drei Schiffe einnehmen. Naive Heiligenfiguren aus Holz und Granit vervollständigen wirkungsvoll das Inventar, darunter z. B. der blinde Hervé mit dem gezähmten Löwen zu seinen Füßen.

Etwa 2 km weiter zweigt links eine Straße zur Kapelle *St-Côme* in der Gemeinde St-Nic ab. Sie ist vor allem wegen ihrer schönen Fassade, ihres eleganten Turmes und ihrer Schnitzbalken, besonders aber auch wegen ihrer anmutigen Landschaftslage in Meeresnähe sehenswert.

Die Halbinsel Crozon zeichnet sich durch ein mildes Klima aus, das einer üppigen Vegetation zugute kommt, die an südliche Gefilde erinnert. Hier finden wir neben herrlichen Sand- und Felsenstränden eindrucksvolle Zeugnisse einer alten Erdgeschichte: etwa die phantastisch in phosphoreszierenden Farben aufleuchtenden *Grotten von Morgat* (Abb. 3) oder die *Pointe de Pen-Hir* mit den vorgelagerten Inseln Les Tas de Pois (Erbsenhaufen), die ehemals mit dem Festland verbunden waren und durch die zerstörende Kraft des Meeres abgetrennt wurden. Neben diesen Naturschönheiten hat aber auch die Kulturlandschaft ihre Ursprünglichkeit und Einfachheit bewahrt, vor allem in ihren granitenen, fast fensterlosen und z. T. strohgedeckten Häusern, deren Bewohner noch aus Brunnen ihr Wasser heben. Den archaischen Eindruck dieser Landschaft verstärkt eine Reise in die Vor- und Frühgeschichte, zu den *Alignements de Lagat-Jar* westlich von Camaret, wo 143 Menhire aus weißem Quarzit in drei Reihen aufgestellt sind (vgl. S. 24), oder zu den Überresten eines eisenzeitlichen Camp auf einer Felsenklippe südwestlich von Lost-March (vgl. S. 59).

In *Camaret,* dem größten Langustenhafen Frankreichs, herrscht rege Betriebsamkeit, die Luft riecht aufdringlich nach Fisch, Teer und Wasser. Der Hafen ist von einem Naturdeich geradezu ideal vom Meer abgeschirmt. An seiner Spitze steht die kleine Kapelle Notre-Dame de Rocamadour mit Votivschiffen zum Gedenken an die wundersame Errettung aus Seenot, in der Nähe thront ein massiver Rundturm, erbaut von Vauban, dem Festungsbaumeister Ludwigs XIV., zum Schutz des Hafens. Überreste deutscher Befestigungen aus dem Zweiten Weltkrieg verschandeln das Landschaftsbild an manchen Stellen. Auch die Fahrt zur *Pointe des Espagnols* führt an militärischen Sperrzonen vorbei, allerdings entschädigt dann der Ausblick auf Brest und seinen Naturhafen. Im Jahre 1589 ließ König Philipp II. an der Pointe des Espagnols 400 spanische Söldner landen; sie sollten die bretonischen Katholiken unterstützen. Nach großartiger Verteidigung wurden sie jedoch von den Truppen Heinrichs IV. vertrieben.

Am nordöstlichen Ende der Halbinsel Crozon, dort wo sich die Aulne in die Bucht von Brest ergießt, liegt am linken Ufer das Dorf *Landévennec,* ein Winkel abseits des großen Touristenstroms. Landévennec ist das ›lan‹, die geweihte Erde des heiligen Guénolé (vgl. S. 151 f.). Südlich des Ortes stehen noch die Reste der berühmten Abtei von Landévennec, die im 5. Jahrhundert von St-Guénolé gegründet wurde. König Gradlon, dessen Berater er häufig war, soll 520 hier beerdigt worden sein. Während der Revolution wurde die Abtei zerstört. Die Benediktiner stellten sie jedoch wieder her und ließen sich in der Nähe oberhalb der Aulne in einem 1958 erbauten Kloster nieder. Die Vorhalle der alten Abteikirche mit ihren fünf Arkaden soll noch aus der Karolingerzeit stammen. Andere Teile wurden gegen Ende des 11. Jahrhunderts erbaut; auch ein romanisches Portal blieb erhalten. Die Kapitelle und Säulenbasen sind mit kleinen Figuren, doppeltem Krummstab und kleeblattartigen Spiralen kunstvoll verziert und erinnern an irische Vorbilder. Der Sarkophag mit den in zwei Etagen angeordneten romanischen Arkaden, den man im Winkel des rechten Querschiffes fand, gilt als der des Königs Gradlon. Die Wälder von Folgoat und Loc, südlich und westlich von Landévennec, bieten sich zu ausgedehnten Spaziergängen an. Landschaftlich ebenso reizvoll ist die Corniche de Térénez, auf der wir die Halbinsel Plougastel erreichen.

13 Halbinsel Plougastel

Zwischen die Bucht von Brest und die Halbinsel von Crozon schiebt sich die Erdbeerhalbinsel Plougastel nach Südwesten vor. Der fruchtbare Landstrich erfreut sich eines äußerst günstigen Klimas und besonders windgeschützter Lage und liefert Erdbeerernten von 3000 t jährlich. Zu diesem Haupterzeugnis gesellen sich noch verschiedene Gemüsesorten, und im Winter bietet die Bucht von Brest die Jakobsmuschel (Coquille Saint-Jacques) als Delikatesse. Zugleich haben sich bis heute noch die alten Bräuche erhalten: Frauen tragen noch immer die schwarzen langen Kleider mit bunten Tüchern und weißen Kopfhauben beim sonntäglichen Gottesdienst, und in vielen Bauernhäusern wird man noch den alten bretonischen Möbeln begegnen. Doch die bäuerliche Bevölkerung konnte sich dem Tourismus nicht ganz verschließen, birgt die Halbinsel doch so manches künstlerische Kleinod. Da wäre zuerst zu nennen der Ort *Daoulas* an der gleichnamigen Flußmündung. Seine romanische Kirche aus dem 12. Jahrhundert, früher eine Augustiner-Abtei, wurde später zu einem Enclos paroissial erweitert. Das romanische Kirchenschiff wird von zwei Seitenschiffen flankiert, von denen das südliche ebenso wie der Chor, die Apsis und Außenmauern erst in jüngster Zeit erneuert wurden. Sehenswert ist auch die Vorhalle aus dem 16. Jahrhundert mit Apostelstatuen. Im Innern des Klostergartens befindet sich eine sehr elegante Architektur der Romanik, eine der wenigen des Finistère, ein Kreuzgang aus dem letzten Viertel des 12. Jahrhunderts (Farbt. 21). Leider fehlen eine Seite und das Dach. Einfache Säulen, Doppelsäulen und Vierlingssäulen an den Ecken tragen 32 Arkaden in 1,5 m Höhe. Die Kapitelle, die in den Granit von Kersanton eingemeißelt wurden, weisen Ornamente in so lebhaftem und blumenreichem Stil auf, als ob sie mit der Härte des Gesteins ihr Spiel trieben. In der Mitte des Kreuzganges steht ein oktogonaler Brunnen (1352), der mit skulptierten Fratzengesichtern geschmückt ist. Nur wenige Minuten vom Kreuzgang entfernt liegt im grünen Dickicht verborgen eine Fontäne (1532), daneben die Kapelle Notre-Dame des Fontaines (1550) mit skulptierten Schnitzbalken.

Nur 2,5 km südwestlich an der Straße nach Loganna-Daoulas liegt der Weiler *Rungléo*, wo sich als Zeugnis für das Ringen der Kirche mit den von heidnischem Zauber umgebenen Steinmalen aus prähistorischer Zeit ein Menhir befindet, dem man im Mittelalter in drei Reihen übereinander die Figuren der Zwölf Apostel eingemeißelt hat, über ihnen der segnende Christus.

Ein kleiner Umweg führt von Daoulas über *Dirinon* mit seinem schlanken Renaissance-Kirchturm zum Hauptort der Halbinsel, nach *Plougastel-Daoulas*. Hier erhebt sich der größte und einer der bedeutendsten Calvaires der Bretagne, der zwanzig Szenen mit zusammen 180 Figuren umfaßt. Kirche und Calvaire haben 1944 durch Kriegseinwirkung gelitten, sind aber mittlerweile wiederhergestellt worden (Abb. 106, 107). Eine Pest im Jahre 1598 war der Anlaß für seinen Bau zwischen 1602 und 1604, wobei er sich in seinem Aufbau sehr stark an den fünfzehn Jahre früher vollendeten Calvaire von Guimiliau anlehnt. Der große französische Romancier Gustave Flaubert bereiste 1847 die Bretagne und hat in seinem Werk ›Par les champs et par les grèves‹ den Calvaire treffend beschrieben: »Die Knechte, die Christus halten, binden ihn mit solcher Kraft, als müßten ihre Muskeln zerreißen. Der Kerl, der ihm eine Grimasse schneidet, bleckt die Zunge auf eine Art, daß jeder lachen muß, der ihn anschaut. Selbst das Grautier, das den Heiland trägt beim Einzug in Jerusalem, hat die wahre Miene, den echten Eselsausdruck, gutmütig und friedliebend eben. Die Landsknechte, die den Herrn zum Richtplatz führen, während sie Trompeten blasen und Trommeln schlagen, werden von einem Offizier geführt, der hoch zu Pferd, die Nase in der Luft, mit vollendeter Arroganz dreinschaut. Magdalena zu Füßen des Kreuzes verströmt sich in Tränen und gelöstem Haar. – Ziehet all diesem Volk die Kostüme Tennierscher Art an. Kleine runde Hüte mit breiten Krempen, festgeknüpfte Jacken über den dicken Wänsten, weite Ärmel, hohe Stiefel, breite Gesichter, groß aufgerissene Augen, und ihr habt ein Bild bodenständigster Erfindung. Wie einem Stück mittelalterlicher Dichtung eignet ihm etwas sehr Kindliches, aber zugleich auch etwas sehr Erhabenes.«

Ebenso überzeugend sind die deutenden Empfindungen von L. Hansmann: »Fällt in Guimiliau der machtvolle theatralische Atem auf, so hier die Bescheidenheit der Akteure. Die seligen Schläfer der Auferstehungsszene, die würdevollen Apostelgruppen, die maßvolle Zwiesprache Christi mit Pilatus und die hoheitsvolle Gestalt des Auferstandenen prägen eine ganz eigene besinnliche Atmosphäre. Selbst der Höllenrachen, der hier wieder ›Katel Gollet‹ verschlingt, zeigt keine üppige Sünderin, sondern ein einfältiges Menschenkind, dem man die Buhlschaft mit dem Teufel nicht so recht glauben will«[14] (vgl. S. 187, Fig. S. 2).

Mehrere schöne Aussichtspunkte und entzückende Kapellen liegen südwestlich von Plougastel-Daoulas, etwa die Kapelle *Sainte-Christine* mit farbigen Holzskulpturen im Innern oder *Saint-Andrien* mit bretonischen Möbeln und Wandverkleidungen, schließlich *Saint-Guénolé* mit einem schönen Holzaltar. Als schönster Aussichtspunkt sei abschließend der von *Keramenez* genannt. Von hier streift der Blick über die Bucht von Brest, über Hafen und Stadt, nach Süden zur Halbinsel Crozon und, rückwärtsblickend, über die Halbinsel Plougastel mit ihren schachbrettartig angelegten und durch Schutzhecken voneinander getrennten Feldern und Wiesen.

14 Von Brest zur Côte des Abers und Côte de Léon

Über die moderne, 880 m lange Brückenkonstruktion Albert-Louppe erreichen wir *Brest* (160 000 E.) mit dem bedeutenden Kriegs- und Handelshafen. Der Reede von Brest, diesem vorzüglichen Naturhafen, in dem sämtliche Kriegsflotten Europas ankern könnten, verdankt die Stadt letztlich auch ihre bewegte Vergangenheit, die im Sommer 1944 nach 43tägiger Belagerung durch die Alliierten in der völligen Zerstörung der Innenstadt gipfelte. Neben der modern wiederaufgebauten Stadt ist der Hafen, den man teilweise auf Rundfahrten kennenlernen kann, Hauptsehenswürdigkeit. Die Mündung des Penfeld bewacht das Schloß mit seinen mittelalterlichen Befestigungsanlagen, einst ein römisches Castrum (Abb. 5). Bis in die Mitte des 13. Jahrhunderts gehörte die trapezförmige Anlage den Herzögen des Léon, danach den Herzögen der Bretagne. Heute ist hier das Schiffahrtsmuseum untergebracht. Östlich vom Schloß haben wir von der Promenadenstraße Cours Dajot einen prächtigen Ausblick auf die Reede von Brest. Nördlich davon liegt an der Place de Carnot das Stadtmuseum (Musée municipal) mit Gemäldeausstellungen vor allem des 17. und 18. Jahrhunderts. Gegenüber vom Schloß, auf der rechten Uferseite des Penfeld, können wir im Musée de Vieux-Brest im Tour de la Motte-Tanguy die historische Entwicklung der Stadt Brest nachvollziehen. Wir erreichen den Turm über die größte Hebebrücke Europas Pont de Recouvrance, deren Tragwerk von 530 Tonnen innerhalb weniger Sekunden gehoben wird, um großen Seeschiffen die Durchfahrt zu ermöglichen.

An einsamer, schroffer Kliffküste, 24 km westlich von Brest, haben wir das Westkap der Bretagne, die *Pointe de St-Mathieu,* erreicht, wo sich neben den mächtigen Ruinen der ehemaligen gotischen Abteikirche eine Signalstation und ein Leuchtturm erheben (Abb. 4), dessen Lichtstrahl 60 km weit in die Dunkelheit hineintastet. Noch ruhiger ist es an der *Pointe de Corsen,* nördlich davon gelegen. Auf dem Weg dorthin kommen wir durch die ehemalige Seeräuberstadt *Le Conquet,* von wo aus Schiffe zur Île d'Ouessant (Parc régional d'Armorique) übersetzen. Einen Abstecher ins Landesinnere bringt uns zum *Menhir de Kerloas* (Abb. 15), der mit 12 m Höhe der größte noch aufrechtstehende Stein der bretonischen Megalithkultur ist (vgl. S. 23). Wir erreichen dieses außergewöhnliche Monument von Plouarzel aus, wenn wir 2 km auf der D 5 ostwärts fahren, dann einer rechts abzweigenden Straße nochmals etwa 2 km folgen. Über St-Renan kehren wir jedoch wieder auf der D 68 – vorbei am Renaissanceschloß von Kergroadès – zur Côte des Abers zurück. Bei dieser ›Küste der weiten Mündungen‹ handelt es sich wiederum um ertrunkene Flußtäler der typischen Riasküste (vgl. S. 9 f.), die bei Niedrigwasser trockenfallen, so daß die Fischerboote mit starker Seitenneigung auf dem schlammigen Boden aufsetzen, ein beunruhigendes lebloses Bild, das diesen Küstenstreifen regelmäßig für einige Stunden am Tage beherrscht, bis das auflaufende Hochwasser die Szene wieder in Bewegung versetzt. Die südlichste Rias ist der nach einem gallischen Heiligen benannte Aber-Ildut, hier beginnt eine schöne Küstenstraße durch eine herbe einsame Landschaft, durch kleine Hafenstädte wie Porspoder oder Portsall, vorbei an mehreren Menhiren und dem Dolmen von Lannilis. An der Westseite des Aber-Wrach (›Mündung der Hexe‹), der sich bis zu 10 km ins Landesinnere hineinwindet, steht das *Château de Kerouartz* aus dem 17. Jahrhundert im bretonischen Renaissancestil, dessen Herrenhaus von einem Pavillon mit Kuppeldach flankiert wird.

Wie an vielen anderen Küsten der Bretagne kann auch an der Côte des Abers die Tangnutzung beobachtet werden (Farbt. 41). Nachdem der Tang bei Niedrigwasser von den Meeresfelsen gelöst ist, wird er landeinwärts zum Trocknen ausgelegt, anschließend geschichtet und auf Lastwagen zu Fabriken transportiert, wo Düngemittel und pharmazeutische Produkte hergestellt werden (vgl. S. 11). Im übrigen ist der Küstenstreifen zwischen Pointe de Corsen und Brignogan-Plage noch vom großen Touristenstrom verschont geblieben; nur Individualisten schlagen in dieser Einsamkeit der Dünenlandschaften, der chaotischen Granitblöcke am Meer und in herrlich geschützten sandigen Buchten ihre Zelte auf, um abseits ein Robinsondasein zu genießen.

Auf dem Weg zur *Pointe de Pontusval* (Farbt. 12, Abb. 47) bei Brignogan wacht am Weg der christianisierte Menhir Men-Marz mit 8 m Höhe und 3,5 m Basisbreite, der von einem Steinkreuz gekrönt wird. Südlich in *Goulven* steht eine schöne restaurierte gotische Kirche mit einer Renaissancevorhalle. Im linken Kirchenschiff ist auf einem naiven Gemälde des 17. Jahrhunderts der Kampf des heiligen Goulven und des Herzogs Even mit Seeräubern dargestellt. Über Lesneven mit seinem schönen von alten Häusern gesäumten Platz gelangen wir zu einem der berühmten bretonischen Wallfahrtsorte, nach *Le Folgoët.* Jedes Jahr am 7. und 8. September erlebt der sonst eher ruhig und verschlafen wirkende kleine Ort seinen Grand Pardon, zu dem die Pilger von weit her anreisen. Die Legende erzählt, daß in der Mitte des 14. Jahrhunderts in Folgoët (Wald des Verrückten) ein einfältiger Mann mit Namen Salaün in der Nähe einer Quelle gelebt hat. Bei jeder Gelegenheit wußte er nichts anderes zu sagen als die Worte ›Ave Maria‹. Nach seinem Tod wuchs auf seinem Grab eine weiße Lilie, deren Blütenblätter in goldener Inschrift jene beiden Worte aufwiesen. Als man in der Erde nachgrub, stellte man fest, daß die Lilie aus Salaüns Mund sproß. Schnell verbreitete sich dieses Wunder übers Land, das gerade von den Schrecken des Erbfolgekrieges erschüttert wurde, und in großen Scharen strömten die Menschen herbei. 1422 ließ Herzog Yann (Jean) V. der Bretagne an jenem Ort die Kirche Notre-Dame du Folgoët errichten. Die

MONT-SAINT-MICHEL Blick von Südosten

53 MONT-SAINT-MICHEL Romanisches Langschiff mit Durchblick auf die Nordwand, 11. und 12. Jh

MONT-SAINT-MICHEL Gotischer Kreuzgang, 1225–28

55 Spätgotischer Chor, 1521 vollendet

56 Krypta der Dicken Pfeiler, 1446–50

55–58 MONT-SAINT-MICHEL

57 Gästesaal, 13. Jh.

58 Rittersaal, 13. Jh.

9 LOCTUDY (Finistère). Säulen im Chorumgang der romanischen Kirche, Anfang 12. Jh.

o DINAN Bogenlaibung des romanischen Westportals der Kirche Saint-Sauveur, 12. Jh.

61 MERLEVENEZ (Morbihan). Romanisches Kapitell der Kirche Notre-Dame de la Joie, 12. Jh.

62 LAMBALLE (Côtes-du Nord). Kirche Notre-Dame mit romanischem Stufenportal, 12. Jh.

63 REDON (Ille-et-Vilaine). Kirche Saint-Sauveur mit romanischem Turm aus Granit und Sandstein, 12. Jh.

64–67 SAINT-GILDAS-DE-RHUYS (Morbihan). Romanische Kirche, 11. und 12. Jh., Chorhaupt; Konsolstützen am Trauf der Apsis; Kapitelle aus dem Chor dienen heute als Weihwasserbecken ▷

4

65

6

67

68 TRÉGUIER (Côtes-du-Nord). Kathedrale Saint-Tugdual im gotischen Rayonnant-Stil, 14. und 15. Jh.

69 DOL-DE-BRETAGNE (Ille-et-Vilaine). Kathedrale Saint-Samson, Nordwand des Hauptschiffs in normannischer Gotik

o, 71 SAINT-POL-DE-LÉON (Finistère). Kathedrale in normannischer Gotik. Blick vom Glockenturm der Kreisker-Kapelle; Mittelschiff, 13. Jh. und Anfang 14. Jh.

72 SAINT-POL-DE-LÉON (Finistère). 77 m hoher Turm der Kreisker-Kapelle, 15. Jh., Vorbild zahlreicher bretonischer Glockentürme

73 LOCRONAN (Finistère). Mittelalterliches Stadtbild mit Kirche und Pénity-Kapelle, 15. und 16. Jh. ▷

74 QUIMPER (Finistère). Blick von der Rue Kéréon auf die Kathedrale Saint-Corentin, ein Meisterwer der französischen Hoch- und Spätgotik. Die Turmspitzen stammen aus dem 19. Jh.

5 LE FOLGOËT (Finistère). Kirche Notre-Dame im gotischen Flamboyant-Stil, 15. Jh. (s. a. Abb. 7)

76 PENMARCH (Finistère). Kirche Saint-Nonna im gotischen Flamboyant-Stil, 16. Jh.

78/79 Fontäne und Kapelle SAINT-NICODÈME bei Pluméliau (Morbihan) im Flamboyant-Stil, 1537 ▷

80 QUELVEN bei Pontivy (Morbihan). Fontäne im Flamboyant-Stil, 16. Jh. ▷

81 LE DRENNEC bei Bénodet (Finistère). Fontäne, 16. Jh. ▷

77 LE FAOUËT (Morbihan). Kapelle Sainte-Barbe im Flamboyant-Stil, 1489–1512

8 80 79 81

82 PONT-CROIX (Finistère). Kirche Notre-Dame de Roscudon. Über der Vorhalle ragt ein Wimperg m
Kleeblattmuster auf, ein Meisterwerk bretonischer Steinmetzkunst, 14. Jh.

in ihren Ausmaßen an eine Kathedrale erinnernde Architektur ist im gotischen Flamboyantstil gehalten und wirkt schlicht (Abb. 75). Der gotische Glockenturm an der Westfassade zählt mit seiner preziösen Eleganz zu den schönsten der Bretagne. Der Kirchengrundriß ist merkwürdig gewinkelt, da sich an das Kirchenschiff nur ein einziger Kreuzarm anschließt. Im Innern erhellen große gotische Fensterrosen mit feinsten Speichen und eleganten Lanzettstreifen das Schiff. Ein Höhepunkt bretonischer Kunst ist aber der aus rotem Granit gemeißelte Lettner im Flamboyant-Stil, der das Kirchenschiff vom Chor trennt (Abb. 7). Es ist überraschend, daß die Bildhauer diesem harten Werkstein eine solche Eleganz abtrotzen konnten: drei Arkaden mit krabbenbesetzten Wimpergen und eine mit Vierpässen durchbrochene Balustrade darüber, dazu das lockere Rankenwerk. Die Legende Salaüns ist in amüsanter Weise neben anderen Szenen auf den Kirchenfenstern dargestellt. Unter dem Hochaltar entspringt die Quelle des Einfältigen und fließt außen an der Chorrückwand unter einem in die Mauer eingefügten gotischen Bogen und von einem Muttergottesbildnis behütet in einen Brunnen. Bauersfrauen besuchen diese Stätte häufig und tragen das geweihte Wasser in Flaschen nach Hause.

Das Schloß von *Kerjean* (Abb. 119), dieser königlich anmutende Herrensitz im Renaissance-Stil, liegt südlich der Straße von Lesneven nach Saint-Pol-de-Léon inmitten eines Parks mit altem hochgewachsenen Baumbestand. Die mit Bastionen verstärkte Schutzmauer und der davor liegende Burggraben vermitteln den Eindruck der Unnahbarkeit. Mit dem Bau für Louis Barbier wurde 1553 begonnen; 1618 waren die Arbeiten beendet. Die beiden Innenhöfe sind durch einen reichgestalteten Bogengang abgetrennt. Über Treppen gelangt man in die Schloßkapelle, die außen mit einem erkerartigen Glockentürmchen geschmückt ist und wie viele andere bretonische Kirchen und Kapellen Schnitzbalken besitzt. Durch die Eingangsarkade hindurch erreichen wir den zweiten Hof und stoßen zunächst auf einen Brunnen, der von einem doppelten Säulenbaldachin in Form einer Krone überdacht ist. Dahinter und seitlich befinden sich die zum Schloß gehörenden Gebäude. Der an manchen Stellen verwitterte Granit der Wände ist von Lukarnen und hohen weißgerahmten Fenstern durchbrochen. Auffallend ist die strenge, manchmal pilastergegliederte Architektur des Pavillons. Im Innern geben u. a. die mit großen Kaminen ausgestattete Küche, die prachtvollen bretonischen Schränke sowie die Betten mit verschließbaren Schiebetüren (lits-clos) ein anschauliches Bild vom einstigen Schloßleben. Es bleibt dennoch ein einfacher bäuerlicher Eindruck zurück, manchmal derb und großzügig zugleich, so daß man hier den Schritt zum reinen Renaissance-Lustschloß nicht ganz erkennen kann. Gern zeigt der Schloßführer dem Besucher auch das Zimmer, welches vor etwa 300 Jahren Zeuge einer Geschichte war, die dem Decamerone des Boccaccio entstammen könnte und die mit den Worten von M. Rieple wiedergegeben werden soll: »Ein Nachfahre des Erbauers von Kerjean, René Barbier, der Gemahl von Françoise de Quélen, weilte häufig am Hofe der Maria von Medici. Als ihn die Regentin eines Tages schnippisch fragte, warum er denn seine Frau stets zu Hause lasse, ob sie denn so häßlich oder so leichtfertig sei, daß sie nicht bei Hofe erscheinen könne, empörte sich der in seiner Eitelkeit gekränkte Gatte: ›Meine Frau kann es an Schönheit mit jeder Hofdame aufnehmen, und an Treue ist sie sicher allen überlegen!‹ Vier junge, als charmante Herzensbrecher bekannte Adelige äußerten ihre Zweifel und wetteten, dem hohen Herrn binnen vier Wochen das Gegenteil beweisen zu können. Sie setzten ein Pferd, einen Diamanten, Wein und tausend Taler gegen den ganzen Besitz Barbiers. Ausgestattet mit einem Empfehlungsschreiben an die Schloßherrin, ritten die vier nach Kerjean und wurden dort auf das freundlichste empfangen. Bereits nach einer Woche brachte ein Bote dem überraschten Gatten Françoises Haarband, nach der zweiten die brillantengeschmückte Busennadel, nach einer weiteren eine Haarlocke und nach der vierten sogar – den Ehering.

Das war dem selbstsicheren Barbier zu viel. Schnurstracks jagte er auf seinem Pferde nach Kerjean, wo ihn seine Frau, als sei nichts geschehen, mit gewohnter Zärtlichkeit empfing. Bevor der grollende Gatte Fragen stellen konnte, führte ihn Françoise zu einem Verlies, hinter dessen Gitter die vier Kavaliere wie gefangene Vögel mit hängenden Flügeln saßen. Jeder von ihnen hatte die Schloßherrin um ein Stelldichein gebeten, und jeder hatte von ihr mit verheißungsvollem Augenaufschlag einen Schlüssel zu einem Raum erhalten, in dem sie ihn erwarten wollte. Jedoch der Weg der Kavaliere führte direkt in das Verlies, das, sobald die Türe ins Schloß gefallen war, nur noch von außen geöffnet werden konnte.«[15]

In *Berven,* einem kleinen Ort wenige Kilometer nordöstlich von Kerjean, ist es die Kirche Notre-Dame aus dem 15. und 16. Jahrhundert, die vor allem überrascht durch ihr Renaissance-Triumphtor mit drei Arkaden, durch ihren Glockenturm (1576), der mit übereinanderliegenden Balkons und zahlreichen Laternen reich geschmückt ist, und schließlich durch ihren klar gegliederten Lettner im Innern.

Die Straße nach *Saint-Pol-de-Léon* führt durch eine fruchtbare Gartenbaulandschaft mit üppigen Blumenkohl-, Artischocken-, Zwiebel- und Frühkartoffelfeldern. Die Stadt erhielt ihren Namen durch Paul-Aurélien, der um 530 aus Wales in das Land Léon gezogen war, ein Kloster gründete und die Aufgaben eines Abtes und Bischofs innehatte. Es waren überhaupt viele Kelten, die im 5. bis 7. Jahrhundert aus Großbritannien in die Bretagne zogen, um hier als Klausner das Christentum zu verbreiten und Mildtätigkeit zu üben. Ehrfurchtsvoll erhob die dankbare Bevölkerung sie zu Heiligen, und es stört sie nicht im geringsten, daß der Papst nur einen Teil von diesen anerkannte. Immerhin soll es die stattliche Anzahl von 7777 Heiligen sein, von denen viele nur in einem Dorf oder in einer abgelegenen Kapelle bekannt sind und verehrt werden. Hier leben sie in wundervoll naiven Plastiken ein Dasein als Vertraute des Volkes fort. Oft sind sie bunt bemalt wie die Fischerboote und tragen die Zeugnisse ihres Martyriums. Als Schutzpatrone gaben sie den Städten, Dörfern, Kirchen und Kapellen ihren Namen.

Kirchturm von Berven (Finistère), 1576

In Saint-Pol-de-Léon hat die Turmbesessenheit der Bretonen ihren absoluten Höhepunkt erreicht. Schon von ferne grüßt der 77 m hohe Turm der Chapelle du Kreisker (15. Jh.), der zum Vorbild vieler bretonischer Glockentürme wurde (Abb. 72). Er wurde seinerseits den Türmen von Saint-Pierre in Caen nachgebildet, überragt jene Vorbilder aber durch seine Harmonie von Maß und Form und durch seine spielerische Eleganz. Er erhebt sich über der Vierung des Transepts und ist im Mittelteil mit hohen gotischen Fenstern dekoriert, darüber kragt eine Brüstung vor, aus deren Mitte die durchlichtete Spitze emporragt, flankiert von mehrstöckigen Türmchen. Das dazugehörige Gotteshaus ist von seinen Ausmaßen überraschend klein ausgefallen und rechtfertigt die Bezeichnung ›Kapelle‹. Man kann den Kreisker über eine enge Wendeltreppe mit 169 Stufen mühsam besteigen und von oben einen herrlichen Rundblick bis zur Île de Batz, entlang der Küste und ins Landesinnere bis zu den Monts d'Arrée genießen.

Die zweite Sehenswürdigkeit der Stadt, die gotische Kathedrale, ist einer der bedeutendsten Dome der Bretagne (Abb. 70, 71). Seine Baumeister holten sich Anregungen von der Kathedrale von Coutances und verwendeten auch den normannischen Kalk-

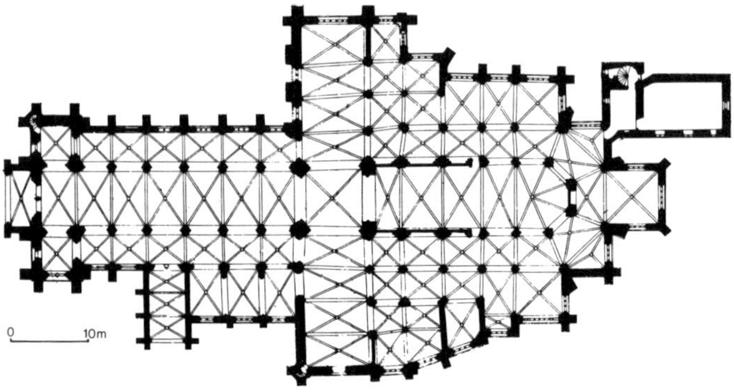

St-Pol-de-Léon, Kathedrale, Grundriß

stein für das Kirchenschiff; Fassade, Querschiff und Chor wurden aus örtlichem Granitgestein hergestellt. Die Kathedrale beeindruckt durch ihre harmonischen Proportionen und ihre Schlichtheit. An der Südflanke ist eine schöne Vorhalle bemerkenswert, außerdem die Rose im Rundfenster des Querschiffs, durch die magisches Licht in das Kircheninnere fällt. Hier finden sich zahlreiche Grabmonumente, ein Weihwasserbecken, das in frühchristlicher Zeit als Sarkophag diente. Außen an der linken Chorschranke stehen Kästchen mit Namen und Daten in Nischen. In diesen werden Totenschädel aufbewahrt, ein seltsamer Brauch, der nur auserwählten Bürgern vorbehalten ist. Schönstes Schmuckstück der Kathedrale ist das geschnitzte Chorgestühl von 1512 mit seiner verwirrenden Fülle von Figürchen und Motiven mit Laub- und Rankenwerkverzierungen und mit der Darstellung der Legende des heiligen Paul-Aurélien.

Nur 5 km nördlich von Saint-Pol-de-Léon entfernt liegt *Roscoff*, Umschlaghafen für Frühgemüse, aber auch ein Kurort für Rheumakranke, die in beheizten Meerwasserbecken Heilung suchen. Manch altes Haus erinnert noch an jene Zeit, als hier Kaufleute und Korsaren friedlich nebeneinander lebten. Ihre Embleme, Schiffe mit geblähten Segeln und Kanonen in Granit gehauen, zieren die Außenwände der Kirche Notre-Dame de Kroaz-Baz mit ihrem verspielten Kirchturm. Am Hafen steht noch ein Rundtürmchen im Renaissance-Stil: Erinnerung an das historische Ereignis vom 13. August 1548, als die fünfjährige Maria Stuart, spätere Rivalin der Elisabeth von England, hier von Bord ging, um sich mit ihrem zukünftigen Gemahl, dem späteren König Franz II., zu treffen. Roscoff ist schließlich in moderner Zeit ein wichtiges Zentrum wissenschaftlicher Forschung geworden: Hier befindet sich das größte französische Meereslaboratorium, dem auch ein Aquarium für den öffentlichen Besuch angeschlossen ist.

Der kleine Badeort *Carantec* auf einer Halbinsel in der Bucht von Morlaix sowie der benachbarte Aussichtspunkt Pen-Lan mit Blick auf Bucht und Halbinsel Barnenez sind weitere lohnende Ausflugsziele.

15 Im Lande der Calvaires

Die folgende Rundreise zu den Enclos paroissiaux (Pfarrbezirke) und insbesondere zu den Calvaires (Kalvarienberge) als Wahrzeichen der Bretagne soll als Vorschlag verstanden werden, der individuell nach Standort bzw. Ausgangspunkt abgeändert werden kann. Die starke Konzentration von Calvaires zwischen den Flüssen Elorn und Aulne und an den Grenzen von Léon und Cornouaille ist durch den aufblühenden Tuchhandel des 16. und 17. Jahrhunderts und den dadurch erzielten Reichtum dieser Ortschaften zu verstehen, die in einen wahren Konkurrenzkampf in der Erstellung ›ihrer‹ Calvaires und Kirchen traten (vgl. S. 66 ff.).

Von Saint-Pol-de-Léon fahren wir in südlicher Richtung (N 788, D 69) bis *Lambader,* wo wir der erst im 19. Jahrhundert fertiggestellten Kirche mit ihrem 58 m hohen Turm einen kurzen Besuch abstatten. Neben der Kirche steht eine geweihte Fontäne mit einer Pietà. 8 km weiter südlich erreichen wir die durch ihren Rindermarkt berühmte Stadt *Landivisiau,* die jedoch an historischen Bauwerken nur wenig zu bieten hat. Die Kirche Saint-Thivisiau besitzt noch eine Vorhalle von 1554 im Flamboyant- und Renaissance-Stil. Das Beinhaus weist originelle Stützfiguren auf, darunter einen mit Pfeil bewaffneten Tod. Anschließend lohnt sich ein Abstecher nach Nordwesten, nach *Bodilis* (D 32, D 30), zu einem berühmten Ort bretonischer Pferdezucht. Die Kirche aus dem 16. und 17. Jahrhundert ist eine wahre Schatzkammer bretonischer Skulptur. Der Glockenturm im Flamboyant-Stil besitzt eine nach drei Seiten offene Vorhalle. Besonders interessant ist die an der Südseite gelegene Renaissance-Vorhalle (1601), die an jene von Commana und Guimiliau erinnert. Unter dem mannigfaltigen Reliefschmuck ist besonders eine Säulenfigur originell, die einen Mann und eine Frau eng umschlungen darstellt, wobei der untere Teil von einer Schlange umwunden ist (Abb. 95). Die Schnitzbalken (sablières) gehören neben denen von Pleyben ohne Zweifel zu den schönsten des Finistère.

La Roche-Maurice nahe der Straße Landivisiau – Landerneau (N 12) ist unser nächstes Ziel. Die Ruine der einstigen Burg aus dem 12. Jahrhundert beherrscht das romantische Elorn-Tal. Wahrscheinlich schon von König Morvan erbaut, wurde sie später bei den Kämpfen zwischen Anne de Bretagne und ihrem späteren Mann Karl VIII. zerstört. Der Pfarrbezirk von La Roche-Maurice ist in seinen architektonischen Elementen

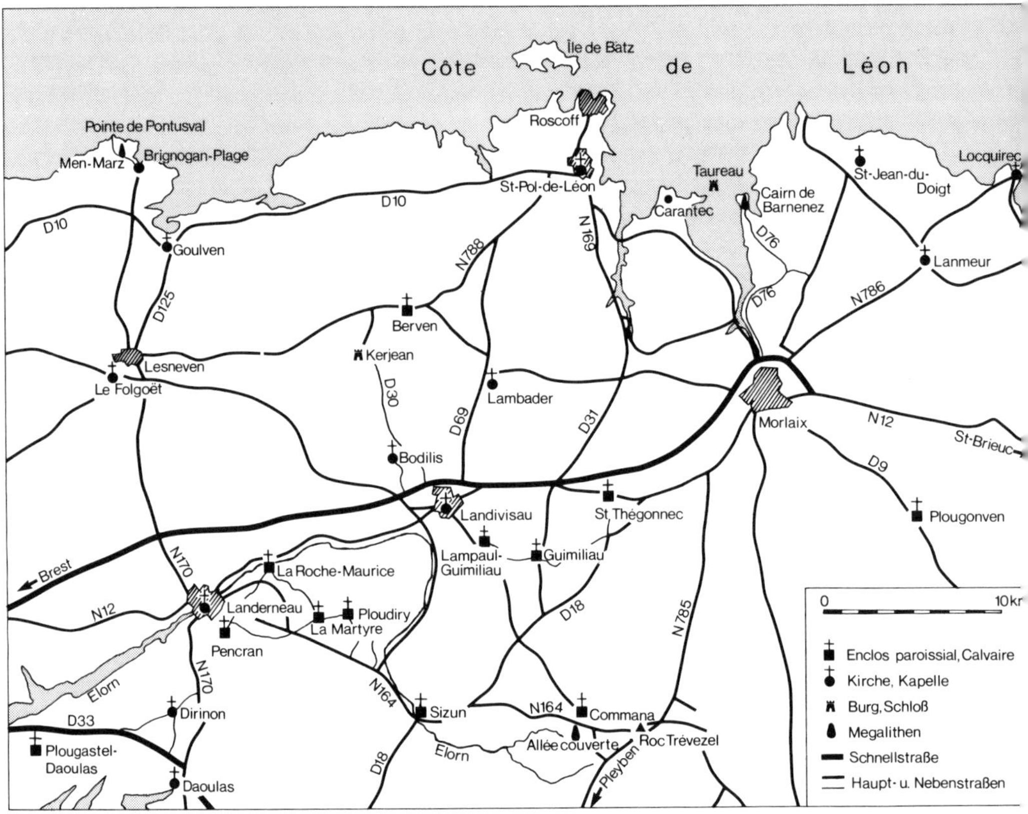

Im Lande der Calvaires

oder in seiner bildhauerischen Dekoration den benachbarten Ensembles von Ploudiry, Pencran oder La Martyre ähnlich. So hat die Kirche aus dem 16. Jahrhundert den gleichen zweistufigen Glockenturm mit breiten Balustraden wie jener von Pencran (Abb. 93). Ebenso wie in La Martyre ist am Weihwasserbecken am Kircheneingang der allgegenwärtige Tod eingemeißelt und verbreitet Furcht und Schauder. Ein holzgeschnitzter Lettner im Renaissance-Stil mit den Statuen von acht Aposteln und drei Päpsten schließt das Kirchenschiff vom Chor ab. Er wird vom Gekreuzigten, der Muttergottes und von Johannes überragt. Einer herrlichen Glasmalerei (1529) mit der Darstellung der Passion begegnet man am Chorfenster. Sie scheint in der Anlage wie ein Calvaire entworfen. Eine der schönsten Renaissance-Fassaden des 17. Jahrhunderts bietet das Beinhaus. Auch hier, oberhalb eines äußeren Taufwasserbeckens, schlägt der Tod mit seinem Pfeil wieder blindlings und ohne Rücksicht auf die gesellschaftliche Stellung zu.

Landerneau, die ehemalige Hauptstadt des Fürstentums Léon inmitten einer lieblichen Landschaft, hat abgesehen von einer alten Brücke über den Elorn, seinem Hafen und einigen alten Häusern noch die prächtige Vorhalle seiner Kirche Saint-Houardon bewahrt (1604). 3 km südlich liegt *Pencran* mit seinem interessanten Enclos paroissial. Man betritt die Einfriedung durch einen monumentalen, mit drei Laternen geschmückten Eingang. Rechts von der Kirche erhebt sich der Calvaire von 1521, wo Maria, einer Bauernmagd ähnlich, in hilflosem Schmerz erstarrt, allein unter dem Kreuz kniet. Hier taucht zum erstenmal die eigenartige Formung der Kreuzessäule als Baumstamm mit Aststümpfen auf. Weiterhin gibt es ein besonders schönes Beinhaus im Renaissance-Stil (1594) und in der gotischen Vorhalle der Kirche (1553) eine Krippendarstellung.

In *La Martyre,* etwa 6 km östlich von Pencran, fand zwischen dem 14. und 18. Jahrhundert alljährlich eine der bedeutendsten Messen in der Bretagne statt. Kaufleute von nah und fern – in einer Chronik werden sogar Besucher aus Flandern und Arabien erwähnt – trieben hier ihren Handel und verhalfen dem Ort damit zu großem Reichtum, der uns den für heutigen Bedarf viel zu großen Enclos paroissial erklärt. An alten Häusern der Gemeinde sind noch skulptierte Wappen und Motive aus jenen wohlhabenden Tagen erhalten. Die Kirche, zwischen dem 11. und 17. Jahrhundert erbaut, erweitert und umgebaut, wurde im 15. Jahrhundert dem letzten bretonischen Märtyrer-König, Saint-Salomoan (Salaün) geweiht, der 877 den Tod fand, nachdem man ihm die Augen ausgequetscht hatte. Zwischen zwei alten Wohnhäusern erstreckt sich die mit einem Laufgang geschmückte Mauereinfriedung dieses köstlichen und einmaligen Enclos paroissial, durchbrochen von einem Triumphtor. Dieses stellt eine dreifache Arkade dar, über der sich eine begehbare Plattform mit spätgotischer Balustrade befindet, in deren Mitte uns eine Pietà beeindruckt. Die Strebemauern der Zentralarkade sind links mit der Muttergottes und rechts mit dem knienden Engel Gabriel geschmückt (Verkündigungsszene). In gleicher Höhe trägt ein Engel eine Konsole mit Bittpult, Zierdecke und geöffnetem Buch. Beide Strebemauern gipfeln in den Kreuzen der sich schmerzvoll windenden Schächer. Diese Figuren sind Teile des Calvaires, der mit dem Triumphtor eine architektonische Einheit bildet, was auch an anderen Orten vorkommt (Sizun, Lampaul-Guimiliau). Zum genaueren Betrachten des Calvaires führt eine Treppe zur Plattform hinauf. Zu Füßen des gekreuzigten Christus fängt ein Engel das Blut in einem Kelch auf. Darunter sitzt der richtende Christus mit ausgebreiteten Armen auf einem Bogen in den Wolken. Rechts und links von ihm blasen zwei Engel die Trompeten zur Apokalypse. Auf der Rückseite ist die Auferstehungsszene dargestellt: Christus steht noch mit den Füßen im Grabe und wird von zwei Engeln angesprochen, die ihn berühren und das Leichentuch halten. Weiter unten entfalten zwei andere mit Banderolen versehene Wappen. Gestützt wird die Gruppe von wild aussehenden mit Knüppeln bewaffneten Männern.

Die dreischiffige Kirche mit sechs Jochen hat eine der ältesten und zugleich originellsten Vorhallen des Léon (1455), deren Statuetten in ihrer Feinheit und zugleich

La Martyre (Finistère), Karyatide

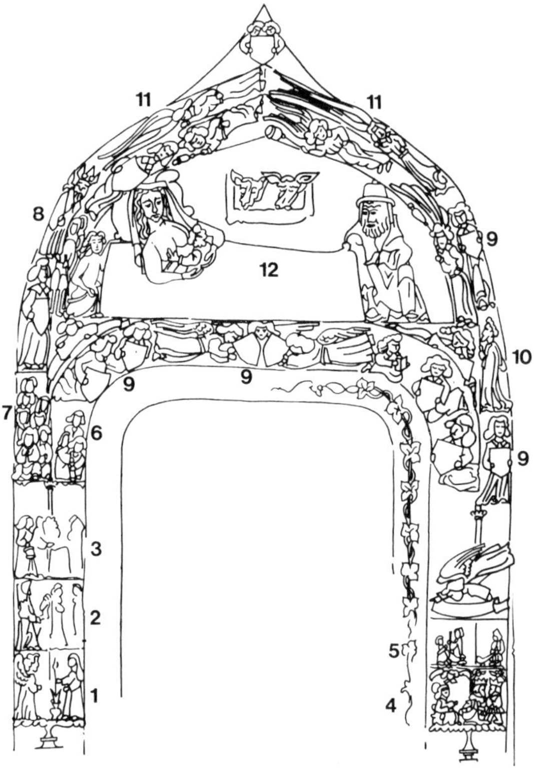

La Martyre (Finistère), Portal der Vorhalle

Schlichtheit volle Aufmerksamkeit verdienen. Folgende Szenen sind dargestellt: Verkündigung Luk. 1, 25 (1), Heimsuchung Luk. 1, 39 (2), Darstellung Christi im Tempel Luk. 2, 22, beschädigt (3), Anbetung der Heiligen Drei Könige Matth. 2, 1 (4), Verkündigung der Weihnachtsbotschaft durch einen Engel Luk. 2, 8; ein Hirte spielt das im 15. Jahrhundert populär gewordene Golfspiel (5), Jesus unter Pharisäern und Schriftgelehrten (6), daneben sieben hintereinander niederkauernde Personen (7), Herodes und seine Soldaten Matth. 2, 16 (Kindermord) (8), Engel mit Wappenschildern an verschiedenen Stellen (9), Guyomarch de Maufuric de Lezuzan, Abt von Daoulas (10), musizierende, betende und weihrauchtragende Engel (11). Ein ganz besonderer Reiz und Zauber ergreift uns jedoch beim Betrachten des skulptierten Tympanons, wo in kurioser Weise die Geburt Christi dargestellt ist (12). Mit entblößter Brust, das Haar unter einem Tuch verdeckt, liegt Maria im Wochenbett. Das Jesuskind, welches sie ursprünglich zum Stillen in den Armen hielt, fehlt heute. Rechts am Fußende des Bettes sitzt Joseph und blickt hingebungsvoll auf Maria. Amüsant wirken die beiden neugierig aus einem Fensterrahmen schauenden Köpfe eines Ochsen und Esels. Die kleine Person links des Bettes könnte eine Dienerin sein.

Über steinernen Bänken innerhalb der Vorhalle stehen wie gewohnt die Apostelstatuen, dazu am Kircheneingang die Muttergottes, rechts in der Ecke ein Weihwasserbecken mit dem allgegenwärtigen Tod ›Ankou‹. Das Beinhaus links von der Vorhalle im Stil der bretonischen Renaissance stammt von 1619. Weitere Sehenswürdigkeiten sind die Schnitzbalken, die ältesten im Léon, die Kapitelle, Holzaltäre, ein Baldachin über dem Taufbecken sowie die seltenen Kirchenfenster, von denen angenommen wird, daß sie deutscher Herkunft sind oder aber nach deutschen Stichen und Vorlagen angefertigt worden sind (vgl. Fig. S. 69).

In *Ploudiry,* 1,5 km östlich von La Martyre, bildet das Beinhaus das interessanteste Element des Enclos paroissial. Fünf Reliefs ziehen sich als Fries über einer Reihe von Arkadenfenstern hin: der Tod bedroht mit seinem Pfeil einen Bauern, Bürger, Geistlichen und Adligen. Vorhalle und Innenausstattung der Kirche sind von bretonischen Künstlern des 17. Jahrhunderts meisterlich ausgestaltet.

Der Pfarrbezirk von *Sizun,* 9 km südöstlich von La Martyre, ist vor allem durch sein majestätisches Triumphtor berühmt geworden (1588–90), das stark an römische Triumphbögen erinnert (Abb. 94). Den drei Bögen sind korinthische Halbsäulen vorgesetzt; darüber befindet sich eine Plattform mit Balustrade und Laternen, mit einem Altar und einem kleinen Calvaire. Aber auch das Beinhaus aus derselben Zeit ist mit seiner Fassade beachtenswert: über einer Reihe von Rundbogenfenstern im Erdgeschoß stehen die Zwölf Apostel in Renaissancenischen, die von kannelierten Pfeilern getrennt werden. Auch das Innere der Kirche ist reich ausgestattet mit sehenswerten Altären vom Ende des 17. Jahrhunderts und mit geschmücktem Gebälk.

Auf der N 164 geht es 10 km östlich bis *Commana,* einem Städtchen auf einem Hügel zu Füßen der Monts d'Arrée. Sein Enclos paroissial ist der höchstgelegene; es ist nicht das Triumphtor mit seinen drei Laternen, wo auf einer Kopfkonsole die Statue des gefesselten Christus ergreifend anmutet, auch nicht das Beinhaus von 1686 oder die großartige Renaissance-Vorhalle (1645–53), vielmehr ist es das Innere der mit viel Prunk ausgestatteten Kirche aus dem 17. Jahrhundert, das diesen Ort auszeichnet. Ein gelungenes Meisterwerk stellt vor allem der sich links vom Chor befindliche polychrome Ste-Anne-Altar dar (Abb. 92), einer der schönsten des Léon aus dem Jahre 1682. Wir haben hier ein ungewöhnlich reiches Schnitzwerk bäuerlicher Renaissance vor uns, reich mit Blüten und Fruchtgirlanden, Medaillons und Figuren, Säulen, Schreinen und Tabernakel verziert. Im Mittelpunkt trägt das Jesuskind die Weltkugel, die rechte Hand segnend erhoben. Ihm zur Seite sitzen die heilige Anna und die Muttergottes, über ihm eine Erscheinung Gottes und ganz oben die Heilige Dreifaltigkeit. Auch der Rosenkranzaltar rechts ist ähnlich prunkvoll; hier ist eine Christusstatue mit den fünf Wunden dargestellt, gekrönt von zwei Engeln. Freunde der Megalithkultur finden südlich von Commana eine Allée couverte. Man überquere die N 164 in Richtung Mougau-Vian; nach 1 km entdeckt man links der Straße das Langgrab mit einer Gesamtlänge von 14 m, das im Innern Eingravierungen aufweist. Ein nahes Ausflugsziel ist von Commana aus auch der Roc Trévezel (vgl. S. 254).

Auf der D 11 geht es über St-Sauveur nordwestlich nach *Lampaul-Guimiliau.* Der Besucher findet auch hier einen vollständig erhaltenen Enclos paroissial, doch das größte Interesse beanspruchen die vielen skulptierten bunten Szenen im Kircheninnern. Der Triumphbogen von 1669 trägt über der Plattform auf drei Säulen die übliche Kreuzigungsgruppe. Seitlich an den Triumphbogen schließt sich das Beinhaus mit dreiseitiger Apsis an (1667); »Memento Mori« lautet die mahnende Inschrift. Der Glockenturm der Kirche ist weithin berühmt. 1573 erbaut, rivalisierte er in Höhe und Eleganz mit dem großen Vorbild, dem Kreisker in Saint-Pol-de-Léon. Leider wurde seine oktogonale Turmspitze 1809 vom Blitz getroffen und zerstört. Der Calvaire aus dem 16. Jahrhundert ist einfach, aber ausdrucksstark. Durch die westlich gelegene Vorhalle (Narthex) von 1533 mit den Apostelstatuen gelangen wir ins Innere der Kirche. Ein Triumphbalken (poutre de gloire) des 16. Jahrhunderts (Abb. 86), der als Träger für eine Kreuzigungsgruppe bestimmt ist, überspannt in seiner Farbenpracht das gesamte Mittelschiff. Die Muttergottes und Johannes trauern um den Gekreuzigten, der in Überlebensgröße dargestellt ist. Auf dem Trägerbalken wimmelt es von nur wenigen Zentimeter hohen Figuren, die in verschiedene Handlungen verstrickt sind: Kampf in Gethsemane, Geißelung, Jesus mit der Dornenkrone, Entkleidung, Kreuzigung u. a. Auf der Balkenrückseite prophezeien die Sibyllen die Geburt Christi und seine Passion. Es scheint als ob der Baumeister dieser Darstellung von den großartigen Fresken Michelangelos in der Sixtinischen Kapelle inspiriert worden sei. Ungewöhnliche Frische wird durch den Farbenreichtum der gesamten Szene erreicht. Zwei der sechs Altäre aus dem 17. Jahrhundert gehören zu den reichsten und kunstvollsten in der Bretagne; links des Chors steht der Passionsaltar mit einer Fülle von Figuren im Hochrelief, der nach flämischem Vorbild geschaffen wurde (Abb. 89). Rechts vom Chor erhebt sich ebenso eindrucksvoll der Altar Johannes' des Täufers mit Bilddarstellungen aus seinem Leben: Johannes und Jesus als Kinder unter der Obhut von Maria und Joseph, Ecce Agnus Dei, Enthauptung des Johannes, Taufe Christi u. a.; die gesamte Szenerie wird von musizierenden und betenden Engeln begleitet. Einen Ausdruck stärkster Schmerzempfindung in Mimik und Gestik strahlt die Gruppe der Pietà aus (1530), die aus einem einzigen Eichenblock geschnitzt ist und im linken Seitenschiff aufgestellt wurde (Abb. 87). Daneben stößt man auf die Grablegung Christi (18. Jh.), die aus dem weißen Stein der Touraine gemeißelt wurde. Acht Personen stehen trauernd um das Grab herum und haben ihre Augen auf das leblose, aber mit großer Schönheit gezeichnete Gesicht des Erlösers geheftet. Die Farbigkeit des Baptisteriums (1650) aus Eichenholz bestätigt eine kürzliche Restaurierung. Sein Baldachin über dem granitenen oktogonalen Taufbecken wird von acht Säulen getragen und zeigt die Darstellung der Taufe sowie die Figuren der Apostel (Abb. 88). Ein letzter Blick gilt dem Weihwasserbecken der Teufel im rechten Seitenschiff. Über einer Muschel erhebt sich im Flachrelief die Taufe Christi durch Johannes den Täufer. Im Taufbecken winden sich zwei Teufel im geweihten Wasser.

Nur 3,5 km östlich von Lampaul-Guimiliau liegt das verträumte Dorf *Guimiliau*, das seinen Namen Miliau, dem König der Cornouaille, verdankt. Hier bewundern wir vor allem den zweitgrößten Calvaire der Bretagne (1581–88), ein Höhepunkt in der Bewältigung szenischer Darstellung mit zahlreichen pittoresken Einzelheiten und vielen architektonischen Einfällen (Umschlagvorderseite, Farbt. 26, Abb. 103–105, Fig. S. 2). Arkaden verbinden vier vorgestellte Pfeiler mit einem oktogonalen Sockel, der von einer einzigen Säule mit Kreuz und Querbalken überragt wird. So sind in der Gesamtsilhouette die Kreuze der beiden Schächer nicht mehr vorhanden. Auf beiden Enden des Querbalkens unter dem Gekreuzigten stehen die Muttergottes, die Jünger Johannes und Petrus und der heilige Ywein jeweils Rücken an Rücken. Auf der oberen Plattform des Sockels und auf dem darunterliegenden Kranzgesims drängen sich erzählfreudig und in barocker Überschwenglichkeit mehr als zweihundert Figuren in fünfundzwanzig Szenen aus dem Alten und Neuen Testament. Sie sind teilweise in zeitgenössischer Tracht des 14. Jahrhunderts kostümiert, wie beispielsweise die bei der Kreuztragung anwesenden Kriegsknechte mit ihren Halskrausen, die wie zechende Raufbolde wirken und munter in ihre Hörner stoßen (Farbt. 26). Kraftvoll ist der Rhythmus der Gebärden, ihre schwungvoll modellierte Kleidung und der manchmal der Wirklichkeit entrückte Ausdruck ihrer Gesichter, eine Wirkung, die wahrscheinlich durch die häufig geschlossen wirkenden Augen der Figuren entsteht. Während sich auf der Plattform die mitreißenden dramatischen Szenen der Kreuztragung, Grablegung und Auferstehung darbieten, strahlen die Szenen auf dem sich darunter entlangziehenden Fries eher Beschaulichkeit, Güte und Zurückhaltung aus, geprägt von einer gewissen Note der Geistigkeit und von bäuerlichem Realismus gekennzeichnet. Liebevoll und mit vielen Details ist die Abendmahlszene ausgeführt. Ein Osterlamm liegt auf einer Platte, dazu Brot; Kelche und Krüge zieren das Ganze. Mit hochgekrempelten Ärmeln wäscht Jesus Petrus die Füße, während die vollzählig versammelten Jünger geschäftig mit Wasserkrügen und Schüsseln hantieren (Farbt. 26). Schon der nächste Jünger ist zur Fußwaschung bereit und löst sich gerade eine Sandale. Wirkungsvoll ist auch eine Szene, wie Jesus auf einem Esel über ein ausgebreitetes Tuch in Jerusalem einzieht (Abb. 104), oder die naiv rührende Szene, wie Maria auf der Flucht nach Ägypten dem schon recht stattlich aussehenden Jesusknaben die Füße wärmt. Aber auch die berühmt gewordene legendäre Darstellung des liederlichen Frauenzimmers Katel Gollet (verdammte Katharina) übt große Anziehungskraft und Abschreckungseffekt zugleich aus (Fig. S. 2). Wüste Teufel treiben das nackte vollbusige Weib mit ihren Krallen und mit Gabeln in einen mit ungeheuren Zähnen bewehrten Höllenrachen. Der Legende nach war Katel eine Frau mit leichtfertigem Lebenswandel, die ihrem Beichtvater ihre Sünden verschwieg und die dem Teufel, der die Gestalt ihres Geliebten angenommen hatte, eine gestohlene Hostie zu essen gab. Gern benutzten die Prediger diese Legende als abschreckendes Beispiel für alle in der Umgebung lebenden Mädchen und Frauen, denen beim Abweichen vom ordentlichen Wege die Strafe der Katel Gollet sicher war. Abschließend soll noch auf die Darstellung der vier Evangelisten an den Stirnseiten der

Pfeiler, auf die Statue des heiligen Paul-Aurélien auf der Westseite, auf einem kleinen Altar postiert und flankiert von zwei kannelierten Säulen, und auf Veronika mit dem Schweißtuch Christi hingewiesen werden.

Die Kirche wurde im 16. Jahrhundert errichtet und im 17. Jahrhundert vollständig rekonstruiert. Mit Ausnahme des westlich gelegenen Turmes aus dem 16. Jahrhundert weist sie den Stil der bretonischen Renaissance auf, jedoch in üblicher Mischung mit der noch bestehenden Flamboyant-Gotik. Die Apsis mit drei Mauerflächen von 1627 und mit drei in Laternen endenden spitzen Giebeln ist mit einer Girlande aus kleinen Schnecken geschmückt. Ein großartiges Renaissance-Kunstwerk ist die südliche Vorhalle (Narthex), die in den Jahren 1606 bis 1617 ganz aus dem Granit von Kersanton gemeißelt wurde. Auf dem Giebel dieser triumphalen Eingangshalle thront ein Türmchen, das ein wenig aus dem Gleichgewicht geraten ist und sich nunmehr etwas nach hinten neigt. Aus einer darunter liegenden Nische grüßt Saint-Miliau den Eintretenden. Die reichausgestattete dreifache Archivoltenreihe des Portals lädt zum Verweilen ein. So werden auf der linken Seite von unten nach oben dargestellt: Die Versuchung Evas, Eva mit Säugling und Adam als Ackersmann, das Opfer Kains und Abels, die Geburt Christi, die Anbetung der Heiligen Drei Könige und die Flucht nach Ägypten. Auf der rechten Seite befinden sich einschließlich der Bogenrundung: Vertreibung Adams und Evas aus dem Paradies, das Verbrechen Kains (der zu Boden geworfene Abel trägt die Tracht des 16. Jh.), die Arche Noah, Noah, wie er den Weinstock kultiviert, nochmals Noah, wie er seinem Erzeugnis zu viel Ehre angetan hat, die Verkündigung, die Heimsuchung (Maria und Elisabeth reichen sich über die Kante einer Wölbung hinweg die Hand), Hirten, Jesus im Tempel und zuletzt die Beschneidung. Im Innern der Vorhalle befindet sich unter den meisterlich gestalteten klassischen Apostelfiguren (15. Jh.) ein Rosettenfries mit Szenen aus dem Alten Testament in humorvoller Vereinfachung (1606): das gilt vor allem für die Erschaffung Evas. Die zweischiffige Kirche mit fünf Seitenkapellen ist von einem getäfelten Gewölbe bedeckt. Links vom Eingang steht ein großartiges aus Eichenholz geschnitztes Baptisterium (1675). Acht gedrehte Säulen, mit Weinlaub und Lorbeer geschmückt, tragen einen erhaben wirkenden Baldachin. Die monumentale Kuppel ruht auf einem Tambour und trägt eine Laterne, in der die Taufe Christi dargestellt ist. Aus derselben Zeit stammt die mit drei schönen Flachreliefs geschmückte Tribüne der Orgel: ein Siegeszug Alexanders, der wahrscheinlich Ludwig XIV. symbolisiert, David mit der Harfe und die heilige Cécile an der Orgel.

Saint-Thégonnec, etwa 7,5 km nordöstlich von Guimiliau entfernt, ist ein stilles Bauernnest, das sich nur an Sonn- und Markttagen flüchtig belebt. Aber hier findet sich als Zeugnis einer wohlhabenden Vergangenheit der monumentalste und vollständig erhaltene Pfarrbezirk der Bretagne, der Höhepunkt unserer Rundreise im Land der Calvaires. Die Besichtigung dieser prachtvollen Kirchenanlage beginne man am besten von der Straße mit der Sicht auf das zinnen- und kuppelgekrönte Triumphtor (1587) (Abb. 110). Dieses besteht aus vier ungleichmäßig viereckigen Pfeilern, die von gedrungenen

Laternen überragt werden. Die beiden mittleren Pfeiler, verbunden durch eine Arkade, sind durch Pilaster abgeteilt und enden in halbrunden oder dreieckigen Giebeln. Der Besucher wird von Gott dem Vater im mittleren Giebelfeld empfangen. Auf der Innenseite der mittleren Pfeiler ist die Verkündigungsgruppe dargestellt, die das Heilsgeschehen einleitet. Zum Innenhof hin trägt ein Fries über dem Portal eine bretonische Inschrift und das Entstehungsdatum des Triumphbogens:

Itron Varia vir sicour
Ni o pet huantec don recour
Hui eo quenta advocates
Evit pecher ha pecheres

Heilige Mutter Maria, Du unsere Zuflucht,
steh uns bei, wir flehen zu Dir,
Du höchste Fürsprecherin der Sünder.

Obwohl der Klassizismus des Triumphtores, ebenso wie des Kirchturmes oder des Beinhauses frei von jedem gotischen Einfluß ist, weisen die Bauelemente dennoch viele Eigentümlichkeiten auf, so als ob sich die Baumeister nicht ganz der Einfachheit der Antike unterwerfen wollten. Nun sind es aber gerade diese Eigentümlichkeiten vieler Bauwerke der Bretagne, seien sie aus dem frühen oder späten Mittelalter, die den besonderen Reiz und Zauber auf uns ausüben. Als vollkommenste Anpassung der Stilmerkmale der Renaissance an die bretonische Kunst wird das herrliche Beinhaus angesehen (1676–81), das erst spät der Gesamtanlage von dem Baumeister Jean le Bescond angegliedert wurde (Abb. 111). Mit seinem feierlich anmutenden Charakter bildet es das vollkommenste Meisterwerk der bretonischen Beinhäuser im 17. Jahrhundert. Diese Totenstätten waren im 15. Jahrhundert zunächst nur verzierte Knochenlager, deren Architektur sich dann zu wahrhaften Palästen steigerte. Die Apsis mit Mauerfeldern wird von zwei schönen Lanzettfenstern durchbrochen; die mit Kriechblumen verzierten Giebel stammen aus dem Wiederaufleben der Gotik im 17. Jahrhundert. Die dem Hof zugekehrte Fassade ist zweigeschossig und weist einen üppigen Dekor auf. Den reinsten Anforderungen der Renaissance entsprechen die Fenster, die korinthischen Säulen und die verwaisten Nischen, in denen ursprünglich Heiligenfiguren standen. Ein Fries trennt die beiden Etagen und zieht sich in einer aus lateinischer und französischer Sprache gemischten Inschrift rund um das Gebäude.

Die Übersetzung lautet: O Sünder, tut Buße, solange ihr noch lebt, denn wir Toten haben dazu keine Gelegenheit mehr. Betet für uns Abgeschiedene, denn eines Tages werdet auch ihr gestorben sein. Dann ruhet in Frieden. Es ist ein guter und frommer Gedanke, für die verstorbenen Gläubigen zu beten. Requiescant in Pace. Amen.

Fast in jedem Pfarrbezirk liegt der Calvaire dem Portal des Beinhauses gegenüber, so als finde dadurch ein unaufhörlicher Dialog zwischen Leben und Tod statt. Der Calvaire von Saint-Thégonnec, erst 1610 errichtet und damit zu den späten Beispielen seiner Art gehörend, kann sich in seiner Größe zwar nicht mit jenen von Guimiliau oder

Plougastel messen, verdient aber wegen der originellen figürlichen Darstellung besondere Beachtung. Über einem bescheidenen rechteckigen Sockel erheben sich drei Kreuze, die ihrer Form nach an Passionskreuze erinnern und sich klar vom Himmel abzeichnen. Die mittlere knorrige Säule trägt außer dem Kruzifix noch zwei weitere übereinanderliegende Querbalken. Auf dem oberen bewachen zwei Reiter den Gekreuzigten. Darunter stehen in Richtung des Beinhauses Maria, Petrus und Johannes. An ihrer Rückseite stehen Maria und der bretonische Heilige Ywein, in ihrer Mitte eine schöne Kreuzabnahme. Auf gleicher Höhe enden rechts und links die Säulen der Schächer. Angesichts der hohen Kreuze wirkt der darunterliegende Figurensockel etwas zu klein. Die einzelnen Stationen des Leidensweges Christi sind gut zu erkennen: im Süden die zwei Hohenpriester Hannas und Kaiphas, die Verhöhnung (Abb. 112) (der Folterknecht mit dem gezwirbelten Schnurrbart soll Heinrich IV. ähnlich sehen. Der Grund für die Darstellung ist der Zweifel in der Bretagne an der Bekehrung des calvanistischen Königs), die Geißelung; auf der Ostseite der Ecce Homo, die Handwaschung des Pilatus und Jesus, der den Henkern ausgeliefert wird; auf der Nordseite die wunderschöne Darstellung des Leidensweges Christi (Abb. 114), der (oben auf der Westseite) zur Kreuzigung und dann zur Grablegung (Abb. 113) und Auferstehung führt. Anziehend und zugleich ergreifend ist der Gegensatz in der Darstellung der Gesichter von Jesus' Anhängern mit ihren schmerzerfüllten, manchmal ungläubigen Gesichtern und den fratzenhaften Physiognomien seiner Feinde. Es sind vor allem Einzelheiten, die den Wert dieser Figuren ausmachen, wie z. B. eine herausgestreckte Zunge oder das Knie, das boshaft das Kreuz niederdrückt, so daß der Gequälte sich nicht erheben kann, oder aber der friedvoll schlafende Soldat, an dem die Herrlichkeit jener Auferstehung spurlos vorbeizieht. Als ruhender Pol erscheint Pilatus, der Menschenverächter, der seine Hände in Unschuld wäscht. Die meisten Figuren sprühen Unverfälschtheit und persönliches Einfühlungsvermögen für die Darstellung der menschlichen Wirklichkeit aus. In der Nische, oberhalb des Gabentisches vor dem Sockel des Calvaire steht der Ortspatron, Saint-Thégonnec, und neben ihm sein berühmter Karren. Der Legende nach soll der Heilige selbst mit holprigem Karren und klapprigem Gaul die Bausteine für die Kirche von weit her geholt haben. Über diesen Eifer erboste der Teufel, verwandelte sich in einen Wolf, riß und verschlang das Pferd. Der Heilige beruhigte den Wolf, spannte ihn zur Arbeit vor sein Gefährt und verurteilte ihn so, zum Bau der Kirche selbst mit beizutragen.

Der Kirchturm (1599–1626) ist im Wettstreit mit dem zum Verwechseln ähnlichen Turm von Pleyben entstanden und ist neben jenem schönstes Beispiel eines bretonischen Renaissance-Turms (Farbt. 25, Abb. 110). Wie bei seinem Vorbild ruht der Turm auf einer quadratischen Vorhalle, deren Rippengewölbe aus der gotischen Zeit übernommen wurde. Die langgezogenen Fenster an jeder Seite erinnern an die hohen normannischen Kirchtürme des 13. und 14. Jahrhunderts. Der Turm wirkt vor allem durch seine mächtigen Wandpfeiler, die in einer mit vier Gurtgesimsen geschmückten Plattform auslaufen. Über der Plattform ist es ein spielerischer Wechsel von Kuppeln und Laternen, was dem massiven Turm seine Leichtigkeit verleiht.

Die Arkade des Vorhalleneingangs wird von Säulen mit Kannelierungen getragen, die in Abständen von Ringen umspannt sind. Über dem Eingang steht der heilige Thégonnec als Schutzpatron, links vom Portal der Apostel Johannes, rechts der heilige Nikolaus, zwischen den beiden Figuren die Verkündigungsszene. Auf beiden Seiten der Vorhalle sind oberhalb eines skulptierten Frieses zwölf Nischen für die Statuen der Apostel vorgesehen, von denen allerdings nur noch vier vorhanden sind: Jakobus, Thomas, Petrus und Johannes. Unterhalb der Statue Unserer Lieben Frau gelangen wir ins Kircheninnere und befinden uns zunächst im ältesten Teil (1563). Das Hauptschiff und der Chor wären ohne den prachtvollen Aufwand des geschnitzten Holzwerks und ohne die verschiedenen Mobiliarkunstwerke uninteressant. Bemerkenswert ist vor allem die Kanzel (1683) und ihr Schalldeckel (1722). Erstere wurde von Vater und Sohn François und Guillaume Lerrel aus Landivisiau geschnitzt. Die Arbeit zeugt von sehr verfeinertem Kunstsinn und zählt zur besten bretonischen Holzschnitzkunst des 17. Jahrhunderts. Einem verbreiteten Brauch zufolge heben sich von den Winkeln die vier Kardinaltugenden ab (Klugheit, Mäßigung, Gerechtigkeit und Stärke). Auf den Basreliefs der Wände sind die vier Evangelisten, auf den Tafeln der Treppe die vier Kirchenlehrer des Abendlandes (Gregor der Große, Ambrosius, Augustinus, Hieronymus) dargestellt. Auf einem Medaillon unter dem Schalldeckel übergibt Gott Moses die Gesetzestafeln. Oben auf dem Schalldeckel wird von einem Rosenstrauch aus bemaltem Schnitzwerk, aus dem anmutige Putten hervortreten, der Engel des Jüngsten Gerichts getragen, wie er kräftig in die Trompete stößt.

Der barocke Rosenkranzaltar im linken Querschiff ist eine Arbeit von Jacques Lespaignol (1697 und 1724). In seiner Mitte geschieht die Übergabe des Rosenkranzes an den heiligen Dominicus und die heilige Katharina von Siena. Ringsherum die fünfzehn Medaillons, auf denen die Rosenkranzgeheimnisse veranschaulicht sind. Links davon Saint-Pol, der Schutzpatron der Diözese Léon, zu seinen Füßen der Drachen als Symbol des überwundenen Heidentums; rechts sein Nachfolger, der heilige Jaoua. In der darüberliegenden Etage (1724) übergeben die Muttergottes und der heilige Laurentius Christus eine aus dem Fegefeuer errettete Seele. Daneben befinden sich der Schutzengel und der heilige Ludwig, auf der obersten Etage der Allmächtige mit Engeln. Auf der Predella sind Vorgänge der Schöpfungsgeschichte bis zur Vertreibung aus dem Paradies dargestellt.

Das älteste Altarretabel im nördlichen Seitenschiff ist der Jungfrau Maria gewidmet, deren Statue große Verehrung genießt. Einen völlig anderen Stil weisen die polychromen Skulpturgruppen in den mit Flügeln versehenen Nischen (1610) an den hohen Mauern des Hauptschiffs auf. Diese Art der Nischen mit verzierten Flügeln (hier Szenen aus dem Leben der Muttergottes) wurde seit dem Ende des 15. Jahrhunderts in der Bretagne bekannt. Die Thematik zeigt den heiligen Thégonnec und Maria unter den Ästen eines Jesse-Baumes.

16 Von Morlaix nach Saint-Brieuc – Côte de Granit Rose

Mit erkergeschmückten Fachwerkhäusern, geschnitzten Balken und schiefergedeckten Dächern (Abb. 13) liegt die von Römern gegründete Stadt *Morlaix* (mons relaxus) dicht gedrängt in einem engen Talkessel. Ein riesiger Eisenbahnviadukt prägt das Stadtbild: er spannt sich in einer Höhe von 59 m und einer Länge von 284 m über das Tal. In der Tiefe vereinigen sich die Flüßchen Jarlo und Queffleuth und bilden gemeinsam die Mündung des Rivière de Morlaix. In der Rue du Mur 33 steht das Glanzstück der Stadt: das alte Fachwerkhaus der Anne de Bretagne aus dem 16. Jahrhundert mit seinen vorkragenden Etagen, die von Konsolen in Form von geschnitzten Figuren gestützt werden. Im Jahre 1505 war die Herzogin der Bretagne in Morlaix eingekehrt und hatte von hier aus eine Wallfahrt nach Le Folgoët unternommen, um damit ihre Dankbarkeit für die Genesung ihres Mannes Ludwig XII. von schwerer Krankheit zu zeigen. Auch die noch nicht ganz sechs Jahre alte Maria Stuart war 1548 Gast in Morlaix, um hier ihre Verlobung mit dem späteren König Franz II. zu feiern. Von Eroberungsgelüsten geleitet, wollten die Engländer im 16. Jahrhundert die Stadt mehrmals in ihre Gewalt bringen. So sollen sie 1522 unbemerkt durch die Flußmündung bis Morlaix gelangt sein, nachdem sie erkundet hatten, daß viele Bürger der Stadt außerhalb weilten. Verkleidet passierten sie die Stadttore – Reste der Befestigungsanlage befinden sich noch im Süden der Stadt – und konnten nach kurzer Zeit ihren Sieg begießen. Dieser währte jedoch nicht lange, da die Zurückkehrenden schnell die angetrunkenen Eindringlinge überrumpeln konnten. Aus dieser Erfahrung klug geworden ließen die Bürger von Morlaix 1542 das Château du Taureau als Vorposten am Eingang zur Bucht von Morlaix errichten.

Plougonven liegt 11,5 km südöstlich von Morlaix am Fuße der Monts d'Arrée. Inmitten eines weiträumigen Hofes erhebt sich einer der ältesten Pfarrbezirke. Zwischen Kirche und Beinhaus steht ein großartiger Calvaire (1554) auf einem streng oktogonalen Sockel (Abb. 101). Die Skulpturen, die diesen Sockel umlaufen und die auf der Plattform in Freiplastiken fortgeführt sind, entsprechen der traditionellen Folge. Erweitert wird diese jedoch durch die Szene des zwölfjährigen Jesus im Tempel, der die Schriftgelehrten dank seines Verstandes und seiner Antworten in Erstaunen versetzt

LE FAOUËT (Morbihan). Kapelle Saint-Fiacre im gotischen Flamboyant-Stil, 15. Jh.

ihs
ihs

84 LE FAOUËT (Morbihan). Kapelle Saint-Fiacre, Holzlettner, 1480 (s. a. Farbt. 29)

85 Kapelle KERMARIA-AN-ISQUIT bei Plouha (Côtes-du-Nord). Totentanz-Fresko, 15. Jh.

–89 LAMPAUL-GUIMILIAU (Finistère). Kirche mit Triumphbalken, 16. Jh.; Pietà von 1530; hölzerner Baldachin des Baptisteriums von 1650; Holzaltar mit der Passionsgeschichte, 17. Jh. (umseitig)

89

90

91

2 COMMANA (Finistère). Polychromer Holzaltar Sainte-Anne, 1682

] 90, 91 PLEYBEN (Finistère). Kirche mit Schnitzbalken, Geburt und Leidensweg Christi, 16. Jh.

93 LA ROCHE-MAURICE bei Landernau (Finistère). Renaissance-Turm aus dem 16. Jh. Das Kruzifi
über der Triumphpforte ist der Rest eines ehemaligen Calvaire

94 SIZUN (Finistère). Triumphtor und Beinhaus des Enclos paroissial, Renaissance-Stil des 16. Jh. ▷
95 BODILIS bei Landivisiau (Finistère). Renaissance-Vorhalle mit Karyatiden und Atlanten, 1601 ▷

4

95

96 NOTRE-DAME DE TRONOËN bei Penmarch (Finistère). Kirche und ältester bretonischer Calvaire 1450–70

97 GUÉHENNO bei Josselin (Morbihan), Detail des Calvaire. Trauernde vor Christi Grab, 1550 (s. a. Farbt. 43) ▷

98 QUILINEN bei Briec (Finistère). Calvaire in betont vertikaler Komposition, um 1550 ▷

99, 100 Coiffes, typische Hauben der Bretoninnen anläßlich eines Pardons; die lange Coiffe bigoudène aus der Region von Pont-l'Abbé und die Coiffe von Pont-Aven mit Bändern und Halskrause ▷

7

99

98

100

101 PLOUGONVEN (Finistère). Enclos paroissial mit Calvaire auf achteckigem Sockel, 1554. Die Figuren sind hier schon realistischer erfaßt und haben sicherlich stilbildend auf jüngere Calvaires gewirkt

02 CLÉDEN-POHER bei Carhaix-Plouguer (Finistère). Calvaire von 1575

103

103–105 GUIMILIAU (Finistère). Enclos paroissial mit Calvaire von 1581–88. Höhepunkt szenischer Darstellung in dramatischer Steigerung; Einzug in Jerusalem, Verkündigung (s. a. Umschlagvorderseite, Farbt. 26, Fig. S. 2)

106

8 PLEYBEN (Finistère). Calvaire von 1650. Kreuzigung und Auferstehung

106, 107 PLOUGASTEL-DAOULAS (Finistère). Größter Calvaire der Bretagne mit 180 Figuren, 1602 bis 1604, Kreuztragung und Abendmahl. Christus, dritter von links, hält den Kopf des Lieblingsjüngers an seiner Brust

109 PLEYBEN (Finistère). Enclos paroissial mit Kirche, Glockenturm in bretonischer Renaissance, 16. un
17. Jh., und Calvaire (s. a. Abb. 90, 91)

Calvaire von Plougonven (Finistère) 1554. Der Satan versucht Christus in der Wüste, Detail

(Luk. 2,41), weiter durch die Szene, in der Jesus zwischen dem Versucher und der Ehebrecherin steht. Am eindringlichsten erscheint die Darstellung der Versuchung in der Wüste (Luk. 4,1). Der Bildhauer dieses Satans hat wahrlich ein Meisterwerk fratzenhafter Scheußlichkeit vollbracht: Mit stark gewölbter und zugleich gerunzelter Stirn, mit Hörnern, Knollennase und zotteligem Barthaar versehen, fletscht der Bösewicht seine lückenhaften Zähne und zeigt mit der rechten Hand auf die Steine, die der hungernde Christus, mit verinnerlichten und ruhigen Gesichtszügen dargestellt, in Brote verwandeln soll. Über dem Sockel erheben sich wie üblich die drei Kreuze. Auf dem mittleren stehen unter dem Gekreuzigten auf zwei Querbalken Maria, Johannes und zwei Reiter. Zum erstenmal tauchen letztere 1521 auf dem Calvaire von Pencran auf (vgl. S. 183). Der Reiter, der mit hocherhobener Hand auf Christus zeigt, ist der Hauptmann Longinus. Der zweite ist unbekannt und scheint wohl nur aus Symmetriegründen dargestellt worden zu sein.

Weit über das östliche Ufer der Bucht von Morlaix ragt die Halbinsel von Kernéléhen auf, wo sich nordwestlich des gleichnamigen Ortes inmitten von heute jedoch völlig zerstörten Megalithgräbern der große Cairn von *Barnenez* (am Rande einer Hochfläche) befindet. Diese Randlage mußte wahrscheinlich deshalb gewählt werden, weil der Gipfel der Halbinsel schon von einem kleinen Cairn besetzt war, der zwar vor zwanzig Jahren durch Steinbruchnutzung stark in Mitleidenschaft gezogen wurde, jedoch interessante Strukturen aufweist und zumindest ein großes Ganggrab zu enthalten scheint. 1955 begannen *P. R. Giot* und seine Mitarbeiter mit der Untersuchung des etwa 70 m langen ovalen Hügels. Nach verschiedenen Unterbrechungen wurden die Arbeiten bis 1968 weiterverfolgt. Immerhin fand man elf Gräber mit langen Gängen und rechteckigen oder polygonalen Kammern, Konstruktionen verschiedenster Bautechnik. Die Strukturanalyse des Hügels zeigte, daß der Cairn aus zwei in Längsrichtung aufeinanderfolgenden Teilcairns besteht, wobei der jüngere durch eine seitliche Erdschicht den älteren Cairn überlagert (Abb. 32–34). Dieser ist auf einer fast horizontalen Fläche erbaut, während der jüngere, der am westlichen Ende hinzugefügt wurde, auf einem abfallenden Gelände ruht. Deshalb mußte Erde aufgeschüttet und das Gelände unter dem Cairn eingeebnet werden. Für die archäologische Datierung bilden die Keramikfunde den Hauptanhaltspunkt. Im älteren Cairn fand man im Gang des Dolmens H, der im übrigen die vollendetste Form aller hier vorkommenden Gräber aufweist, nur die Scherbe einer kleinen Vase. Eine solche Armut an Keramikfunden ist überraschend, weil die Gräber des jüngeren Cairns reiche Funde erbrachten. Der Dolmen G des älteren Cairns ist interessant, weil seine Decke noch intakt und sein Gang mit einer Steinfüllung verschlossen, somit das Grab unzugänglich war. Die Kammer enthielt eine tonige Erdschicht, die bis zum Niveau der zwei ersten Schichten der Seitenwände aus Trockensteinen heranreichte und eine Menge Holzkohlenreste enthielt. Über dieser Schicht befand sich eine unregelmäßige Bepflasterung aus kleinen Steinblöcken. Nach der Radiokarbonmethode ist ein Alter von 3800 ± 150 v. Chr. festzusetzen. Eine derartige Datierung stimmt mit jenen Ergebnissen überein, die man von den Dolmen IIIc der Insel Guennoc, von dem Dolmen von Kercado (vgl. S. 108) und den Dolmen von Bougan (Deux-Sèvres) erhalten hat. Für den jüngeren Cairn hat man eine Datierung zwischen 3600 und 3150 v. Chr. errechnet.

Bei der Konstruktion von Barnenez verwendete man zwei verschiedene Bausteinsorten: der jüngere Cairn besteht – außer den inneren Stützmauern – aus dem auf der nahen Insel Stérec abgebauten Granit, der ältere aus dem örtlich anstehenden Dolerit. Diese verschiedenen Gesteinsarten verursachen die besonders aus der Ferne gut erkennbaren Farbunterschiede der beiden Cairns. Der zentrale Dolmen H des älteren Cairns ist aus der Sicht des Grundrisses sowie von seiner komplizierten Architektur gesehen der am stärksten entwickelte; die Vorkammer ist von einer Bienenkorbkuppel, dem

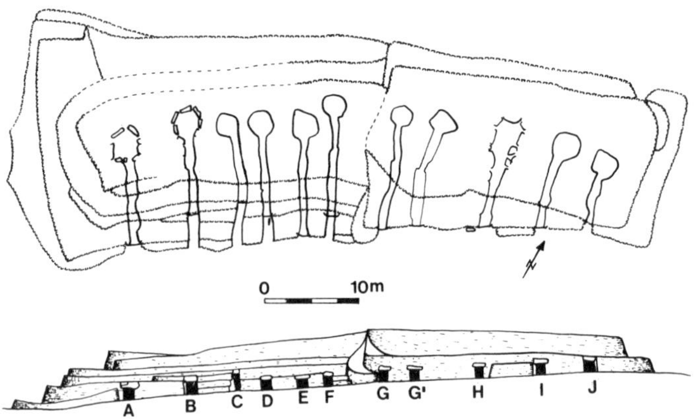

Cairn von Barnenez bei Plouézoch (Finistère), Grundriß und Aufriß (nach Prof. Dr. P. R. Giot)

sogenannten falschen Gewölbe überdeckt, die Grabkammer von einer Steinplatte. Die an den äußersten Enden gelegenen Dolmen A und J besitzen an ihren Eingängen Eingravierungen auf den Steinplatten. Eine weitere Platte am Eingang von A (Torfunktion) ist mit einer viereckigen Öffnung in der Art eines ›Seelenloches‹ versehen.

Die reichlichen Keramikfunde im jüngeren Cairn bestätigen die Benutzung der Dolmen über einen längeren Zeitraum hinweg. So fand man in einer Steinfüllung im Gang D reichliche Keramikscherben der Bronzezeit, und eingesickerte Kohle zwischen den Steinen im Dolmen C und D bestätigt Besuche in der Eisenzeit. Selbst eine Benutzung im Mittelalter ist in E nachgewiesen. Bei den Cairns tragen nicht die Orthostaten die Last der megalithischen Eindeckung der Gänge, sondern dahinter aufgeführte Trockenmauern. Das heutige Erscheinungsbild des rekonstruierten Cairns zeigt einen abgestuften Aufbau, vergleichbar einem zikkurratähnlichen Monumentalbau. Da die Gesamtanlage stark verfallen war und man bisher nirgendwo den oberen Teil eines intakten Cairns gefunden hat, ist nicht sichergestellt, ob die Rekonstruktion bis aufs letzte dem ursprünglichen Zustand entspricht. Immerhin wird angenommen, daß die inneren Mauern ehemals höher lagen, was aus einer Volumenmessung der Einsturzmasse geschlossen wird.

Der Küstenabschnitt nördlich von Barnenez lockt zwischen den felsigen Landzungen von Pointe de Diben und Pointe de Primel mit herrlichen Sandstränden. Nicht weit von der Küste entfernt liegt der Ort *Saint-Jean-du-Doigt,* der seinen Namen einer Fingerreliquie des heiligen Johannes verdankt. Sie soll auf wunderbare Art Augenkrankheiten heilen, und deshalb ist der Ort zu einem beliebten Wallfahrtsziel geworden. Die Kirche im Enclos paroissial ist ein interessantes Monument im gotischen Flamboyant-Stil, leider im Innern durch einen Brand zerstört. Besonders schön ist neben den kostbaren Kunstschätzen in der Schatzkammer ein geweihter Renaissance-Brunnen mit drei übereinanderliegenden Becken. Die Fontäne wird von Gott-Vater gekrönt, der die Taufe seines Sohnes durch Johannes den Täufer segnet.

Die moderne Kirche von *Lanmeur,* 7,5 km südöstlich gelegen, hat auf der Südseite unter einem spitzen Giebel ein romanisches Portal bewahrt. Die dreischiffige Krypta stammt sogar aus präromanischer Zeit und gehört damit zu den ältesten kirchlichen Bauwerken der Bretagne. An der westlichen Mauer entspringt die Fontäne des Saint-Mélar (oder Meloir), benannt nach einem jungen Prinzen, dessen grausamer Onkel, Rivod, um den Platz des Herzogs von Cornouaille einzunehmen, nicht nur dessen Vater tötete, sondern auch den Sohn durch Abschlagen der rechten Hand und des linken Fußes verstümmeln ließ und ihn in ein Kloster sperrte, um ihn damit von der Regierung abzuhalten. Eine Statue in der Krypta stellt den Prinzen dar, wie er seine abgeschlagene Hand hält. Auch die Kapelle Notre-Dame de Kernitron auf dem benachbarten Friedhof besitzt ein Längs- und Querschiff aus romanischer Zeit (12. Jh.). Das Tympanon ihres romanischen Portals ist mit Christus und den Symbolen der Evangelisten geschmückt.

Von *Locquirec* (Farbt. 15) (sehenswerter Altar in der Renaissancekirche) fahren wir auf der Corniche de l'Armorique an ausgedehnten Sandstränden mit malerischen Küstenabschnitten vorbei. Von dem beliebten Badeort St-Michel-en-Grève aus geht es in südöstlicher Richtung ins Landesinnere (D 30) bis zum Wald- und Wiesental des Léguer. Entlang des Flußlaufs wartet eine ganze Reihe von Sehenswürdigkeiten auf unsere Entdeckung. Da wäre zunächst im Süden, nordöstlich des Ortes *Vieux-Marché* die Kapelle des Sept-Saints, die verträumt innerhalb einer schattigen Einfriedung liegt. Zwar wurde sie erst 1703 erbaut, bietet aber eine architektonische Attraktion, weil sie über einem Dolmen errichtet wurde, der damit die Funktion einer Krypta ausübt. Hier, so erzählt die Legende, will man auf wundersame Weise die Bilder der sieben Heiligen gefunden haben, die während der Christenverfolgung unter Kaiser Decius im Jahre 250 in einer Grotte bei Ephesus eingemauert wurden und 431 zur Zeit des Konzils zu Ephesus wieder erwachten. Seit 1945 treffen sich in der Dolmenkapelle, wo man diese orientalischen Heiligen verehrt, Bretonen und Muselmanen alljährlich zu einem gemeinsamen Pardon.

Wenige Kilometer nördlich liegt auf der linken Flußseite das *Château de Kergrist*, etwas weiter die schönste feudale Ruine der Bretagne, das *Château de Tonquédec* aus dem 13. Jahrhundert, das auf Befehl Richelieus geschleift wurde und heute mit seinen noch übrig gebliebenen efeuumrankten Mauern und Türmen ein Ort der Ruhe und Besinnung ist. Weiter auf der anderen Uferseite des Léguer steht die granitene Kapelle von *Kerfons*, die einen sehr schönen geschnitzten Holzlettner von 1520 besitzt. Auch die Ruinen des *Château de Coatfrec* sind stark von der Vegetation überwuchert, passen sich aber damit einer malerischen Landschaft an. Schließlich erreichen wir die alte Stadt *Lannion* mit ihren granitenen Bürgerhäusern beiderseits des Flusses. Im nördlichen Stadtteil steht die von den Templern errichtete Kirche von Brélévenez aus dem 12. Jahrhundert. Aus der romanischen Bauepoche stammen der Chorumgang, die Apsis mit Säulchen und Sparrenköpfen, die Krypta unter dem Chor und die südliche Vorhalle. Etwa 10 km nordwestlich (D 21) erblicken wir auf einem Hügel in der Nähe von Pleumeur-Bodou eine riesige weiße Kugel von 50 m Durchmesser, das sogenannte Radome. Es ist ein Nylon-Ballon, der die Sende- und Empfangsanlagen der Station für Weltraum-Telekommunikation schützt. Auch der etwas weiter im flachen Gelände stehende 200 m hohe Turm mit seinen Antennen gehört zu der Anlage, die man besichtigen kann.

Von Pleumeur-Bodou geht es auf der D 21 weiter bis kurz vor Penvern an der Corniche Bretonne. Hier biegt rechts ein Weg ab, der uns zu dem einsam in der Landschaft stehenden christianisierten Menhir von *Saint-Duzec* führt (Farbt. 10). Er wird als sichtbares Zeichen verstanden, daß Christus über die Macht der alten Götter triumphiert. Der mächtige, fast muskulös wirkende 5 m hohe Block wird von einem schlichten Steinkreuz gekrönt. Im oberen Teil des Menhirs hat ein Steinmetz 1676 Reliefs in naiver Form herausgetrieben: eine derb bäurische Muttergottesfigur, seitlich von ihr Sonne und Mond, darunter die Marterwerkzeuge der Passion: Geißel, Leiter, Stange mit Essigschwamm, Kneifzange und Hammer, auf einer Säule einen Hahn als Symbol von

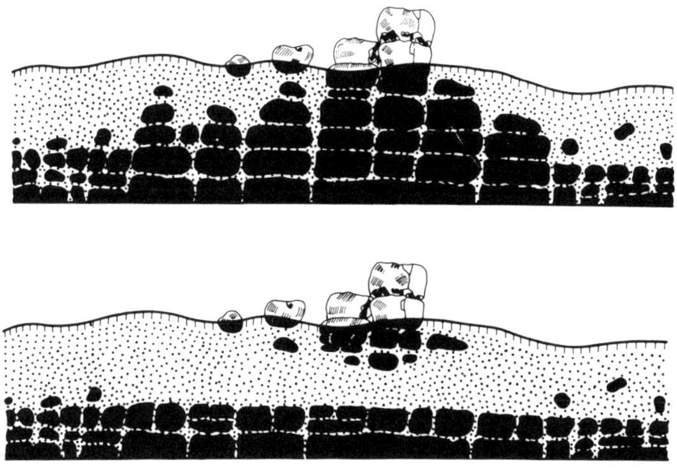

Entstehung von Felsburgen (nach H. G. Wunderlich) oben: Felsburg in direktem Zusammenhang mit dem intakten Gestein, unten: Felsburg durch Vergrusungshorizont von diesem getrennt

Petrus' Verrat, schließlich Christi Kleidung und eine Hand. Neben dem Menhir von Saint-Duzec gibt es in der Landschaft zwischen Trébeurden und Perros-Guirec noch eine Menge prähistorischer Zeugnisse, etwa die Dolmen der *Île-Grande* oder die Allée couverte de *Kerguntüil-en-Trégastel* (Abb. 30).

Die Côte de Granit Rose, so benannt nach dem im Granit enthaltenen rosafarbenen Feldspatmineral, ist eine der überwältigenden Küstenlandschaften der Bretagne (Farbt. 4). Die Entstehung dieser Felsburgmassive, die nach dem postglazialen Anstieg des Meerespiegels z. T. von der Brandung umspült werden, ist der Bodenwasserzirkulation zu verdanken, die sich auf geeignete Klüfte und Spalten im Massengestein konzentrierte und die Flächensysteme durch chemische Verwitterung erweiterte, während das frische Gestein abseits der Kluftsysteme, abgesehen von einer Abrundung der Außenkanten, unvergrust erhalten blieb und schließlich von der Abtragung als rundliche Blöcke aus dem verwitterten Material herauspräpariert wurde. Ab und zu weisen die Blöcke auffällige Höhlungen an der Unterseite auf, was als Folge der stärkeren Vergrusung des Gesteins an der feuchteren Basisfläche zu verstehen ist, während die Oberfläche schneller abtrocknet.

In dem Felsenchaos nördlich von *Ploumanach* bieten sich herrliche Spaziergänge an. In der Bucht am äußersten westlichen Ende des Plage de St-Guirec steht ein von romanischen Säulen getragenes Oratorium, das dem Heiligen geweiht ist, der hier an Land gegangen sein soll. Viele heiratslustige Mädchen kamen hierher, stachen mit einer Nadel in die Nase der Heiligenstatue, um dadurch zu einem Ehemann zu kommen. Schließlich mußte man das Original zu seiner Rettung gegen eine andere Statue austauschen, und man gesellte sie zu den anderen originellen bretonischen Holzfiguren in der kleinen Kapelle oberhalb der Bucht. Ein Spazierpfad führt zur Pointe du Squewel mit ihrem Leuchtturm, wo sich die wohl außergewöhnlichsten Felskolosse türmen (Naturschutzgebiet!). Südlich davon schimmert im Abendlicht die Felsengruppe des ›Château du Diable‹ wahrhaft teuflisch glühend. Auf dem ›Sentier des Douaniers‹ mit wunderschönen Aussichtspunkten auf Meer und Felsenküste läuft man bis *Perros-Guirec*. Gerne bezeichnet sich dieser Ort als ›Königin der Granitküste‹, gesellt sich doch zu seinen herrlichen Sandstränden und den überwältigenden Felsformen eine üppige Vegetation in der nahen Umgebung. Der Kunstreisende findet in der Kirche ein romanisches Schiff aus dem 12. Jahrhundert und interessante Kapitelle mit Darstellungen von Adam und Eva, Abraham, Tier- und geometrischen Figuren, außerdem ein romanisches Portal mit Christus im Tympanon. Zum Wahrzeichen der Kirche gehört auch der klobige quadratische Turm aus rosafarbenem Granit. Das Juwel dieser Küste aber ist die Kirche *Notre-Dame de la Clarté*, die sich auf einer sanften Anhöhe bei Perros-Guirec weithin sichtbar ankündigt. Die schöne Kapelle aus rosafarbenem Granit wurde 1445 erbaut. Hier flehen Pilger die Muttergottes an, ihren Augen Klarheit zu schenken. Das Hinterland von Perros-Guirec ist geradezu prädestiniert zum Entdecken vieler unbekannter Kapellen mit anziehender naiver bretonischer Volkskunst. Auch ein Ausflug mit dem Boot zum Vogelschutzgebiet des Archipels Les Sept-Îles ist ein interessantes Unternehmen.

Der kleine Badeort *Port-Blanc* mit seinem malerischen Fischereihafen besitzt als architektonische Sehenswürdigkeit die Kapelle Notre-Dame de Port-Blanc aus dem 16. Jahrhundert. Ein originelles Dach reicht bis zur Erde hinunter. Im Innern taucht das in der Bretagne so sehr beliebte Thema des heiligen Yves zwischen dem Armen und dem Reichen auf. Neben der Kapelle steht ein kleiner Calvaire mit dem Entstehungsdatum 1663 auf seinem Sockel. Auch hier ist Saint-Yves dargestellt, der sich eng an die Kreuzessäule lehnt.

Von Bäumen beschattet steht die Kapelle *Saint-Gonéry* im gleichnamigen Ort, 7 km nördlich von Tréguier. Größtenteils stammt sie aus dem 15. und 16. Jahrhundert, hat aber auch noch einzelne Überreste aus dem 10. Jahrhundert bewahrt. Kurios ist die windschiefe Turmspitze. Die Kapelle birgt die schönsten Deckengemälde in der sonst an Malerei so armen Bretagne. Das Holzgewölbe des Kirchenschiffs ist mit naiven, aber schwungvollen Motiven aus der Bibel ausgemalt. Der Sternenhimmel des Hintergrundes erinnert uns an ein altorientalisches Märchenbuch, und die fremdgekleideten Figuren mit spitzen Mützen oder Turbanen, die Apostel am Abendmahlstisch mit ihren schwarzen Bärten und dem fremden Gesichtsausdruck wirken wie aus Ikonen geschnitten (Farbt. 28). Wirkungsvoll ist die Erschaffung der Erde dargestellt: Sonne und Mond besitzen menschenähnliche Gesichter. Der jugendliche Weltenschöpfer in lang wallendem Gewand hat soeben einem Vogel das Leben geschenkt. Nun gesellt dieser sich zu seinen Artgenossen, die den Sternenhimmel erobern. Fische im Wasser und Landtiere vervollständigen die Tierwelt. Ein Löwe schaut uns mit Menschenaugen magisch an. Schließlich die Erschaffung der Menschen: Adam und Eva völlig bekleidet; bald werden sie aus dem Paradies vertrieben, während der Engel mit dem bloßen Schwert den Weg zum Baum des Lebens verwehrt.

Die alte ehemalige Bischofsstadt *Tréguier* liegt auf einem Hügel an der linken Uferseite des Jaudy in dessen breiten Mündungsbereich. Saint-Tugdual, ein Verwandter des Königs Artus, war von den Britischen Inseln herübergekommen und hatte hier im 6. Jahrhundert eine Klosteranlage gegründet. Seit jener Zeit ist Tréguier eine geistliche Stadt geblieben. Mit seiner Kathedrale aus dem 14. und 15. Jahrhundert besitzt die Stadt ein großartiges Bauwerk im gotischen Rayonnant-Stil (Abb. 68). Immerhin wird das Querschiff von drei Kirchtürmen überragt. Der älteste, der Turm von Hastings, stammt aus der romanischen Epoche und ist mit Rundbogen und einem Treppentürmchen versehen. Der mittlere Turm wird von einer durchbrochenen Balustrade gekrönt, der dritte, 63 m hohe Turm schließlich besitzt eine zierlich durchbrochene gotische Spitze. Eine harmonische Ausgeglichenheit der Proportionen überrascht im Inneren. Am Eingang rechts findet man die holzgeschnitzte Gruppe, die Saint-Yves zwischen dem Armen und dem Reichen darstellt, eine originelle Arbeit, die vielen naiven Nachahmungen Vorbild war. Der Heilige, der im 2 km südlich gelegenen Minihy auf dem Herrensitz Kermartin 1255 geboren worden war, studierte Rechtswissenschaft und wurde wegen seiner gerechten Urteilssprüche und seines Eintretens für die Armen berühmt, so daß man ihn zum Nationalheiligen der Bretonen und zum Schutzpatron der Rechtsanwälte erhob (vgl. Abb. 127). Hinter der Kathedrale öffnet sich ein stimmungsvoller Kreuzgang aus dem 15. Jahrhundert, dessen hohe, von Mittelsäulen abgestützte gotische Fenster den viereckigen Klostergarten begrenzen, von wo man einen eindrucksvollen Blick auf die Kathedrale mit ihren drei Türmen hat.

Paimpol, 15 km östlich von Tréguier, ist Ausgangsort für landschaftliche Sehenswürdigkeiten (Pointe de l'Arcouest, Île de Bréhat), aber auch für zwei bekannte Ruinen kirchlicher Baukunst. Zunächst liegt 2 km südöstlich die *Abbaye de Beauport*, ehemaliger Sitz der Prämonstratenser (Abb. 6). Die Anlage verdankt ihre Homogenität der normannischen Architektur des 13. und 14. Jahrhunderts. Von der Kirche sind nur noch die Außenmauern, das dachlose Hauptschiff, das nördliche Seitenschiff und der linke Teil des Querschiffs erhalten. Trotz des Zerfalls beeindruckt der lange Kapitelsaal östlich des Kreuzgangs mit seiner polygonalen Apsis.

Obwohl die Geschichtsbücher an keinem Ort dieser Gegend die Anwesenheit von Templern erwähnen, ist die runde Kirche von *Lanleff* (10 km südlich von Paimpol, D 7, D 21) unter dem Namen Tempel von Lanleff bekannt. Die schon im 11. Jahrhundert der Muttergottes geweihte Kirche ist heute eine stille Ruine in ländlicher Umgebung, wobei ihr rosafarbener grobkörniger Granit stark den Witterungseinflüssen ausgesetzt ist. Die ungewöhnliche Architektur veranlaßte die Archäologen zu unterschiedlichsten Interpretationen, die vom gallischen Tempel über ein merowingisches Baptisterium bis zur Kirche der Templer reichten. Es scheint aber heute sicher, daß es sich bei dem Bauwerk um einen romanischen Zentralbau handelt, einem aus dem Orient importierten und nachgeahmten Abbild der dortigen Grabkirchen und der noch älteren mittelmeerantiken paganen Grabmonumente. Die bekannteste Nachahmung einer solchen Rotunde

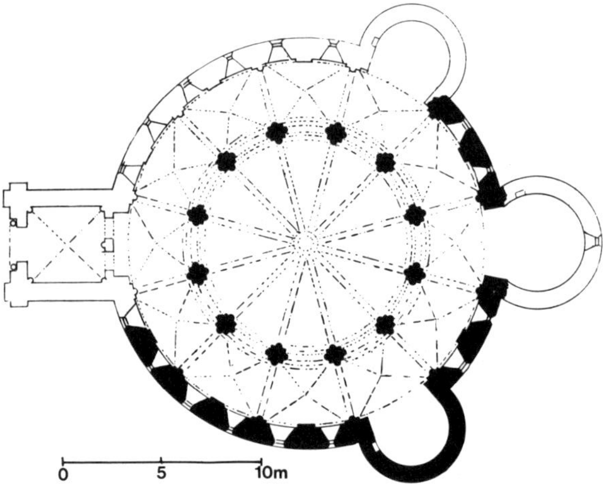

Lanleff (Côtes-du-Nord), Grundriß der Rotunde

ist die Hofkapelle Karls des Großen in Aachen; in Frankreich sei an die Rotunde von Charroux in Poitou erinnert. Die Rotunde von Lanleff wird durch zwei konzentrische Kreise gebildet, von denen der innere in zwölf Rundbogenarkaden gegliedert ist. Die Kapitelle und Basen der Säulen tragen geometrische Figuren oder grobgemeißelte menschliche Physiognomien. Die Überdachung muß man sich in Form einer Kalotte vorstellen, wobei ein zentrales Oberlicht den Innenraum erleuchtete. Zusätzliches Licht dringt durch ein kleines Fenster im östlichen Mauerwerk der Kalotte.

Östlich von Lanleff (D 21) liegt im gleichnamigen Dorf die Kapelle *Kermaria-an-Isquit* (Ort der Maria, die heilt), wo wir in der gedrungen wirkenden Kirche, die im 13. Jahrhundert erbaut und in den folgenden Jahrhunderten verändert und vergrößert wurde, besonders schöne Beispiele der bretonischen Volkskunst finden. Hölzerne Apostelstatuen schmücken die Vorhalle aus dem 14. Jh. (vgl. Fig. S. 70). Der darüberliegende Saal mit Steinbalustrade war einst der Ort des Gerichtstages. Entlang der Wände steht eine reichhaltige Sammlung holzgeschnitzter Figuren und Figurengruppen, steif und ungelenk. Berühmt geworden aber ist die Kapelle durch ihre Fresken aus dem 15. Jahrhundert hoch oben im Kirchenschiff. Es ist ein Totentanz mit 47 Personen, nur in hellen und dunklen Farbtönen gehalten und damit mehr silhouettenhaft wirkend. Der Tod bezieht alle Menschen aus allen Schichten in seinen makabren Tanz ein: Kaiser und König, Papst, Bischof, Mönch, Ritter, Bauer, Wucherer und Bettler, zwei Verliebte und den Feldmarschall; jeder ist vom anderen durch ein Skelett getrennt (Abb. 85).

Die Stadt *Guingamp* liegt etwas abseits unserer Reiseroute im Landesinnern. Sehenswert sind die ehemalige Befestigungsanlage und die Schloßruinen. Die Basilika Notre-Dame de Bon-Secours ist ein interessantes gotisches Bauwerk, das während der Renaissancezeit erweitert wurde. Viele Pilger kommen alljährlich hierher, um die Wallfahrtsstatue, eine schwarze Madonna im Königinnenkleid, anzubeten. Am bewunderungswürdigsten aber ist der Renaissance-Brunnen La Fontaine de la Pompe mit seinen drei übereinanderliegenden Becken und den kuriosen Bleifiguren: Kinderköpfe, geflügelte Meeresrosse, Nymphen, aus deren Brüsten das Wasser spritzt, und über allem die thronende Muttergottes.

Über *Châtelaudren*, dessen Kapelle Notre-Dame du Tertre ein bemaltes Holzgewölbe mit Bibelszenen auf 96 Tafeln im Stil mittelalterlicher Miniaturen aufweist, fahren wir zur Bucht von *Saint-Brieuc*. Die Stadt ist Verwaltungszentrum und Präfektur des Départements Côtes-du-Nord. Der Reiz der Bucht liegt in der herrlichen Landschaft mit abwechslungsreichen Küstenabschnitten, mit ausgedehnten Sandstränden und schroffen Felsenküsten, aber auch in ihren vielen Badeorten wie St-Quay-Portrieux, Etables-sur-Mer, St-Brieuc, Le Val-André, Erquy und Sables-d'Or-les-Pins.

Weiter im Landesinnern liegt *Lamballe*, die alte Hauptstadt des Herzogtums Penthièvre. Auf einer Terrasse über dem Gouessant-Tal erhebt sich mit schöner Aussicht auf die Stadt die Kirche Notre-Dame im normannisch-gotischen Stil, mit einem geraden Chorabschluß und einem Kranz von Seitenkapellen. Der Giebel des linken Querschiffs gehört in das Ende des 12. Jahrhunderts, das Kirchenschiff in die erste Hälfte des 13. Jahrhunderts, mit runden von Blattkapitellen gekrönten Pfeilern und schönem spätgotischen Maßwerk in den Seitenfenstern. Das romanische Eingangsportal (12. Jh.) ist ein typisches Stufenportal mit Säulen und Archivolten, die Kapitelle mit grotesken Köpfen geschmückt (Abb. 62). Heute ist Lamballe durch sein Gestüt (Haras national) berühmt. Östlich von Lamballe liegt in einem bewaldeten romantischen Tal die eindrucksvolle Ruine des *Château de la Hunaudaye*.

17 Saint-Malo und die Côte d'Emeraude

Die Côte d'Emeraude, benannt nach der smaragdgrünen Farbe des Meeres, ist eine der schönsten Natur- und Küstenlandschaften der Bretagne, ja ganz Frankreichs. Weit schiebt sich das 72 m hohe *Cap Fréhel* ins Meer vor, geformt aus horizontal lagerndem Schiefer- und Sandstein und durchfurcht von Porphyradern (Farbt. 1). Bei klarem Wetter schweift der Blick nach Osten bis zur normannischen Halbinsel Cotentin, nach Westen bis zur Île de Bréhat. Donnernd klatschen die Brecher gegen die Klippen und betreiben zusammen mit dem scharfen Wind ihr Zerstörungswerk. An den Felssprüngen und Hängen klammern sich violettes Heidekraut und gelber Stechginster. Möwen fliegen kreischend umher und stürzen pfeilschnell nach unten, um Nahrung zu erbeuten. Sie bevorzugen die Felsnischen für ihre Nistplätze, vor allem am östlichen Küstenstrich des Kaps. So hat man dieses Gebiet auch zu einem Vogelschutzgebiet erklärt, in dem sich Silbermöwen, Haubenkormorane, Tordalke, Lummen und Dreizehenmöwen wohlfühlen.

Im Südosten von Cap Fréhel thront die mittelalterliche Festung der Herren von Matignon auf einem Felsvorsprung. Es ist die aus rosafarbenem Granit erbaute Festung *Fort de la Latte*, die nur über eine Zugbrücke erreichbar ist. An dem stark zerklüfteten eindrucksvollen Küstenstreifen zwischen Fort de la Latte und St-Malo windet sich ein Kranz kleinerer und größerer Badeorte: St-Cast-le-Guildo, St-Jacut-de-la-Mer, St-Briac-sur-Mer, St-Lunaire und das traditionelle Dinard mit Kasinos und komfortablen Hotels.

Zwischen Dinard und St-Malo liegt der breite Mündungstrichter der Rance, in dem der Unterschied zwischen Hoch- und Niedrigwasser bis zu 14 m beträgt. Dieser äußerst starke Tidenhub wurde erstmalig auf der Erde durch ein Gezeitenkraftwerk (Usine marémotrice de la Rance) genutzt. Damit kam die Regierung auch der abgelegenen und damit wirtschaftlich benachteiligten Bretagne entgegen, als sie mit den Industriebetrieben, die sich auf die Energiewirtschaft stützen, neue Arbeitsplätze schuf (vgl. S. 13). Zur Nutzung der riesigen Wassermassen im Mündungsarm der Rance (18 000 cbm/sec) sperrte man zwischen 1961 und 1966 die Mündung mit einem Staudamm ab, der zugleich von einer Autostraße überbrückt wurde, welche die starken Verkehrsströme zwischen dem West- und Ostufer aufnahm. Am Westufer entstand eine Schleuse für die Binnen-

Gezeitenkraftwerk St-Malo

1 Turbinenanlage
2 Kommandoraum
3 Umspannanlage 225 KV
4 Materialschacht
5 Schiffsschleuse
6 Wassertore
7 Toter Staudamm
8 Chalibert-Felsen

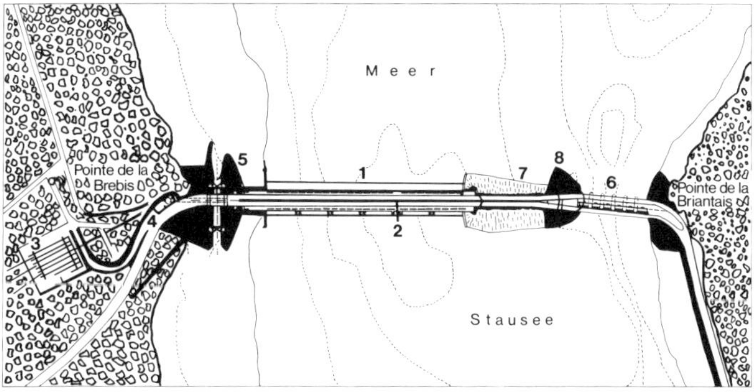

schiffahrt. Durch sechs riesige Tore von 10 x 15 m auf der Ostseite wird der Mündungsarm der Rance gefüllt und entleert. Flut- und Ebbstrom treiben vierundzwanzig Turbinen, eine jede mit einem Leistungsvermögen von 10 MW. Die Menge des ausgenützten Wassers beträgt 184 Mill. cbm, dabei werden 500 Mill. kWh erzielt (Möglichkeit zur Besichtigung des Turbinensaals).

Saint-Malo (44 000 E.) – »eine granitene Zitadelle«. So hat der hier geborene Dichter und Politiker Chateaubriand seine Heimatstadt genannt. Von jenen befestigten Inselstädten, den Villes closes, ist St-Malo die stolzeste; eine Korsarenstadt, »architektonische und moralische Synthese von Hafen, Festung und Warenlager, die etwas von Gent, vom phönizischen Tyrus und von Venedig an sich hat«![16] St-Malo, ein Einsiedlermönch, hatte im 6. Jahrhundert die Bewohner von Aleth (St-Servan), eine alte von den Römern gegründete Präfektur auf der benachbarten südlichen Halbinsel, missioniert und war ihr Bischof geworden. Im 9. Jahrhundert überfielen die Normannen Aleth, deren Bewohner sich daraufhin auf die leichter zu verteidigende Granitinsel, das heutige St-Malo, zurückzogen. Im Laufe der Jahrhunderte wurden die mächtigen Verteidigungsmauern gebaut, hinter denen sich die Stadt ungestört entwickeln konnte. Als der Platz nicht mehr ausreichte, zogen viele Bürger wieder in Richtung des ehemaligen Aleth. Diese Stadt war zwar von St-Malo abhängig, gab sich aber einen eigenen Namen, nämlich St-Servan nach einem Lokalheiligen. Während der Auseinandersetzungen zwischen den Königen von Frankreich und den Herzögen der Bretagne, zwischen diesen und den Bischöfen von St-Malo und im Hundertjährigen Krieg zwischen Frankreich und England waren die Einwohner St-Malos stets darauf bedacht, sich ein Höchstmaß an Selbständigkeit zu erkämpfen. Während der Hugenottenkriege (1562–1598) übte die Stadt volle Selbstverwaltung aus und verhandelte wie eine mittelalterliche Seerepublik mit großen Seemächten wie Portugal. Im 16. Jahrhundert waren die Seeleute von St-Malo Korsaren im erfolgreichen Kampf gegen England. Man hat die Stadt vom Meer aus nie erobern können, und erst nach der Landung der Alliierten 1944 fiel die stolze Stadt in Schutt und Asche. Glücklicherweise hat man die alte Korsarenstadt, die

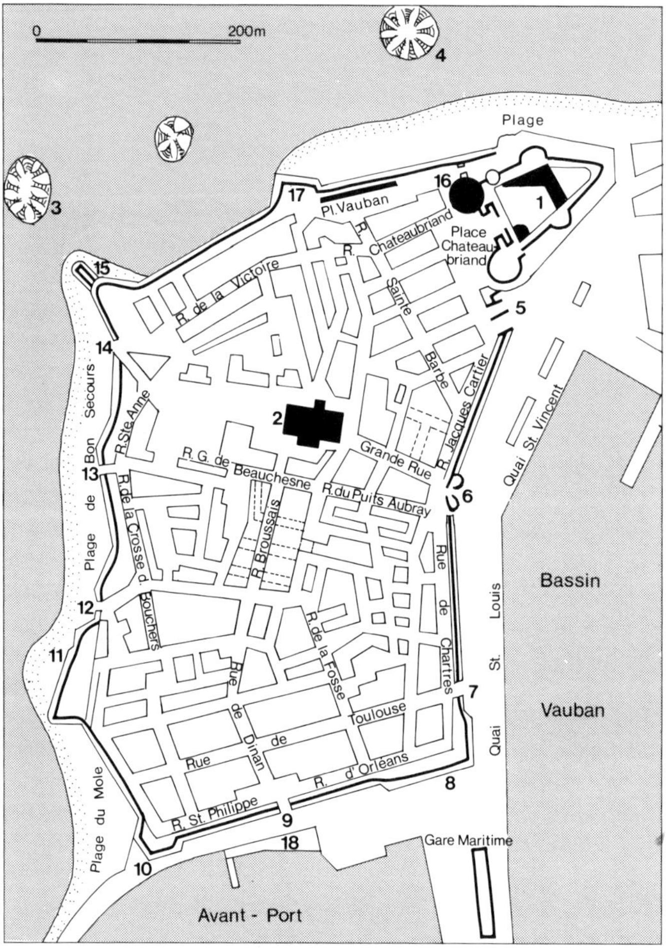

Stadtplan von St-Malo

1 Burg und Museum
2 Kathedrale St-Vincent
3 Île du Grand Bé mit dem Grab Chateaubriands
4 Fort National
5 Porte St-Vincent
6 Grande Porte
7 Porte St-Louis
8 Bastion St-Louis
9 Porte de Dinan
10 Bastion St-Philippe
11 Bastion de Hollande
12 Porte St-Pièrre
13 Porte des Bés
14 Porte des Champs Vauverts
15 Tour de Bidouane
16 Tour Quiquengrogne
17 Aquarium
18 Schiffsanlegestelle (Dinard, Dinan, Cap Fréhel)

zu fast 80 Prozent zerstört war, mit engen Straßenschluchten und Gassen im klassizistischen Stil des 18. Jahrhunderts wieder aufgebaut.

Die Ville close wird von drei Seiten vom Wasser umspült, vom Meer, von der Rancemündung und von vier Hafenbecken. Am Quai St-Vincent drängen sich in mehreren Reihen die bunten Segeljachten und beleben mit ihrem schwankenden Mastenwald den Blick zur Stadtmauer mit der Grande-Porte, hinter der sich die Altstadt erhebt (Farbt. 33, Abb. 135). Im Nordosten ist als mächtiges Bollwerk gegen den Angriff von der Landseite die Burganlage errichtet. Der Vierflügelbau mit den vier Ecktürmen stammt aus dem 15. Jahrhundert. An der Ostseite wurde im 17. Jahrhundert eine als Galère bezeichnete dreieckige Anlage angebaut. Im mächtigen Südturm, dem Générale, ist das

Musée municipal für die Stadtgeschichte untergebracht. Der Turm Quiquengrogne, in dem Darstellungen von St-Malo ausgestellt sind, verdankt seinen Namen einer Bauinschrift, die Anne de Bretagne anbringen ließ, weil sie dem Geist der Unabhängigkeit bei den Bewohnern der Stadt mißtraute: »QUI QU'EN GROIGNE, AINSI SERA CAR TEL EST MON PLAISIR« (Möge auch jemand meckern, so soll es sein, denn das ist unser gnädigster Wille).

Ein Rundgang über die Stadtmauern von etwa 1 bis 1½ Stunden Dauer gehört zu dem größten Erlebnis in St-Malo. Man beginnt ihn am besten am südlichen Schloßturm, an der Porte St-Vincent, also am Haupteingang zur Stadt. Die Mauer zieht sich um die ganze Stadt herum und geht im Kern auf mittelalterliche Bauten des 12. bis 14. Jahrhunderts zurück. In der ersten Hälfte des 18. Jahrhunderts wurde sie von einem Schüler des Festungsbaumeisters Vauban erneuert, der Abschnitt zwischen dem Fort à la Reine und dem Tour de Bidouane in der Mitte des 19. Jahrhunderts. In südlicher Richtung geht es zunächst auf dem Wehrgang entlang, mit Blick auf den Jacht- und Handelshafen. Dann passieren wir die Grande-Porte, die von zwei wuchtigen Türmen flankiert wird und über der in einer Nische die Statue der Notre-Dame herabgrüßt (Farbt. 33). Ansehnliche Patrizierhäuser der Reeder von St-Malo mit ihren auf gleicher Höhe liegenden Fenstern ziehen unsere neugierigen Blicke an. Dann aber lenkt uns zur linken Seite hin die Aktivität innerhalb des Hafens und die Aussichten auf St-Servan und die Rancemündung ab. An der Bastion St-Philippe führt die Môle des Noires 520 m weit in das Meer hinein, um den Vorhafen vor stürmischen Brechern zu schützen. Von hier ab erstreckt sich unterhalb der Mauer in nördlicher Richtung ein schöner Sand- und Badestrand mit bunten Strandkörben. An der Bastion de Hollande wurde dem einstigen Seefahrer Jacques Cartier aus St-Malo, der 1533 Kanada entdeckte, ein Denkmal gesetzt. An der Porte des Bés gelangt man hinunter zum Strand Bon-Secours. Von hier aus erreicht man bei Ebbe die Insel Grand Bé. Hier liegt das Felsengrab Chateaubriands ohne Namen und Inschrift, so wie es der Dichter vor seinem Tode verfügt hatte; ein Ort bewußt zur Schau gestellter Abgeschiedenheit sollte dem Andenken dieses Mannes die letzte Weihe geben, der unendliche Mühe darauf verwendet hatte, der Nachwelt eine ganz vom Gefühl des eigenen Wertes durchdrungene Persönlichkeit zu hinterlassen. Auch das Vorbild des anonymen Grabes Napoleons auf St-Helena könnte ihn bei seiner Grabwahl geleitet haben, denn dieser Mann erschien ihm als der einzige ebenbürtige Mensch seiner Zeit. Ein Jahr vor Chateaubriands Tod 1847 schrieb Gustave Flaubert über die zukünftige Grabesstätte: »In diesem auf einer Klippe erbauten Grab wird seine Unsterblichkeit sein wie sein Leben war: verlassen von den anderen und ganz von Gewittern umgeben. Die Wogen werden mit den Jahrhunderten lange um diese große Erinnerung spielen.«[17]

Dem Tour de Bidouane ist stadteinwärts die Bastion Cavalier vorgelagert. Innerhalb einer kleinen Grünanlage gedenken wir vor dem Standbild Robert Surcoufs (1773 bis 1827) des Königs der Korsaren und seiner Tollkühnheiten, durch die er der britischen Schiffahrt mehr Schaden zufügte als die gesamte französische Kriegsflotte. Schließlich erreichen wir am Ende der Mauer die Porte St-Thomas und den Strand L'Eventail. Bei Ebbe ist auch hier ein Fußweg zum nahen Fort National möglich, ein von Vauban errichtetes Bollwerk, das zeitweilig auch die Funktion eines Gefängnisses innehatte.

Nach dem Rundgang interessiert uns die Ville close. In der Rue Chateaubriand Nr. 3, ganz in der Nähe des beendeten Rundgangs auf den Mauern, steht das Haus, in dem der große Dichter und Politiker 1768 geboren wurde. Seine Jugend verlebte er in dem mittelalterlichen Schloß Combourg (vgl. S. 241). In der altertümlichen Rue Pélicot, einem Viertel, das von den Zerstörungen 1944 völlig verschont blieb, ist noch ein altes Holzhaus mit Glasgalerien zu besichtigen (Nr. 5), ein schönes erhaltenes Beispiel für alle jene Häuser, die vor dem 17. Jahrhundert noch in Holz erbaut wurden.

Ein Spaziergang entlang der Corniche d'Aleth bis zum Tour Solidor im Stadtteil St-Servan ist wegen der schönen Ausblicke auf St-Malo, die Inseln Petit-Bé und Grand-Bé und die Île de Cézembre, auf die Hafeneinfahrt und die Rancemündung besonders empfehlenswert. Bei stürmischem Wetter muß man vor der hochspritzenden Gischt öfter in Deckung gehen. Das Musée international des Cap-Horniers im Tour Solidor ist den Abenteuern und Entdeckungen der großen Seefahrt zwischen dem 16. und 20. Jahrhundert gewidmet. Der nach St-Malo verwaltungsmäßig eingegliederte Ort Paramé und das 6 km entfernte Rothéneuf sind beliebte Badeorte.

Die alte Stadt *Dinan* liegt 75 m hoch am Rande eines zum engen Rance-Tal steil abfallenden Plateaus. Bezaubernde alte Gassen und Plätze, Fachwerkhäuser mit vorkragenden Etagen und kuriosen Konsolfiguren, dazu die Portale des Patriziats und des Klerus machen den Reiz dieser adligen Stadt aus. Regelmäßig legen Boote von St-Malo und Dinard ab und fahren rund 25 km die Rance aufwärts mit dem Ziel Dinan, »ein ständiger Wechsel von Felsen und Grün, von Strand und Wald, von Buchten und Weilern, von alten Herrensitzen der feudalen Bretagne und von bescheidenen Wohnhäusern der handeltreibenden Bretagne« (Chateaubriand)[18]. Von der Bootsanlegestelle kurz vor der ›gotischen‹ Brücke steigen wir durch die Rue du Petit Fort zur Porte du Jerzual hoch, eines jener Eingangstore zu der von Befestigungsmauern geschützten Altstadt. In der sich anschließenden Rue du Jerzual stammen die malerischen Häuschen noch aus dem 15. und 16. Jahrhundert, in denen kleine Antiquitätenläden versuchen, den Fremden anzulocken. Die schönsten Häuser gruppieren sich an der Place des Merciers und der Rue de l'Apport. Im Erdgeschoß dieser Häuser liegen zurückverlegt kleine Geschäfte. Die darüber hervortretenden Geschosse, die sich unter der Last der Jahre durchzubiegen beginnen, werden gestemmt von klotzigen Holzpfeilern mit Seitenverstrebungen, die auf alten Steinsockeln ruhen, so daß sich eine Art Laubengang bilden konnte, in deren Schutz geschäftiges Treiben herrscht. Dann geht es vorbei am Tour de l'Horloge in der gleichnamigen Straße. Dieser 60 m hohe Turm wurde Ende des 15. Jahrhunderts erbaut; die große Stundenuhr stiftete Anne de Bretagne 1507 der Stadt. Im Haus Nr. 6 in derselben Straße ist das Touristenbüro (Syndicat d'Initiative) untergebracht, und zwar in dem reizenden Hôtel de Keratry von 1599, einem Haus,

Stadtplan von Dinan

1 Burg u. Museum
2 St-Sauveur
3 Kirche St-Malo
4 Haus des Gouverneurs
5 Altes Franziskanerkloster
6 Altes Haus Beaumanoir
7 Tour de l'Horloge
8 Hôtel Kératry
9 Place des Merciers
10 Porte du Jerzual
11 ›Gotische‹ Brücke
12 Viadukt
13 Bootsanlegestelle (St-Malo, Dinard)

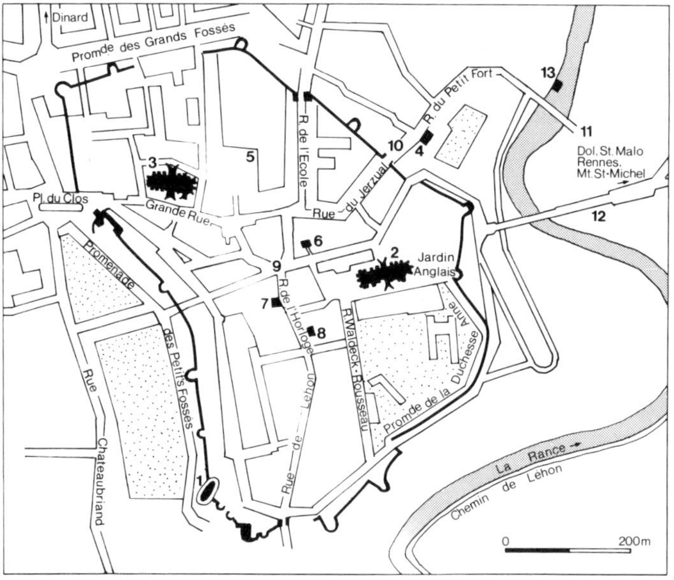

dessen vorkragende Geschosse von drei Granitpfeilern getragen werden. Die Basilika Saint-Sauveur ist eine spätgotische Kirche, hat aber noch ein romanisches Portal (Abb. 60) und eine Mauer auf der Südseite vom Vorgängerbau bewahrt. Das romanische Portal ist von zwei blinden Arkaden eingerahmt und erinnert an die Schule Poitiers. Es bildet einen Kontrast zu dem darüberliegenden Giebel des 15. Jahrhunderts, der von einem großen Flamboyantfenster durchbrochen ist. Elemente des Dekors bieten sich fast orientalisch dar: säulentragende Löwen in den Blendarkaden, Fratzen und geflügelte Fabeltiere über den drei tiefgestaffelten, von schlanken Säulen flankierten Nischen. Das Tympanon ist modernen Ursprungs. Über dem asymmetrisch gebauten Kirchenschiff erhebt sich ein barocker Turm. Im Kircheninnern birgt ein Kenotaph im Empire-Stil das Herz des Nationalhelden Du Guesclin, während sein Leib in der Grabkirche der Könige in St-Denis bei Paris ruht. Durch die Tapferkeit dieses Mannes wurden die Engländer im Hundertjährigen Krieg, als sie die Stadt wiederholt einzunehmen versuchten, endgültig vertrieben, nachdem Du Guesclin im Zweikampf einen englischen Ritter besiegt hatte. Dinan behielt dadurch seine Freiheit; Du Guesclin aber gewann die Liebe seiner Frau, einer schönen Bürgerin Dinans: Tiphaine Raguenel. Hinter der Kirche spazieren wir durch den erholsamen Jardin Anglais. Von der Stadtmauer und dem Tour Cardinal öffnet sich ein herrlicher Blick auf das Tal der Rance mit dem modernen Viadukt und der weiter flußabwärts liegenden gotischen Brücke. Südwärts geht es anschließend entlang der Stadtmauer über die Promenade de la Duchesse-Anne zur Burg von Dinan, die von bretonischen Herzögen im 14. und 15. Jahrhundert als krönender Abschluß der Stadtbefestigung erbaut wurde. Dieses massive

Granitbauwerk, genannt Donjon de la Duchesse-Anne, hat einen außergewöhnlichen ovalen Grundriß, ist 34 m hoch und besitzt als einzigen Schmuck einen Kranz von Pechnasen. Ein Museum im Innern informiert über Geschichte und Ethnographie Dinans. Auf der Promenade des Petits-Fossés und Grands-Fossés kann man den Spaziergang am Fuße der turmbewehrten Stadtmauer fortsetzen, ob am Tag oder bei Einbruch der Nacht, wenn die Mauern vom Scheinwerferlicht angestrahlt werden – in jedem Fall ist es ein Erlebnis.

Ruinen einer gallo-römischen Anlage bei *Corseul* stehen westlich von Dinan. Nach etwa 8,5 km auf der Straße nach Plancoët (D 794) biegt links ein Feldweg zu einem etwa 500 m abseits liegenden Gehöft ab, in dessen Nähe man einen halbverfallenen, ehemals achteckigen Turm entdeckt. Bei diesem ›Temple de Mars‹ (Fanum Martis) handelt es sich wahrscheinlich um die Cella, in der das antike Götterbild stand. Er steht in der Nähe des heute unscheinbar wirkenden Ortes Corseul, der aber einst die Hauptstadt des mächtigen armorikanischen Stammes der Curiosoliten war, bevor dieser von den Römern niedergeworfen wurde, die ihrerseits eine Garnison hierhin verlegten. Außer dem Gebäuderest des Tempels ist nichts mehr von der einst wichtigen Ansiedlung vorhanden, die an einer Wegkreuzung lag. Doch ihr Reichtum ist durch zufällig ausgegrabene Gegenstände bewiesen worden; Gärten und Felder von Corseul waren übersät mit Scherben von Töpferwaren, außerdem fand man unzählige Münzen, Bruchstücke seltener Marmorarten, Schmuck, Waffen, Werkzeuge, Säulenstücke u. a. m. Eine kleine Sammlung im Rathaus von Corseul und im benachbarten Jardin des Antiques gibt eine Vorstellung von dieser gallo-römischen Stadt. In der Kirche liest man die römische Inschrift eines Grabmals, die in der Kapelle rechts vom Chor eingemauert und einer Frau Silicia von ihrem Sohn Januarius gewidmet worden ist.

Bevor wir von Dinan aus nach Combourg weiterfahren (D 794), sei auf das auf halbem Wege in der Nähe des Ortes Pleugueneuc gelegene Schloß La Bourbansais hingewiesen, das in einer schönen Gartenanlage steht. Dann aber wollen wir jenen Schauplatz besichtigen, wo Frankreichs größtes romantisches Genie, François-René de Chateaubriand (1768–1848), seine Jugend verbrachte. Es ist das *Schloß Combourg*, das sich von seiner schönsten Seite offenbart, wenn wir es am Ortsausgang in Richtung Rennes erblicken (Abb. 117). Auf der Wasserfläche eines großen Teiches mit gelben Seerosen und verschilftem Ufer spiegeln sich die granitenen Türme, die mächtigen Mauern und die jahrhundertealten Bäume des Schlosses und seines Parks, dazu eine Ansammlung kleiner Häuser – eine Landschaft, die entzückt. Dennoch hinterläßt das Schloß, ein viereckiges Gebäude mit Innenhof und vier zylindrischen Ecktürmen, mit Pecherkern und konischen Dachkonstruktionen einen strengen und ernsten Eindruck. Schon im 11. Jahrhundert wurde Combourg vom Bischof von Dol gegründet und im 14. und 15. Jahrhundert von seinen Besitzern, zu denen u. a. auch Du Guesclin gehörte, erweitert. Chateaubriands Vater hatte 1761 das Schloß gekauft, nachdem er zunächst nach einem abenteuerlichen Leben als Kabeljaufischer vor Neufundland, als Sklavenhändler und zuweilen sogar als Seeräuber – was der damaligen Standesehre im übrigen

o SAINT-THÉGONNEC (Finistère). Vollständig erhaltener Enclos paroissial. Triumphtor (1587), Apsis des Beinhauses (links) und Glockenturm, 1599–1626, in bretonischer Renaissance

12–114 SAINT-THÉGONNEC (Finistère). Details des Calvaire, 1610; Schmähung: »Da spien sie aus in sein Angesicht und schlugen ihn mit Fäusten. Etliche aber schlugen ihn ins Angesicht und sprachen: ›Weissage uns, Christus, wer ist's, der dich schlug?‹« (Matth. 26, 67–68)

◁ 111 SAINT-THÉGONNEC (Finistère). Beinhaus (1676–81), vom Kirchenportal aus gesehen. Das ehemals nur wenig verzierte Knochenlager des 15. Jh. ist hier zu einem wahren Totenpalast gesteigert

14 Kreuztragung (umseitig)

13 Grablegung

115 VITRÉ (Ille-et-Vilaine). Grenzfeste der Bretagne, eines der schönsten Beispiele strategischer Architektur des Mittelalters, 11.–15. Jh. Blick vom Place Saint-Yves

6 FOUGÈRES (Ille-et-Vilaine). Blick vom Tour Mélusine auf die Vorburg, 12.–15. Jh.

117 Schloß COMBOURG (Ille-et-Vilaine)

118 CHÂTEAUBRIANT (Loire-Atlantique). Neues Renaissance-Schloß, 1533–39

119 KERJEAN bei Plouescat (Finistère). Renaissance-Schloß, 1553–1618

20 NANTES (Loire-Atlantique). Ehemalige Residenz der Herzöge der Bretagne. Herrenhaus (Grand Logis) und Tour de la Couronne d'Or, erbaut unter Anne de Bretagne

121

12

3 RENNES (Ille-et-Vilaine). Haus von Bertrand du Guesclin in der Rue Saint-Guillaume, 16. Jh.

121, 122 RENNES (Ille-et-Vilaine). Justizpalast (Palais de justice), früheres Parlamentsgebäude der Bretagne, toskanische Renaissance, 1618–54; großer Parlamentssaal, Decke von Pierre Dionis, 1656–60, mit Gemälden von Noël Coypel

124

126

125

128

129

124–132 MUSÉE DE BRETAGNE, RENNES

12

24 Göttin von Ménez-Hom, Kerguilly bei Dineault, 1. Hälfte des 1. Jh. v. Chr.

25 Bischof in vollem Ornat, Granit, Cornouaille, 14. Jh.

26 Saint-Joseph mit Jesuskind, Gegend von Vannes, 17. Jh.

27 Saint-Yves hilft dem Armen, polychrome Holzskulptur, Nieder-Bretagne, 16. Jh.

28 Goldmünze der Osismer, 70 v. Chr.

29 Münze der Namneten, 80 v. Chr. (Gold-Silber-Legierung)

130, 131 Bronzemedaillen von Ludwig XII. und Anne de Bretagne, 1499 in Lyon geprägt

132 Vorderseite einer Holztruhe, Rennes, 15. Jh.

33 Schrankbett (lit-clos), 19. Jh., Musée d'Art populaire régional, Nantes

134 Bretonische Bauernstube, Musée départemental breton, Quimper

136 CONCARNEAU (Finistère). Ville close, Zugang vom Place de Jaurès

◁ 135 SAINT-MALO (Ille-et-Vilaine). Blick auf die Ville close (Intra Muros) von SSW

137 SALINEN (Marais Salants) bei Saillé, südlich von Guérande (Loire-Atlantique)

keinen Abbruch tat – zu einem kleinen Vermögen gekommen war. Combourg übte entscheidenden Einfluß auf den jungen Chateaubriand aus. Wenn er in seiner Dichtung ›Erinnerungen von jenseits des Grabes‹ (Mémoires d'outre-tombe) die innige Beziehung zur Natur schildert, dann ist es vor allem jene Zeit in Combourg, die sich dem außergewöhnlichen Menschen tief eingeprägt hat. Während seiner politischen Laufbahn als Botschaftssekretär in Rom, als Gesandter in Berlin, Botschafter in London und beim Vatikan und schließlich als Innen- und Außenminister kehrte er immer wieder in die Bretagne zurück. Hier wünschte er auch nach seinem Tode begraben zu werden (vgl. S. 221), in einem Land, dessen keltischen Geist er in sich trug, dem er seine Hartnäckigkeit, seine Unabhängigkeit, seine Schwermut und seine Liebe zur heroischen Poesie verdankte. Einige Auszüge aus den ›Erinnerungen‹ machen Chateaubriands Jugendzeit in Combourg wieder lebendig:

»Am Ende des Hofes, dessen Boden unmerklich anstieg, zeigte sich zwischen zwei Baumgruppen das Schloß. Seine traurige und strenge Fassade wies einen Wehrgang auf mit einer halbbedeckten Galerie. Dieser Wehrgang verband zwei Türme, die weder im Alter noch im Material, noch in Höhe und Umfang einander glichen. Die Türme endeten in einem spitzen, mit Zinnen versehenen Dach, das aussah wie eine Haube über einer gotischen Krone.

Hier und da sah man einige vergitterte Fenster in der kahlen Mauer. Eine breite, steile Freitreppe mit zweiundzwanzig Stufen, ohne Geländer und ohne Brustwehr ersetzte die alte Zugbrücke. Sie führte zum Tor des Schlosses. Über diesem Tor erblickte man die Wappen der Herren von Combourg sowie einige Löcher für die Ketten der ehemaligen Zugbrücke . . . Das ganze Schloß hatte die Gestalt eines vierrädrigen Wagens . . .«

An einsamen Winterabenden, wenn sich der strenge Vater zurückgezogen hatte, lebte das Gespräch unter den zurückgebliebenen Familienmitgliedern wieder auf:

»Hatte sich dieser Redestrom dann gelegt, rief ich die Kammerfrau und begleitete meine Mutter und meine Schwester in ihre Gemächer. Ehe ich mich zurückzog, forderten sie mich auf, unter die Betten, in die Kamine und hinter die Türen zu schauen, die Treppen, die Durchgänge und die Nähstube zu untersuchen. Alle die alten Schloßgeschichten von Räubern und Gespenstern fielen ihnen wieder ein. Die Dienerschaft war überzeugt, daß ein gewisser, vor dreihundert Jahren verstorbener Comte de Combourg mit einem Holzbein zu bestimmten Zeiten erscheine und daß man ihm auf der großen Treppe des Turmes begegnet sei; sein Holzbein ging auch zuweilen allein mit einer schwarzen Katze spazieren.«

»Der Frühling ist in der Bretagne wärmer als in der Umgebung von Paris, und es blüht dort alles schon drei Wochen früher. Die Schwalbe, der Pirol, der Kuckuck, die Wachtel und die Nachtigall, diese fünf Vögel, die den Frühling ankündigen, kommen zusammen mit den Brisen, die in den Buchten der armorikanischen Halbinsel beheimatet sind. Wie in den vereinsamten Gefilden rings um San Giovanni in Laterano und Santa Croce di Gerusalemme in Rom bedeckt sich der Boden mit Margeriten, Stiefmütterchen, gelben und weißen Narzissen, Hyazinthen, Ranunkeln und Anemonen. Die Waldlichtungen schmücken sich mit hohen eleganten Farnen; Ginsterbüsche prangen in strahlender Blütenpracht, die man für goldene Schmetterlinge halten könnte. Die Hecken, unter denen eine dichte Fülle von Erdbeeren, Himbeeren und Veilchen hervorsprießt, sind mit Weißdorn, Geißblatt und Brombeeren geziert, deren braune gebogene Schößlinge Blätter und herrliche Früchte tragen. Alles wimmelt von Bienen und Vögeln, deren Schwärme und Nester die Kinder auf Schritt und Tritt zum Stehenbleiben veranlassen. Wie in Griechenland wachsen Myrthen und Oleander auf freiem Feld; die Feige reift wie in der Provence; mit seinen rötlichen Blüten gleicht jeder Apfelbaum einem großen bäuerlichen Brautstrauß.«

»Zwischen Meer und Land lagern Dünen, die verschwimmenden Grenzen zwischen zwei Elementen: hier fliegt die Feldlerche neben der Meerschnepfe, und nur einen Steinwurf voneinander entfernt ziehen Pflug und Boot ihre Furchen durch Erde und Wasser. Der Seemann und der Hirte entlehnen sich gegenseitig die Sprache: ›Der Himmel hat Schäfchenwolken‹, sagt der Seemann, und der Hirt spricht von ganzen ›Fluten von Schafen‹. Vielfarbiger Sand, mannigfache Ablagerungen von Muscheln und Seetang, Fransen silbernen Meerschaumes umranden den goldblonden und grünen Saum der Getreidefelder.«[19]

Nördlich von Combourg, 1 km vor der Stadt Dol-de-Bretagne, erhebt sich rechts der Straße einsam und stolz der 9,30 m hohe *Menhir du Champ-Dolent*. Der Name (Wallstatt des Leidens) weist auf legendären Ursprung hin. Während einer blutigen Schlacht sei er vom Himmel gefallen, um die Kämpfenden zu trennen.

In *Dol-de-Bretagne* wurde 848 Nominoë zum ersten Herzog der Bretagne gekrönt. Dieser erhob Dol zu einer Bischofsstadt und machte ihren Bischof zum Primas der sieben bretonischen Bistümer, um damit die Unabhängigkeit seines Landes deutlich hervorzuheben. Noch heute zeugt die gotische Kathedrale Saint-Samson mit ihren eindrucksvollen Dimensionen von jener Kirchenmacht. Sie steht an der Stelle einer abgebrannten romanischen Kirche, von der noch einige Überreste in den neuen Bau einbezogen wurden. Äußerlich wirkt das Gebäude mit seinen drei gedrungenen Türmen unproportioniert. Die Westfassade mit ihrem nüchternen Holztor stammt im mittleren Teil aus dem 12. Jahrhundert, ein Überbleibsel der ehemaligen romanischen Kirche. Auch der Südturm (15. Jh.) steht auf solchen Resten; ein schmaler Campanile aus dem 17. Jahrhundert flankiert ihn. Der Nordturm wurde 1520 unter Bischof Mathurin de Pledran begonnen, blieb aber mangels Geldes unvollendet. Im Gegensatz zu dieser eher abweisenden Vorderfront bietet die Südfassade zwei Vorhallen, von denen der Grand Porche aus dem 14. Jahrhundert ein großartiges Kunstwerk strahlender Gotik darstellt. Der Formenreichtum ist verblüffend: große gotische Fensterbogen mit elegantem Maßwerk, feine Spitzensäulen und am Dach eine spätgotische durchbrochene Balustrade. Um die seitlichen Fenster sind die Wände mit Flachreliefs auf viereckigen Platten aufgefüllt. Das Kirchenschiff in reiner normannischer Gotik ist mit 100 m Länge und

20,5 m Scheitelhöhe von überwältigender Perspektive. Die Hauptdienste sind aus statischen Gründen nicht mit den Pfeilern verbunden, sondern stehen vor diesen und erheben sich elegant bis zum Gewölbe, wo sie die Gurte und Rippen aufnehmen (Abb. 69). Der Chor hat einen geraden Abschluß und wird von seitlich sich aneinanderreihenden Kapellen umgeben; das große Mittelfenster mit Heiligendarstellungen und Bibelszenen auf Medaillons ist das älteste und einzig erhaltene Fenster aus dem Ende des 13. Jahrhunderts in der Bretagne. Weitere Kostbarkeiten der Kirche sind das reichskulptierte Chorgestühl (14. Jh.) und das leider durch die Revolution stark zerstörte Grabmal des Bischofs Thomas James von Dol in italienischer Renaissance (1482–1504), eines der ersten Denkmäler dieses Stils in Frankreich. Je länger wir in der Kirche verweilen, desto mehr können wir dem Dichter Stendhal beipflichten: »Bald empfindet man in dieser Kirche nicht mehr Bewunderung, sondern Enthusiasmus, und die Kathedrale von Dol, die Fassade ausgenommen, scheint mir eines der vollkommensten Werke zu sein, welche die gotische Architektur für unsere Bewunderung bereithält.«[20]

Ähnlich wie in Dinan werden wir auch in Dol-de-Bretagne durch die alten vorkragenden Fachwerkhäuser mit ihren Arkaden in vergangene Jahrhunderte zurückversetzt. Das schönste von ihnen ist das Maison des Plaids in der Grande Rue des Stuarts Nr. 15, ein seltenes Beispiel bürgerlicher Architektur der bretonischen Romanik mit einer Fensterdekoration aus Sternen, Zähnen und Mäandern. Im Maison de la Guillotière aus dem 15. Jahrhundert ist ein kleines Museum der Stadtgeschichte gewidmet.

Der 65 m hohe *Mont Dol,* 3 km nördlich von Dol-de-Bretagne, ist wie der 80 m hohe Mont-St-Michel Zeugenberg einer ehemaligen Landoberfläche. Zu Beginn des 8. Jahrhunderts muß sich hier ähnlich wie in den Niederlanden oder an der deutschen Nordseeküste im Zusammenhang mit einer starken Sturmflut eine Naturkatastrophe ereignet haben, durch die das Gebiet um den Mont Dol überschwemmt und verwüstet wurde. Als sich das Meer später durch eine Landhebung wieder zurückzog, blieb ein eintöniges Sumpfgebiet zurück. Schon im 12. Jahrhundert begann die mühsame Arbeit der Trockenlegung und Landgewinnung, die aber erst nach dem Bau von Deichen im 19. Jahrhundert erfolgreich vorangetrieben werden konnte. Die ehemaligen Sumpfgebiete sind heute in eine Polderlandschaft verwandelt, die von Entwässerungsgräben durchzogen wird. Vom Mont Dol hat man einen guten Überblick über diesen jungen Landschaftstyp, während der Berg selbst schon in der Steinzeit besiedelt war (vgl. S. 18). Die Druiden weihten ihn zur heiligen Stätte, und auch während der Christianisierung blieb der Ort ein Refugium der Heiligen und Einsiedler.

An der Küste entlang bis St-Malo reihen sich die kleinen Fischerorte, von denen vor allem *Cancale* durch seine Austernzucht berühmt wurde. Nördlich springt die Pointe du Grouin mit schroffen Felsklippen ins Meer vor.

18 Argoat – Im Innern der Bretagne

Ein friedliches Bauernland, reich an Traditionen, abseits der belebten Touristenstraßen – grüne Wiesen und Weiden hinter dichten Baumhecken, stille Wälder, eine flachwellige beruhigende Landschaft, und dazu die verträumten granitenen Bauerndörfer, einsame Kirchen, Kapellen und Calvaires, wenige feudale Schlösser – so erwartet uns das Innere der Bretagne, das wir auf einer Rundreise von Rennes aus kennenlernen wollen.

Südwestlich von Rennes, rechts der Straße nach Ploërmel (N 24), hat sich im *Forêt de Paimpont* das größte Waldgebiet der Bretagne erhalten (7067 ha), bekannt auch als sagenumwobener Wald Brocéliande. Hier war das Reich des ritterlichen König Artus, der sich mit zwölf Rittern zu einer Tafelrunde vereinte, an der es keinen bevorzugten Platz gab. Hier suchten Gawan und Parzival Abenteuer, und den Feen Morgane und Viviane gelang es, mit dem berühmten und gerissenen Zauberer Merlin fertigzuwerden. Es war die Traumlandschaft der höfischen Dichter. Das Grab des Zauberers Merlin, der Beschützer des Königs und Prophet der Artus-Runde war, hat man angeblich im Wald von Paimpont gefunden. Romantische Durchblicke auf schilfumrandete und seerosenbewachsene Teiche laden zum Verweilen ein. Von Paimpont mit der alten Abteikirche aus dem 13. Jahrhundert geht es auf der Waldstraße (D 40) in Richtung Campénéac. Links der Straße spiegelt sich im Schloßteich der rötliche Backsteinbau des *Château de Trécesson.*

Unsere Entdeckungen in der Stadt *Ploërmel* werden sich auf alte Häuser und die schöne Kirche Saint-Armel beschränken. In der Rue Beaumanoir stehen sich zwei besonders schöne Beispiele gegenüber: das Maison des Marmousets aus dem Jahr 1585 mit seinen rätselhaften Karyatiden und das Hôtel des ducs de Bretagne. St-Armel kam im 6. Jahrhundert in die Bretagne, um die Bevölkerung zu missionieren. Ihm wurde die Kirche geweiht, die aus dem 16. Jahrhundert stammt und teils spätgotische, teils Renaissancezüge trägt. Am interessantesten ist die Nordfassade gestaltet: ein Portal im Flamboyant- und Renaissance-Stil. Während die Renaissance im Loiretal schon ihren Höhepunkt erreicht hatte, begann man hier in der Bretagne erst langsam die Formelemente dieses Stils zu übernehmen, ohne jedoch die Lanzettbögen der Gotik völlig aufzugeben. Dieses Portal ist mit einer reichen Anzahl von Figürchen und Szenen aus dem Leben Christi, aber auch mit burlesken Darstellungen und Blattornamentik

Heckenlandschaft der Bretagne (bocage) mit geschneitelten Bäumen

geschmückt. Die Holztore mit den Reliefs der Apostel und der Verkündigungsszene sind wertvolle Arbeiten der Schnitzkunst. Auch im Innern kam der Werkstoff in den Schnitzbalken im Hauptschiff und in den Netzgewölben der Seitenschiffe wirkungsvoll zur Anwendung. Von den kostbaren Renaissancefenstern hat nur eins die Kriegswirren von 1944 überstanden: es ist eine Darstellung des Stammbaums Jesu Christi aus dem 16. Jahrhundert. In Stil und Farbgebung erinnert es stark an das Fenster mit derselben Thematik in der Kirche Saint-Mériadec in Stival (1552, vgl. S. 248).

Stolz und streng wachen die drei Rundtürme des Schlosses von *Josselin*, des mittelalterlichen Stammsitzes des berühmten Geschlechts der Rohans, am Oust (Farbt. 34). Schon im 6. Jahrhundert entwickelte sich der Ort um eine schloßähnliche Festung, die der Vicomte von Porhoët, Guéthenoc, errichten ließ und die nach seinem Sohn Josselin benannt wurde. 1168 zerstörte Heinrich II. von England diese Anlage bis auf die Grundmauern, danach erfolgt der Wiederaufbau. 1370 kauft Olivier de Clisson, ein Waffenbruder Du Guesclins und dessen Nachfolger als Connetable von Frankreich, das Schloß und läßt es beinahe vollständig restaurieren, wobei auch neun Rundtürme zum Schutz angebaut werden. Jean II. von Rohan, der Nachfolger, wird dann von

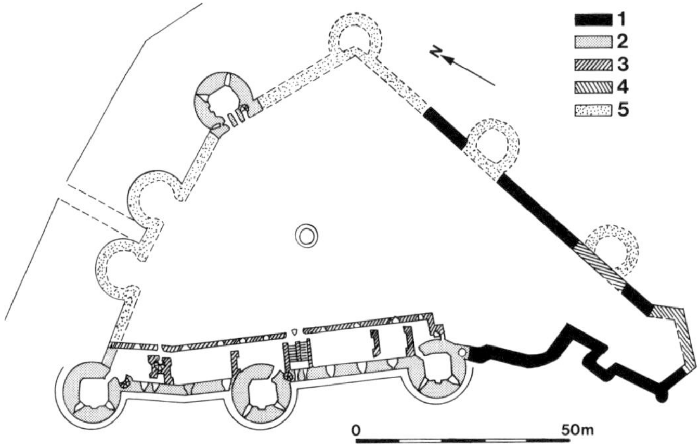

Schloß Josselin (Morbihan), Grundriß

1 Ende 12. Jh. – Anfang 13. Jh.
2 Ende 14. Jh.
3 Ende 15. Jh. – Anfang 16. Jh.
4 neuzeitlich
5 rekonstruiert

Herzog François II. für seine franzosenfreundliche Haltung bestraft, indem dieser das Schloß teilweise zerstören läßt; doch einige Jahre später gestattet Anne de Bretagne den Wiederaufbau. Aus Rache über die engen Beziehungen der Rohans zu den Hugenotten läßt Kardinal Richelieu 1629 fünf der neun Türme schleifen. Noch heute ist das Schloß im Familienbesitz und deshalb auch nicht vollständig zu besichtigen.

Gegenüber der abweisenden mittelalterlichen Schloßfassade am Fluß wirkt die Innenhofseite (1490–1505) mit ihrer reichen Ornamentik im Flamboyant-Stil zierlich und verspielt, ein Schmuckstück mit hochgiebeligen fialengeschmückten Fenstern, mit einer spitzenhaft durchbrochenen Galerie und mit verzierten Friesen, Arabesken und Zinnen (Abb. 12).

Die Basilika Notre-Dame du Roncier wurde schon im 11. Jahrhundert gegründet, zeigt sich aber heute ausschließlich im spätgotischen Stil. Nur im Chor sind noch einige Spuren aus der romanischen Epoche erhalten. Sehenswert ist in der Seitenkapelle Sainte-Marguerite das Kenotaph des Olivier de Clisson und einer seiner beiden Gattinnen. Das Mausoleum aus schwarzem Marmor mit weißer Marmordeckplatte und vierzehn Figurendarstellungen an den Seiten wurde während der Revolution stark beschädigt.

Der Calvaire von *Guéhenno* (10 km südwestlich von Josselin, N 24, D 778), die einzige große Kreuzesstätte im Morbihan, liegt am weitesten östlich und abseits von den zahlreichen Beispielen des Finistère. Doch die Anordnung der Figuren und Bauwerke ist in der Bretagne einmalig. Eine Inschrift über dem Altar weist auf die frühe Entstehung des Calvaire hin (1550). Zwischen 1793 und 1794, während der Schreckenszeit der Revolution, wurde er fast völlig zerstört, dann aber 1853 vom Abt Jacquot mit den durch die Bewohner des Ortes sichergestellten Überresten restauriert. Vor dem Calvaire steht eine Säule mit einem Hahn nach der Morgensonne gerichtet und erinnert an Petrus' Verleugnung seines Herrn. Am Säulenschaft sind die Marterwerkzeuge eingemeißelt: Ring und Strick der Geißelung, Ruten, Dornenkrone, Schilf, Nägel, Hammer und Zange, darunter die Inschrift »HAEC PASSUS EST PRO NOBIS« (Er hat das alles für uns gelitten.) Die Anordnung der drei Kreuze mit Christus, Maria und Johannes auf dem Querbalken, und den Schächern ist die übliche. Über dem Kopf des lästernden Schächers wartet der Satan als Ungeheuer auf die Seele. Dem großen Altar ist ein kleiner vorgebaut worden; auf einem Flachrelief erscheint Jesus den heiligen Frauen (Matth. 28, 9), darüber wird Jesus in das Leichentuch eingehüllt (Luk. 23, 50). Seitlich stehen die großen Propheten Jeremias und Jesajas (links), Daniel und Hesekiel. Auf dem großen Altar finden wir die Stationen der Passion: Christi Todeskampf, Geißelung, Dornenkrönung, Kreuztragung, eine Pietà und die heilige Veronika, einen Reiter und einen Soldaten. Hinzu kommen die vier Evangelisten mit ihren Symbolen.

Das Beinhaus hinter dem Calvaire dient zugleich als heiliges Grab der Passionsdarstellung. Über seinem Eingang wartet der Satan als brüllender Löwe, und davor wachen zwei Soldaten mit gleichmütigen Gesichtern (Matth. 27, 66). Maria und Maria Magdalena stehen vor dem Grab, weinen und beten (Matth. 27, 61); ihr Gesichtsausdruck ist voll ergreifender Schönheit (Farbt. 43), Abb. 97). Christi Leichnam liegt in der mittleren Kammer des Beinhauses; darüber verkündet eine Inschrift den Eintretenden: CRAS RESURGET (Morgen wird er auferstehen). Die Nachbarkammern dienten zur Aufschichtung und Aufbewahrung der Totengebeine. Auf dem Dach beten zwei Engel den Auferstandenen an, und die Engel des Jüngsten Gerichts blasen die Fanfaren. Schließlich wird auf einem Flachrelief an der Seite zur Kirche die Passionsgeschichte zusammengefaßt erzählt. Vor der Kulisse der alten Eichen, deren Stämme und Äste im Winter unbelaubt zum Himmel ragen, ist der Calvaire von Guéhenno eine der erschütterndsten Totenstätten der Bretagne.

Über Locminé (N 24) gelangen wir nach *Baud*, einem Gebiet mit dem seltenen Mineral Staurolith. Nicht weit entfernt begegnen wir auf der Straße in Richtung Hennebont einer ausgesprochenen Kuriosität. Es ist die geheimnisvolle Statue der Venus von Quinipily in den Ruinen des gleichnamigen Schlosses. Diese merkwürdig anmutende Frauengestalt erhebt sich auf einem granitenen Podest in der Form eines Triumphbogens, unter dem eine kleine Quelle hervorsprudelt. Man kennt weder die Herkunft noch das Alter dieser Figur, und die Deutungen reichen vom Kultbild der Astarte, der altsemitischen Liebes- und Fruchtbarkeitsgöttin, der Magna Mater bis zur römischen oder ägyptischen Gottheit.

Ab Baud geht es 11 km in nördlicher Richtung (N 168); dann zweigt links eine Straße zur 2 km entfernten Kapelle *Saint-Nicodème* (1537) ab. Da sich das Bauwerk in einer Senke versteckt, sieht man beim Heranfahren zunächst nur den oberen Teil eines einzigartigen Kirchturms. Dann jedoch ist man überrascht von der Größe dieser Kapelle in einem ziemlich entfesselten gotischen Stil (Abb. 79). Die Vorhalle ist allerdings vom Renaissance-Stil gekennzeichnet. Dicht daneben steht eine sehr schöne Fontäne (1608) mit drei Nischen, die wiederum von drei Wimpergen mit gotischem Maßwerk gekrönt sind. Statuen der Heiligen Nicodème, Gamaliel und Abidon spiegeln sich im Brunnenwasser (Abb. 78). Eine andere Fontäne in der Nähe ist dem heiligen Cornély geweiht, dem Schutzpatron der Rinder.

Vorbei an dem kleinen Weiler St-Nicolas-des-Eaux, dessen altertümliche Granithäuschen mit Strohdächern malerisch am Flüßchen Blavet liegen, in der Nähe der wildgrünen Landschaft des *Site de Castennec*, fahren wir nach *Melrand*. Am Ortsausgang in Richtung Bubry steht ein seltsamer Calvaire, dessen Kreuzesstamm statt mit den üblichen Astansätzen mit den Köpfen der Zwölf Apostel geschmückt ist. Man kann diese Darstellung vielleicht so erklären, daß der Kreuzesstamm als Erlösungssymbol und die Apostel als die Träger der Botschaft Christi angesehen werden.

Nordöstlich liegt etwa 7 km entfernt das Dorf *Quelven*, ein charakteristisches Bauernnest mit alten Granithäusern und dem spitzen Kirchturm der Kapelle Notre-Dame (Rayonnantstil, 15. Jh.). Mit der bäuerlich-naiven Holzfigur im Innern der Kirche aus dem 15. Jahrhundert hat es eine besondere Bewandtnis: Im Körper der sich öffnenden Jungfrau mit dem Jesuskind ist auf zwölf kleinen Flachreliefs die Heilsgeschichte dargestellt. Jedes Jahr, am 15. August, pilgern die Gläubigen hierher, um der geöffneten Statue der Notre-Dame de Quelven ihre Reverenz zu erweisen. 300 m nördlich der Kapelle steht abseits eine Flamboyant-Fontäne aus dem 16. Jahrhundert (Abb. 80).

Pontivy, ein emsiges Provinzstädtchen im lieblich grünen Blavet-Tal, verdankt seinen Ursprung einem Kloster, das der heilige Ivy aus Britannien im 7. Jahrhundert gründete. Dieser ließ auch die erste Brücke über den Fluß schlagen, an dem sich dann ein Ort entwickelte, der den Namen der Brücke (Pont) des Ivy übernahm. 1485 ließ Jean II. aus dem berühmten Geschlecht Rohans (vgl. S. 245) ein mächtiges Schloß errichten, und als dieses Geschlecht stolzer Grundherren, Protestanten und Thronanwärter Anfang des 16. Jahrhunderts Pontivy zu ihrer Hauptstadt erkor, erlebte die Stadt einen lebhaften Aufschwung. Napoleon I. baute Pontivy zum strategischen und militärischen Stützpunkt aus, um die bretonischen Bauern einzuschüchtern. Aus dieser Zeit stammt auch der südliche Stadtteil mit dem schachbrettartigen Grundriß und den Häusern im klassizistischen Stil. Gleichzeitig begann der Bau des heutigen Nantes-Brest-Kanals, an den der Fluß Blavet angeschlossen wurde.

Das Schloß mit seinen wehrhaften Rundtürmen beherrscht den Norden der Altstadt. Von der Macht der Rohans zeugen die 18 bis 20 m hohen und 3 m dicken Burgmauern mit dem schützenden tiefen Burggraben. Nach einer Restaurierung beherbergt es heute ganzjährig verschiedenartige Ausstellungen. Das Herz der Altstadt, der malerische Place du Martray, ist von alten Häusern umgeben, von denen ein mit Pilastern und einem winkligen Türmchen geschmücktes (1578) der Treffpunkt der Rohans nach der Jagd war.

Das Dorf *Stival* liegt 3,5 km nordwestlich von Pontivy. Hier wird in der gotischen Kapelle (16. Jh.) und durch die Fontäne am Ortsausgang der heilige Mériadec verehrt. Dieser Mann aus königlichem Geblüt wollte im 6. Jahrhundert den weltlichen Genüssen entsagen und zog sich deshalb in die Einsamkeit zurück, die jedoch nicht lange währte, weil er schon bald zum Bischof von Vannes gewählt wurde. Unvergessen

Fresken im Chorgewölbe der Kapelle Kernascléden (Morbihan)

A Abendmahl
B Judaskuß
C Geißelung
D Kreuztragung
E Kreuzigung
F Grablegung
G Auferstehung
1 Abweisung des hl. Joachim am Tempel
2 Verkündigung an Joachim
3 Verkündigung an Anna
4 Der hl. Joachim und die hl. Anna am Goldenen Tor
5 Tempelgang Mariä
6 Mariä Verlobung
7 Verkündigung
8 Heimsuchung
9 Geburt Christi
10 Darstellung Christi im Tempel
11 Verkündigung an die Hirten
12 Anbetung der Könige
13 Die Könige bei Herodes
14 Bethlehemitischer Kindermord
15 Verfolgung der hl. Familie
16 Flucht nach Ägypten
17 Stadt Jerusalem
18 Jesus unter Pharisäern und Schriftgelehrten
19 Ein Engel verkündet den Tod Mariä
20 Mariä Tod
21 Beerdigungsfeier der Jungfrau
22 Mariä Himmelfahrt
23 Der hl. Thomas erhält den Gürtel der Jungfrau
24 Krönung Mariä

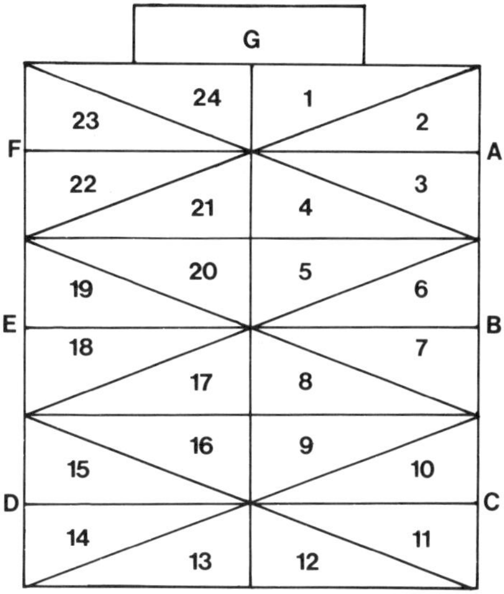

blieb er der armen Bevölkerung, für die er eintrat. Die Fresken an den Chorwänden der Kapelle erzählen beredt die Taten seines Lebens. Beachtenswert ist ferner ein Renaissancefenster von 1552 mit dem Lebensbaum Jesses (vgl. S. 245).

Über Guémené-sur-Scorff (D 764, D 782) erreichen wir unser nächstes Ziel *Kernascléden.* Die Kapelle, errichtet zwischen 1420 und 1464 und später nicht mehr verändert oder erweitert, ist vielleicht das eindrucksvollste Meisterstück der Flamboyant-Gotik in der Bretagne. Gotische Fialen auf den Strebepfeilern betonen die Vertikale; eine Fülle von Skulpturen schmückt die beiden Portale. Im Innern verstand es der Künstler der Fresken am Chorgewölbe hervorragend, den dreieckigen Raum zwischen den Rippen der Spitzbogen zu nutzen, und zwar mit Szenen aus dem Leben Christi und der Gottesmutter. Auf den Mauern einer Seitenkapelle ist das leider stark beschädigte Fresko eines Totentanzes sichtbar (Farbt. 27). Eine dramatisch-realistische Darstellung der Schrecken und Qualen der Hölle steigt bis zur Decke hinauf. Da sind z. B. die Leiber der Verdammten an einen Baum gefesselt und von spitzen Ästen durchbohrt, gebrandmarkt mit Fackeln und von Teufeln gebissen.

Waren es in Kernascléden die fünfhundert Jahre alten Fresken, die uns faszinierten, so werden wir in der 13 km westlich entfernten Kapelle *Saint-Fiacre* bei Le Faouët einen weiteren künstlerischen Höhepunkt erleben. Die schöne Dorfkirche ist ein schlichter spätgotischer Bau von 1480, der sich anmutig in seiner ländlichen Umgebung von bäuerlichen Gehöften erhebt (Abb. 83). Über dem Giebel der einfachen Fassade strebt ein von zwei achteckigen Seitentürmchen flankierter Glockenturm empor. Umringt ist er von einem Balkon, dessen Zugang die beiden Seitentürmchen bilden. Wimperge, spätgotische Reliefs und die krabbenbesetzte Turmspitze sind der besondere Schmuck. Überrascht sind wir beim Betreten der Kapelle; hier trennt ein einmaliger farbiger Holzlettner das Langhaus vom Chor (Abb. 84). Seine Ornamentik strahlt höchste und vollkommenste Feinheit aus und ist in seiner Wirkung einer Spitzenarbeit vergleichbar. Unerschöpflich ist die Fülle des Dargestellten; komisch wirken die symbolischen Szenen: Diebstahl, Trinksucht, Faulheit u. a. Die Kreuze Christi und der beiden Schächer überragen den Lettner. Dämonisch starrt uns die gräßliche Grimasse des Christus verfluchenden Schächers an; sein Leib ist eine einzige schmerzverzerrte Gebärde (Farbt. 29).

Wenige Kilometer weiter liegt der malerische Marktort *Le Faouët* mit einer aus dem 16. Jahrhundert stammenden Markthalle, die aus dem Holz der in der Umgebung stehenden Wälder gebaut wurde. Interessant ist ihr tief heruntergezogenes und von niedrigen Säulen gestütztes Dach mit einem verspielten Uhrtürmchen. Ganz in der Nähe des Ortes liegen zwei sehenswerte Kapellen an der Straße nach Priziac: *Sainte-Barbe* und Saint-Nicolas. Erstere kann nur zu Fuß erreicht werden; man muß einen ansteigenden

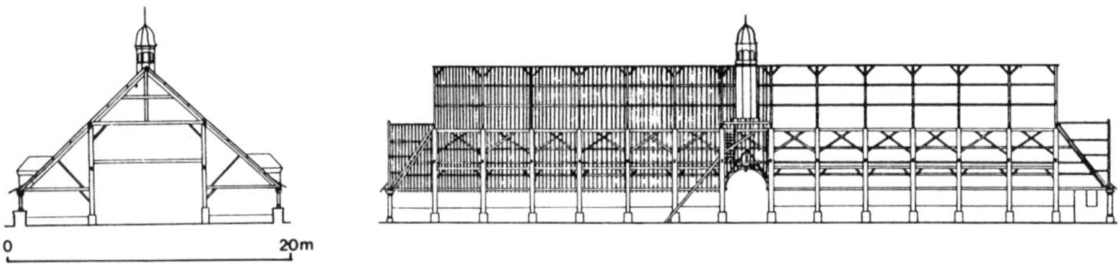

Le Faouët (Morbihan), Markthalle, Quer- und Längsschnitt

Waldweg talaufwärts wandern, um die Kapelle auf einem Bergrücken am Rand einer zum Fluß Ellé steil abfallenden Felswand zu erreichen. In einem kleinen Häuschen, dessen Schieferdach von vier Pfeilern getragen wird, lockt eine Glocke die Pilger an. Von hier aus steigt man über eine großartige Renaissancetreppe mit Balustraden zur Kapelle hinab. Wie der Entstehung vieler anderer Kirchen und Kapellen liegt auch Sainte-Barbe eine Legende zugrunde. Der adlige Nimrod Jehan de Toulbodou wurde auf seiner Jagd in diesem Gebiet von einem Unwetter überrascht. Blitze fällten Bäume, und der Fluß Ellé schwoll bedenklich an. Plötzlich löste sich ein großer Felsbrocken und rollte auf den Ritter zu. In seiner Not rief er die heilige Barbara an und gelobte ihr die Errichtung einer Kapelle, sollte er gerettet werden. Wie durch ein Wunder wurde der Bergsturz tatsächlich gebremst, und der Ritter erfüllte sein Gelöbnis. Zwischen 1489 und 1512 ließ er die Kapelle im spätgotischen Stil erbauen (Abb. 77). Vier Renaissancefenster erhellen das Innere der Kirche, die nur aus einem Chor und einem Querhaus besteht, da für das Schiff nicht mehr genügend Platz vorhanden war.

Die 6 km entfernte Kapelle *Saint-Nicolas* besitzt einen Holzlettner mit einem herrlich naiven Relief der Nikolauslegende, und die nahen Ortschaften Priziac und Ploërdut bieten in ihren Kirchen noch schlichte Kapitelle aus der romanischen Epoche. Zwischen Gourin und Spézet überqueren wir die lange Hügelkette der Montagnes Noires mit

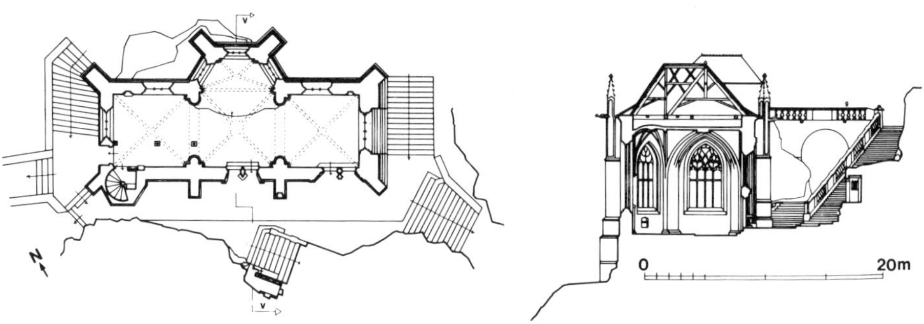

La Faouët (Morbihan), Kapelle Ste-Barbe, Grundriß und Aufriß

ihrem höchsten Aussichtspunkt Roc de Toullaëron (326 m). Mit einer intensiven Aufforstung, vor allem mit Tannen, kommt man dem ehemaligen Landschaftsbild wieder näher. Südlich von Spézet liegt die Kapelle *Notre-Dame du Crann* mit wertvollen spätgotischen Fenstern aus dem 15. Jahrhundert (Farbt. 30, 31). Meisterlich ist die Darstellung der Passion in zwölf Feldern des Chorfensters in kräftig leuchtenden Farben, wobei in der Linienführung italienischer oder gar deutscher Einfluß (Stiche Albrecht Dürers) nicht ausgeschlossen werden kann. Die Themen der anderen Glasfenster sind: im Querschiff die Geburt Christi (links) und die Himmelfahrt der Muttergottes (rechts), im linken Seitenschiff die Taufe Christi, im rechten die Legende des heiligen Eligius, der ein Pferd beschlägt, schließlich rechts vom Chor der wundersame Transport des Leichnams des heiligen Jakobus nach Santiago de Compostela, links das Martyrium des heiligen Laurentius.

2 km nordöstlich von St-Hernin (Calvaire), in Richtung Carhaix-Plouguer (D 82), steht einsam an einer Wegböschung der Calvaire von *Kerbreudeur* aus der Mitte des 15. Jahrhunderts. Die Kreuze über dem altarähnlichen Aufbau sind leider verstümmelt; nur noch die beiden Schächerkreuze stammen aus der damaligen Zeit, der gekreuzigte Christus dagegen aus dem 19. Jahrhundert. Die Szene der Kreuztragung, unter der Nische predellagleich eingesetzt, erinnert sehr stark an die gleiche Szene von Tronoën; auch hier wird Christus von den beiden Schächern begleitet (vgl. S. 146), die dicke Seilschlingen um den Hals tragen. Diese Stricke bilden starke horizontale Akzente der sonst streng vertikal geordneten Komposition. Fünf weitere Flachreliefs schmücken die Nische: die Vertreibung Adams und Evas aus dem Paradies, die Anbetung der Heiligen Drei Könige, die Taufe Christi, die Auferstehung und eine Szene, wie die heilige Katharina und der heilige Michael dem Teufel eine Seele entreißen.

Der Calvaire von *Cléden-Poher* ist ebenfalls ein kleines Meisterstück, noch verhältnismäßig gut erhalten, jedoch wenig bekannt (1575) (Abb. 102). Auf der viereckigen Plattform befinden sich die Szenen der Geißelung, Kreuztragung und eine Pietà. Bei den beiden erstgenannten Darstellungen könnte es sich um Reste einer größeren Anlage handeln; vielleicht stammen sie sogar von verschiedenen Monumenten (nach L. Hans-

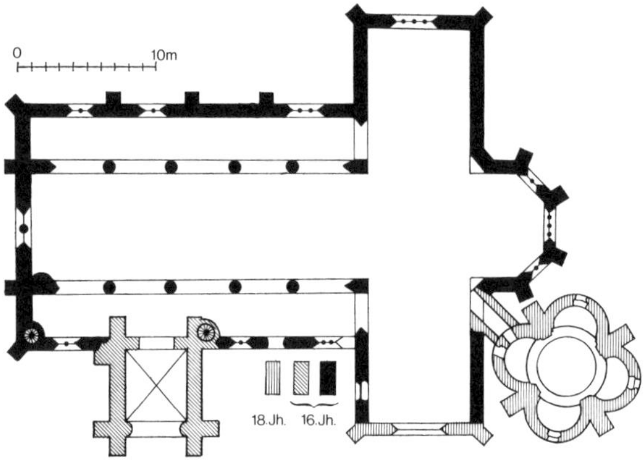

Pleyben (Finistère), Grundriß der Kirche

mann), da die Figuren der Geißelung streng, eckig und langgezogen sind, während die Kreuztragung eine tänzerische Bewegtheit zeigt und eine ungewollte Komik ausstrahlt. Auch die auf Podesten stehenden Reiter scheinen dem strengen Stil anzugehören.

Die Attraktion des 28,5 km westlich gelegenen *Pleyben* ist der großartige Enclos paroissial mit Kirche, Sakristei, Beinhaus und Calvaire. Zwischen den hochgewachsenen Zedern gelegen ist der Calvaire einer der schönsten und imposantesten der Bretagne (Abb. 108, 109). Der repräsentative Sockel mit den Arkaden erfüllt die Aufgabe des Triumphtores. An den vier Ecken wurde durch Ausbuchtungen zusätzlicher Raum für die Szenen des oben umlaufenden Reliefbandes gewonnen. Dennoch ist die Anlage im Gegensatz zu vielen anderen nicht von großer Überfülle szenischer Darstellung gekennzeichnet. Eine klare Folge weniger Figuren beginnt mit der Verkündigung und endet mit der Passion. Von besonderem Interesse ist die Darstellung ›Abstieg Christi in die Vorhölle‹, eine Episode aus dem apokryphen Evangelium des Nikodemus. Christus, nur mit einem Leichentuch bekleidet, erwartet die Verstorbenen, allen voran Adam und Eva, die ihm aus dem Höllenrachen, von Flammen umzüngelt, entgegengehen. Ein häßlicher bärtiger Dämon versucht sie vergeblich zurückzuhalten. Um sich die Szene vorzustellen, machte das Mittelalter eine Anleihe bei der Beschreibung des Leviathan im Buch Hiob, und die Inszenierung des Mysterienspiels benutzte für das Fegefeuer einen großen Kessel, der in ein weitaufgerissenes Maul eingearbeitet worden war. Unter dem Kessel entzündete man Hanffasern und Pech. Im Grunde hätte es sich nicht um eine Hinrichtungsstätte handeln dürfen, sondern um einen dunklen Aufenthaltsort, wo die Gerechten und die, denen vergeben wurde, nach den Gesetzen Moses den Erlöser erwarteten, der sie zum Lichte des Heils führen würde. Doch die Verwechslung mit der Hölle war für die künstlerische Gestaltung zu verführerisch. – Eine Anzahl der Figuren gehörte ehemals einem älteren Calvaire auf einem einfacheren Sockel an. Zwei Jahrhunderte lang änderte man und schuf Neues dazu, bis im Jahre 1650 der Baumeister M. Y. Ozanne aus Brest die heutige Verbindung von Calvaire und Triumphtor verwirklichte.

Weil die Kirchgänger durch die Nähe des Bauwerks zu einer später hinzugefügten Vorhalle erheblich behindert wurden, mußte der Calvaire im 18. Jahrhundert abgebrochen und an seinen heutigen Standort verlegt werden. Die Kirche des Saint-Germain von Auxerre, 1564 errichtet und im 19. Jahrhundert restauriert, ist ein weiteres Glanzstück aus der goldenen Zeit der bretonischen Kunst. An der Westfassade erhebt sich über einer schlichten Vorhalle der gotische Glockenturm, geschmückt mit Balustrade, großen Fensterdurchbrüchen und einer mit Krabben besetzten schlanken Turmspitze. Das kleine Türmchen daneben ist durch eine durchbrochene Galerie mit dem ersten verbunden und besitzt die Funktion eines Treppenaufgangs. Gegenüber dem leichten und grazilen Stil der Gotik ist der viereckige Turm an der Südseite des Kirchenschiffs im Renaissance-Stil erbaut. Dieser fast 50 m hohe, kraftvoll und stolz aussehende Turm wurde zwischen 1588 und 1591 begonnen und zwischen 1633 und 1642 fertiggestellt. Mit der Galerie, der achteckigen Kuppel und den Laternen erinnert der Stil an die Renaissance-Schlösser des Loiretales, vor allem an Chambord. Als Prototyp dienten dieser Turm und die darunter liegende Vorhalle im gleichen Stil für eine ganze Anzahl von Glockentürmen und Vorhallen in der 2. Hälfte des 16. Jahrhunderts und im 17. Jahrhundert (St-Thégonnec, die Vorhallen von Guimiliau, Bodilis, Ploudiry, Commana u. a.).

Aus dem Jahre 1571 stammt im Innern der Kirche das in lebhaften Farben gemalte, von überschäumender Phantasie seiner Schöpfer zeugende Holzgebälk (Abb. 90, 91). Auch die prächtigen Altäre, ebenfalls bunt bemalt und reich an Figuren und Pflanzenornamentik, das Kirchenfenster im Chor und schließlich die Sakristei als selbständiger Zentralbau werden den Besucher in ihren Bann ziehen.

Calvaire von Pleyben (Finistère), Der Schächer verflucht Christus

11 km nördlich von Pleyben liegt der Ort *Brasparts*. Von hohem künstlerischen Wert sind die Renaissance-Vorhalle der Kirche und das Beinhaus, außerdem die hölzerne Pietà im Kircheninnern sowie eine zweite im Figurenkreuz im Kirchhof.

Hinter Brasparts beginnt nordwärts (N 785) der Parc régional d'Armorique, eine einsame Heidelandschaft mit dem unheimlichen Moorsee Yeun Ellez, den Monts d'Arrée und deren höchster Erhebung, der felsigen Spitze *Roc Trévezel*. Bei klarem Wetter sehen wir von hier oben im Norden das Plateau von Léon mit den zahlreichen Kirchtürmen, im Westen Brest mit seiner Reede, im Nordosten die Bucht von Lannion und im Süden die Berghänge von St-Michel.

Von der Kapelle *Saint-Herbot*, 7 km südwestlich von Huelgoat, ragt nur der quadratische Glockenturm mit der eleganten Steinbalustrade (15. Jh.) aus einer Talmulde hervor. Die Kirche ist ein Monument typisch bretonischer Kunst der Spätgotik und Renaissance. Faszinierend ist vor allem das Figurenkreuz von 1571 mit einem besonders ausdrucksvollen Christus: abgezehrt und mit verrenkten Gliedern. Sein Blut wird von Engeln aufgefangen, und ein Teufel duckt sich darunter. Auf der Rückseite finden wir den Lokalheiligen Saint-Herbot, den Patron des Hornviehs, mit geöffnetem Buch und

Wald von Huelgoat

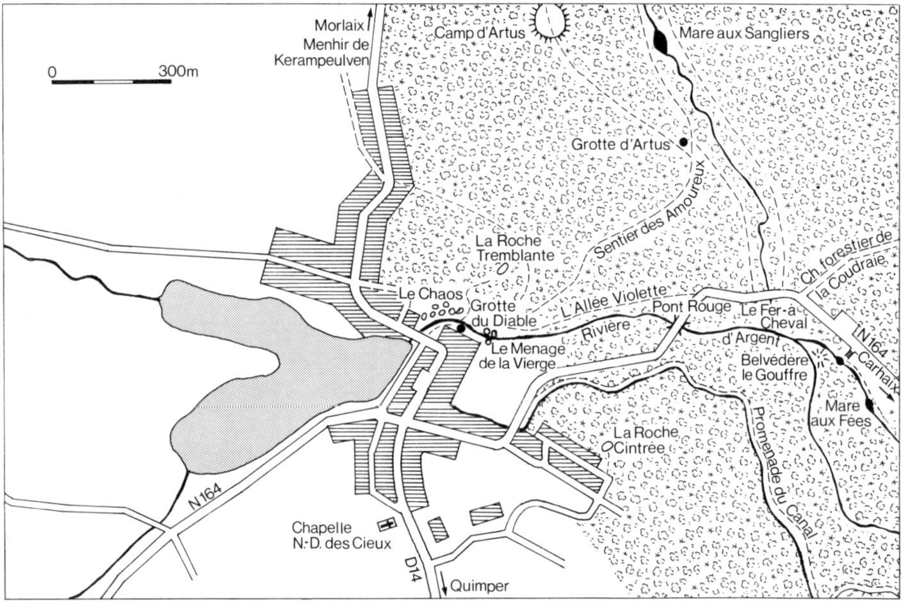

Stab. Besondere Verehrung wird ihm von den Bauern zuteil, welche die Schwanzhaare ihrer Rinder auf einen Steintisch neben dem Lettner legen. Diese Chorschranke aus dem 16. Jahrhundert besitzt gedrechselte Stäbe, geschnitzte Relieftafeln und eine Kreuzigungsgruppe als Kostbarkeit.

Der Wald von *Huelgoat* östlich des gleichnamigen Ortes ist ein Landschaftserlebnis voll wilder Romantik (Farbt. 11). Wälder mit Buchen, Eichen, Weißtannen und Fichten laden auf verschlungenen Pfaden zu Spaziergängen ein, vorbei an Teichen, Flüßchen und Wasserfällen, durch tiefeingeschnittene Schluchten und durch eine Felsenwildnis aus riesigen Granitblöcken (vgl. S. 213), über die sich ein Fluß über mehrere Stufen stürzt.

Von Huelgoat führt die N 164 über Carhaix-Plouguer zum *Lac de Guerlédan,* einem Stausee, der zur Elektrizitätsversorgung der Bretagne beiträgt. Zugleich ist die 400 ha große und mehr als 10 km lange Wasserfläche ein bevorzugtes Wassersportgebiet. Während das Südufer von hohen Felswänden überragt wird, ziehen sich am Nordufer kleine Weiler entlang. In den nahen Schluchten *Gorges du Daoulas* hat sich der gleichnamige Fluß tief in das anstehende Schiefergestein eingeschnitten. Über Loudéac führt die N 164 in östlicher Richtung nach Rennes zurück.

19 Mont-Saint-Michel – Höhepunkt mittelalterlicher Klosterbaukunst

»Pyramide der Meere« rühmte Victor Hugo den Mont-St-Michel, die bedeutendste Architektur unter den mittelalterlichen Burgklöstern, die als Idealarchitektur von den Baumeistern konzipiert und liebevoll durch die Jahrhunderte hindurch fortentwickelt und erhalten wurde (Farbt. 20, Abb. 52–58). Nach einer Sturmflutkatastrophe, die sich im Jahre 709 n. Chr. zugetragen haben soll, blieb der 78 m hohe granitene Felskegel des Mont-St-Michel meerumspült zurück (vgl. S. 243); später wurde er wieder durch einen Damm mit dem Festland verbunden. Von einer zur anderen Stunde verändert sich die Landschaftsszenerie völlig. Erstreckt sich bei Ebbe eine schimmernde Sand- und Schlickfläche weit um die Insel herum, so läßt die Flut das Wasser bis zur Insel ansteigen, bei Sturmflut bis zu 14 m über dem Niedrigwasserstand. Der ständige Wetterwechsel zwischen klarem und bedecktem Himmel und die dramatischen Wolkenbilder beleben die amphibische Landschaft außerordentlich. Die Gezeiten waren es auch, die immer wieder die Mündungen der Küstenflüsse verlagerten. So floß der Couesnon, der die Grenze der ehemaligen Herzogtümer Bretagne und Normandie bildete, einst östlich der Felseninsel in die Bucht. Doch schon lange haben die Bretonen ›ihren‹ Berg durch eine nach Westen verlagerte Flußmündung an die Normandie verloren.

Nach einer Legende soll dem heiligen Aubert, Bischof von Avranches, im Jahre 708 der Erzengel Michael erschienen sein und ihn aufgefordert haben, eine Andachtsstätte zu gründen. Auf dem ehemaligen Totenberg der Kelten, den die Römer ihrem Gott Merkur geweiht hatten, richtete Saint-Aubert ein Oratorium ein, das in der Folgezeit von Pilgern aus aller Welt besucht wurde. Den Michaelskult hatte der Gründer von San Galgano (Italien) übernommen und dort auch die Reliquien besorgt. Über Jahrhunderte hinweg wurde der Felskegel dann ummauert, wobei man übereinanderschichtete, was nebeneinander keinen Platz fand. Die heutige Gesamtanlage des Burgklosters wird vor allem durch drei große Bauperioden gekennzeichnet:

1. das Kloster der normannischen Herzöge in der vorromanischen und frühromanischen Zeit des 10. und 11. Jahrhunderts
2. das Kloster der englischen Könige mit den Gebäuden im romanischen Stil des 12. Jahrhunderts

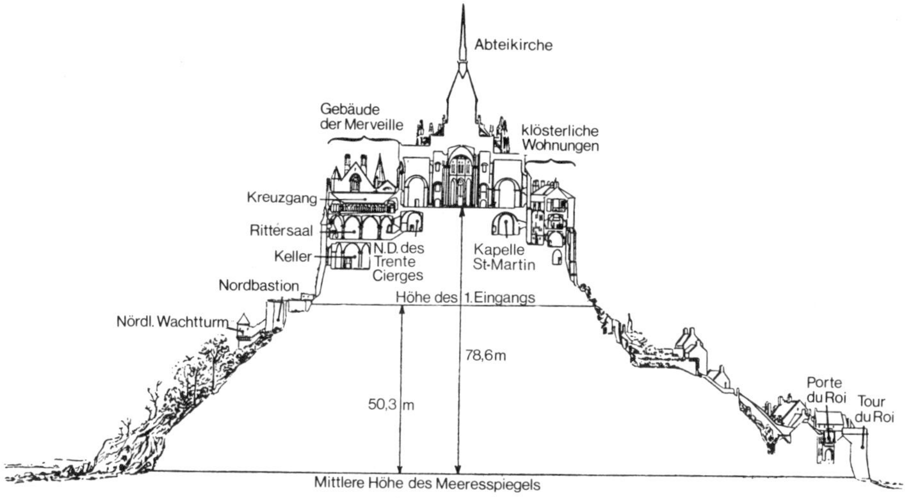

Mont-St-Michel, Querschnitt von N nach S durch die Achse des Transepts

3. das Kloster der französischen Könige im Stil der Gotik des 13. Jahrhunderts.

Im 10. Jahrhundert erwies sich das von Saint-Aubert gegründete Kollegium der Zwölf Kanoniker als seines Stifters unwürdig, und so setzte Richard I., Herzog der Normandie, zur strafferen Organisation Benediktinermönche ein. Diese errichteten über dem Oratorium die doppelschiffige siebenjochige Kirche Notre-Dame sous Terre (1). Diese vorromanische Kapelle wurde aus Sicherheitsgründen zugeschüttet, als man später im 13. Jahrhundert die gotische Kirche baute. Nach Stützung der Gewölbe wurde sie in neuerer Zeit wieder freigelegt und 1965 der Allgemeinheit zugänglich gemacht. Im 11. Jahrhundert entstand nördlich davon das Benediktinerkloster in drei Stockwerken, im Erdgeschoß die Gasträume (5), darüber ein zweischiffiger Saal, der als Kreuzgang der Mönche diente (5'), und das Refektorium (13'), zuoberst das Dormitorium (5"). Die Blüte des normannischen Herzogtums und die Eroberung Englands 1066, die der Abt Ranulph mit sechs ausgerüsteten Schiffen unterstützte, ließen die Bedeutung des Klosters zunehmen; Wilhelm der Eroberer und seine Söhne überhäuften die Abtei mit Geschenken. Im 11. Jahrhundert entstand über der Kapelle Notre-Dame sous Terre die normannische Abteikirche (1"), von der jedoch Teile immer wieder über den allzu gewagten Substruktionen einstürzten. Mit dem Abt Robert de Torigni (1154–86) begann die Zeit des größten geistigen und materiellen Ruhms der Abtei; jetzt wurden die hochromanischen Bauten vollendet und verschönert. 1180 wurde der Klostereingang vom Nordwesten in den Südwesten verlegt und dem dreigeschossigen alten Konventsgebäude entsprechend entstand ein neues mit Gästehaus (16), Krankensaal (16'), Abtpalast (17') und Gerichtssaal (11'). Auf diese Glanzzeit folgten verheerende Zerstörungen, als 1203 der Mont-St-Michel von Guy de Thouars, der mit Philipp August und den Bretonen

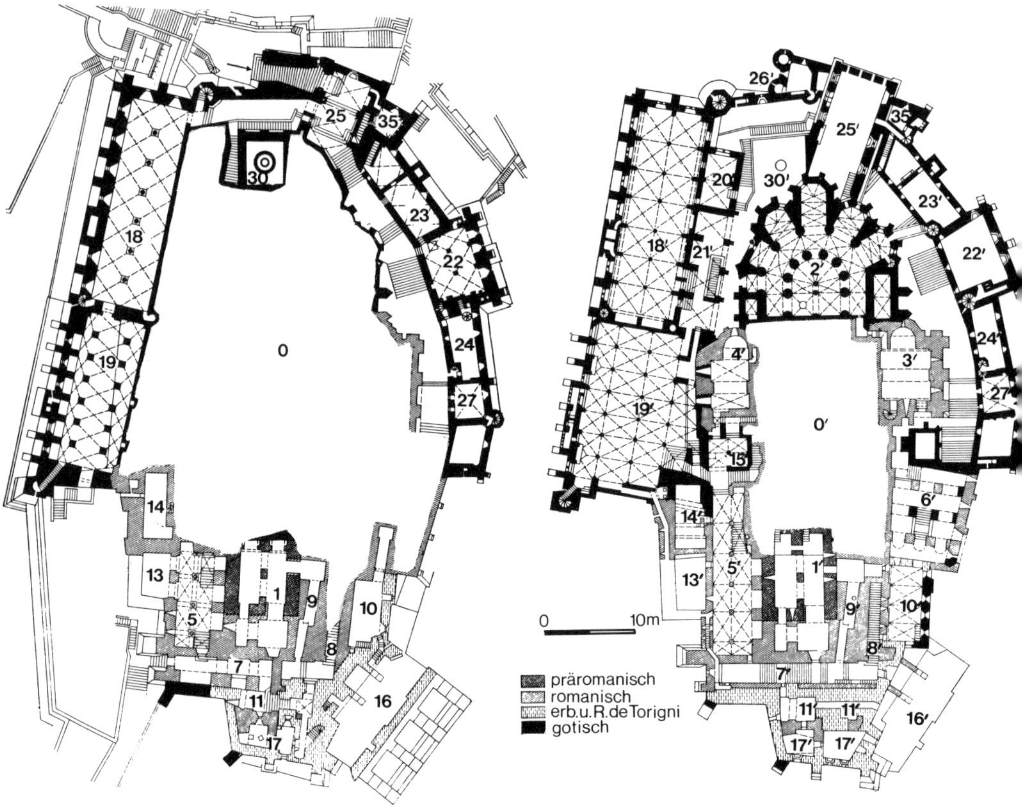

Mont-St-Michel, Grundriß des Erdgeschosses
0 Felsen 1 Notre-Dame sous Terre 5 Krypta de l'Aquilon, 11. Jh., früherer Almosensaal 7 Galerie zur N.-D. sous Terre und zum Portalbau von Robert de Torigni, 12. Jh. 8 Galerie zur Basilika 9 Zisterne, 12. Jh. 10 Vorhalle des Gästehauses von de Torigni, 1164 11 Vorhalle des Portalbaus, 12 Jh. 13 Depot des Almosensaals, 11. Jh. 14 Keller, 11. Jh. 16 Gästehaus von de Torigni, 1164; eingefallen 1817 17 Portalanbau von de Torigni 18 Almosensaal, 13 Jh. 19 Keller, 1217 bis 1228 22 Bureau du bailli, Ende 14. Jh. Im 18. Jh. Pulverkammer 23 Bureau du Procureur, Ende 14. Jh. Im 18. Jh. Munitionslager 24 Küche des Abtes, 13. Jh. 25 Saal der Wachen, 1257 27 Kapelle Ste-Catherine, 1380 30 Zisterne 35 Bergfried (Pierre le Roy), Ende 14. Jh.

Mont-St-Michel, Grundriß des Ersten Obergeschosses
0 Felsen 1' Kapelle Notre-Dame sous Terre, vgl. 1 (Erdgeschoß) 2' Krypta der Dicken Pfeiler, um 1450 unter Louis d'Estouteville erbaut 3' Krypta St-Martin, 11. Jh. 4' Krypta der Dreißig Kerzen, 11. Jh. 5' Wandelhalle der Mönche, 11. u. 12. Jh. 6' Friedhof der Mönche, 11. Jh., dann Beinhaus 7' 8' Galerie 9' Zisterne 10' Totenkapelle, 12. Jh. 11' Offizialat von de Torigni, 12. Jh. 13' Refektorium der Mönche, 11. Jh. 14' Küche, 11. Jh. 15' Saal, 13. Jh. 16' Krankenraum von de Torigni, 12. Jh. 17' Wohnräume de Torignis, 12. Jh. 18' Salle des Hôtes, 13. Jh. 19' Salle des Chevaliers, Scriptorium, 13. Jh. 20' Saal Ste-Madeleine, Empfangssaal für Gäste, 13. Jh. 21' Galerie 22' Speisesaal des Abtes 23' Bailliverie, Ende 14. Jh. 24' Unterkunft der Köche des Abtes 25' Offizialat oder Saal Belle-Chaise, 13. Jh. 26' Burgtor 27' Kapelle Ste-Catherine, 14. Jh. 30' Zisterne 35' Tour Perrine

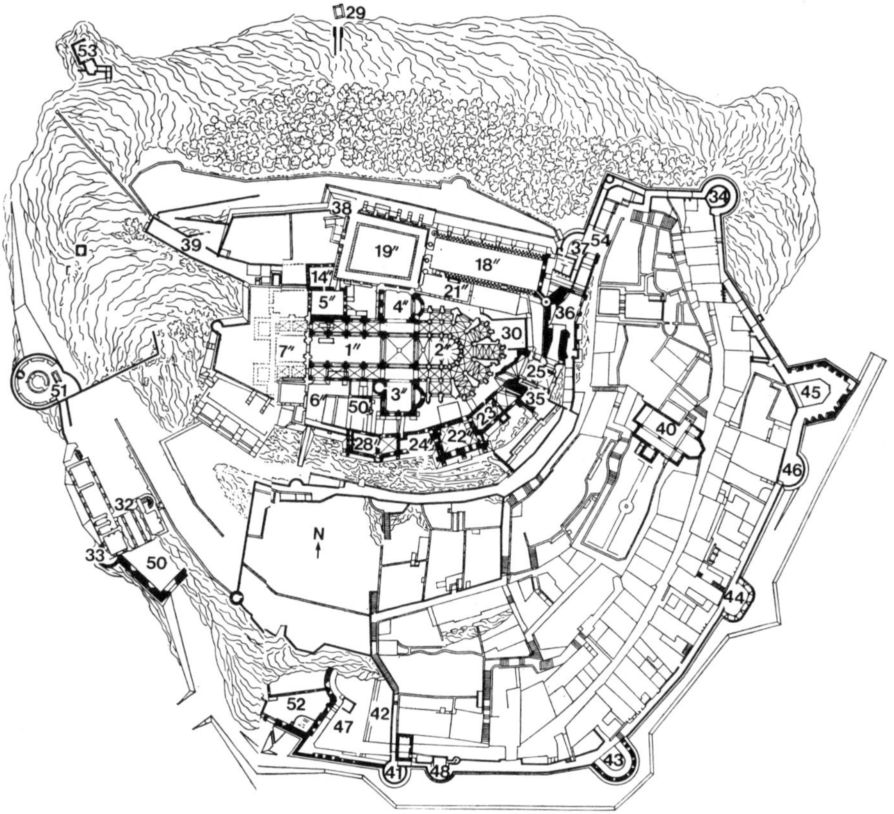

Mont-St-Michel, Grundriß der Gesamtanlage bzw. des Zweiten Obergeschosses
1" Romanisches Langschiff, 11.–12. Jh. 2" Gotischer Chor, 15.–16. Jh. 3" Südliches Querschiff, 11. Jh., Schatzkammer im 17. Jh. 4" Nördliches Querschiff, 11.–13. Jh., Sakristei im 17. Jh. 5" Dormitorium, 11. Jh. 6" 7" Terrasse 14" Krankensaal, 11. Jh., im 17. Jh. Latrinen 18" Refektorium der Mönche, 13. Jh., Schlafsaal im 17. Jh. 19" Kreuzgang, beendet 1228 21" Küche, 13. Jh. 22" Wohnraum des Abtes 23" Bailliverie (Verwaltung) 24" Klosterwohnung 25" Gerichtssaal, 13. Jh., 1965 restauriert 28" Weitere Klosterwohnung 29 Brunnen, heutiger Bau von 1757 30 Zisterne der Apsis, 1417 32 Fanils. Alte Scheune für Heu, 1828. Kaserne für Wachsoldaten 33 Tour des Fanils 34 Nordturm, 13. Jh. 35 Tour Perrine 36 Barbakane des Burgtors (Pierre le Roy) 37 Tour Claudine, Ende 14. Jh. 38" Archiv von Pierre le Roy 39 Vorbau 40 Pfarrkirche St-Pierre, Reste aus dem 11. Jh., sonst 15. und 16. Jh. 41 Tour du Roi, 15. u. 17. Jh. 42 Tor und Wohnung des Königs, 15. Jh., mit Zugbrücke und Fallgatter 43 Tour Beatrix, 15. Jh. 44 Tour Basse, 15. Jh., im 17. Jh. erneuert 45 Tour Boucle 46 Tour Cholet, 15. Jh. 47 Barbakane, erbaut unter Louis d'Estouteville, 15. Jh. 48 Teur neuve, 15. Jh. 49 Zisterne des Almosensaals, 16. Jh. 50 Bastion 51 Tour Gabriel, 1524 52 Bastion (Gabriel du Puy), um die Barbakane des 15. Jh. (47) zu vervollständigen 53 Kapelle St-Aubert 54 Große Treppe zum Eingang der Abtei

verbündet war, belagert wurde. Nachdem Philipp August dann aber Herr der Normandie geworden war, unterstützte er großzügig den Bau des Ostflügels der Merveille. Über den heiligen Ludwig bis zu Philipp dem Schönen steht die Klosteranlage im Mittelpunkt der Interessen der französischen Könige. Jetzt tritt das ritterliche neben das monastische Element. Die Äbte Raoul des Iles, Thomas de Chambres und Raoul de Villedieu ergänzen die ›Merveille‹, diesen großen Trakt im Nordosten, der im Erdgeschoß den Almosensaal (18) und den Keller (19) umfaßt, im ersten Obergeschoß den Gästesaal (18') und den Rittersaal (19') und im zweiten Obergeschoß den neuen Kreuzgang (19") und das Refektorium (18"). (Die 56 schmalen Fenster des Refektoriums beweisen allerdings nach Meinung von W. Braunfels in Anlehnung an E. Corroyer, daß es sich ursprünglich um ein Dormitorium gehandelt haben muß. Jeder Mönch sollte auch während der Mittagsruhe lesen können.[21]) Schwindelerregend erheben sich die Gebäude am Rande des Felskegels, und nicht umsonst wird dieser solche Kostbarkeiten umschließende Trakt Merveille (das Wunder) genannt. Die 1228 vollendeten Bauten bezeugen durch das Hohe und Steile einerseits und durch die Feinheit der Bauglieder andererseits den neuen Geist der ›Königsgotik‹ der Île de France (nach W. Braunfels). Das Spitzbogengewölbe ermöglichte hoch angebrachte Fenster, Mauern waren zu Pfeilern reduziert, die außen durch Strebebogen abgestützt waren. Die Räume waren größer und komfortabler geworden, und vor allem der Kreuzgang mit seinen 227 schlanken Säulen zeugte von der Anmut der gotischen Stilepoche (Abb. 54).

Schon im 13. Jahrhundert begann man mit dem Bau der Befestigungsanlagen, der bis zum 16. Jahrhundert fortgesetzt werden sollte. Die Belagerung durch die Engländer im Jahre 1423 endete dank der legendären Verteidigung des Burgklosters durch Louis d'Estouteville und seiner 119 Ritter. Der Sieg des Kronfeldherrn von Richemont in Formigny im Jahre 1450 brachte Frankreich die Normandie und den Benediktinern den Frieden zurück. Um die Erinnerung an den siegreichen Widerstand aufrecht zu erhalten, wurde ein militärischer Orden gegründet, und der Arbeitssaal der Mönche, der dem neuen Orden als Sitzungssaal diente, erhielt den Namen ›Rittersaal‹.

1421 war der romanische Chor eingestürzt. Zwischen 1446 und 1450 errichtete man deshalb zunächst an der Stelle der ursprünglichen Krypta jenes Chors die berühmte Krypta der Dicken Pfeiler (2') (Abb. 56). 1521 wurde über dieser Krypta der heutige Kirchenchor vollendet (2"). Mit diesem spätgotischen Bau waren die eigentlichen Arbeiten des Mont-St-Michel abgeschlossen.

Mit der Französischen Revolution begann eine Zeit der Entweihung dieses Wunder des Abendlandes. Jetzt wurden nicht nur die Schätze des Klosters geplündert, sondern auch die gesamte Anlage in ein Gefängnis umgewandelt. Erst Napoleon III. beendete diesen Skandal, als er 1863 das Zuchthaus des Mont-St-Michel aufhob. Damit konnten die Restaurierungsmaßnahmen unter Leitung von E. Corroyer und P. Gout beginnen. Ein weiteres Problem entstand seit der Mitte des 19. Jahrhunderts durch die Einpolderung zur Gewinnung von Land und wertvollem Phosphat aus den Anschwemmungen. Um dem Mont-St-Michel nicht dasselbe Schicksal zuzufügen wie dem Mont Dol (vgl.

S. 243), nämlich eine Verwandlung in einen Festlandhügel, hat das Amt für Denkmalschutz sich für die Erhaltung des Eilandes erfolgreich eingesetzt.

Die Felseninsel ist mit dem Festland durch einen 1,8 km langen Damm verbunden, an dessen Ende sich zu beiden Seiten z. T. flutgefährdete Parkplätze befinden. Ein hölzerner Steg führt dann zum einzigen Eingang, zur Porte de l'Avancée. Wir passieren anschließend zwei Festungshöfe und erreichen durch weitere Tore die einzige Straße der Insel, die Grande Rue. Man kann ihr zunächst bis zur Abtei folgen und hinterher den Rückweg auf der Befestigungsmauer mit lohnenden Aussichtspunkten nehmen. Die steil ansteigende Grande Rue ist eine schluchtartige Gasse, an deren beiden Seiten sich bis zu vierhundert Jahre alte Häuser eng aneinanderdrängen, ein Eldorado der Andenken- und Antiquitätenläden, der Hotels, Restaurants und Crêperien. Am Ende dieser Geschäfts- und Häuserreihe liegt links die Eglise paroissiale (40), die größtenteils aus dem 15. und 16. Jahrhundert stammt. Auf der gegenüberliegenden Straßenseite befindet sich das kleine Musée historial du Mont.

Das Burgtor (Châtelet, Ende 14. Jh.), zu dessen Verteidigung eine Barbakane dient, bildet den östlichen Eingang zur Abtei und wird von zwei abgerundeten Zinnentürmchen überragt. Unter dem flachen Torbogen führt eine Treppe zum Erdgeschoß des Offizialats. Hier befindet sich zunächst der Saal der Wachen (Salle des Gardes) mit Spitzbogengewölbe und großem Kamin. Da der Boden genau dem Gefälle des Felsens folgt, mußte er in mehreren Ebenen angelegt werden. Im oberen Teil des Offizialats befindet sich der Gerichtssaal (Belle-Chaise) (25'). Die Fenster liegen von außen gesehen in langen Arkaden – teilweise handelt es sich um Blendarkaden –, die an normannischen Einfluß erinnern. Vom Saal der Wachen gelangt man in den langgestreckten, zweischiffigen Almosensaal (Aumônerie) (18), einem Teil, der zum Gebäudekomplex der Merveille gehört. Der Raum wird von mächtigen Säulen getragen; ein romanisches Kreuzgratgewölbe ruht auf den quadratischen Kapitelldeckplatten. Früher nächtigten hier die armen Pilger und Bittsteller, heute dient er als Sammelraum für die Führungen; gleichzeitig kann man sich an Modellen über die Baugeschichte der Abtei informieren. Die große Innentreppe, die zur oberen Kirche führt, liegt zwischen steil aufragenden Klostergebäuden des 13. und 15. Jahrhunderts. Die Bauten sind durch Brücken miteinander verbunden. Über die erste Brücke aus dem 15. Jahrhundert konnte der Abt von seinen Räumen aus direkt die Krypta der Dicken Pfeiler (2') erreichen, während die zweite hölzerne Brücke die Katharinen-Kapelle (27') in den oberen Teilen des gegen Ende des vorigen Jahrhunderts errichteten Wohntrakts mit dem südlichen Querschiff der Kirche verbindet. Von der Terrasse ist die westliche Hälfte der Insel gut zu überblicken. An ihre nördliche Seite grenzt der Klostergarten mit einem kleinen Eichenwald und der von Saint-Aubert entdeckten Süßwasserquelle (29). Durch ein Seitenportal (12. Jh.) betreten wir das südliche Schiff der Kirche. Von der ehemals karolingischen Kirche Notre-Dame sous Terre sind zwei kurze Schiffe erhalten geblieben, die durch zwei auf einem Mittelpfeiler ruhende Arkaden getrennt sind. Statt der ursprünglichen Holzdecke erhielt sie am Anfang des 13. Jahrhunderts ein Tonnengewölbe. Aus romani-

Mont-St-Michel, Aufriß des Langhauses (11. Jh.)

scher Zeit stammen die beiden Kapellen (oder Krypten) Saint-Martin (3') und ›Dreißig Kerzen‹ (4') unter dem Querschiff der Oberkirche. Erstere besitzt eines der ältesten Rundbogentonnengewölbe des 11. Jahrhunderts und in der Apsis ein Halbkuppelgewölbe. Die Krypta der Dicken Pfeiler (2') (Abb. 56, vgl. S. 260) mit ihren 5 m Umfang messenden Säulen ohne Kapitelle trägt den darüberliegenden spätgotischen Chor (Abb. 55). Dieser erst im 15. Jahrhundert mit einem Kapellenkranz errichtete Teil bildet einen reizvollen Gegensatz zum romanischen Langschiff und Querschiff in typisch normannischem Stil des 11. und 12. Jahrhunderts (1", 2") (Abb. 53). Vier erhalten gebliebene Gewölbejoche ruhen auf viereckigen Pfeilern mit je vier Halbsäulen. Die mit einfachem Blumendekor verzierten Kapitelle sind größtenteils im vergangenen Jahrhundert restauriert worden. Die Wandflächen des Langschiffs sind in vollendeter Harmonie durchgliedert, wobei der Laufgang über den Seitenschiffen durch jeweils zwei Rundbögen über jedem Gewölbejoch einbezogen ist. Die darüberliegende Etage besitzt schmale Rundbogenfenster. Gemäß der normannischen Tradition wurde statt eines Steingewölbes eine im 19. Jahrhundert erneuerte Holzdecke verwendet. Über dem Querschiff erhebt sich der romanische Glockenturm; auf seiner Spitze steht in 156 m Höhe der heilige Michael mit gezogenem Schwert im Kampf gegen den Drachen. Der granitene Chor mit zwei geraden Jochen, einem Rundgang, einer siebenfächrigen Apsis mit neun Kapellen, den hohen Bögen und Fenstern gehört zu einer der eindrucksvollsten Schöpfungen der Spätgotik des Abendlandes (Abb. 55).

Die Abteigebäude im Norden der Kirche stellen einen weiteren Gipfelpunkt gotischer Architektur dar. Dieser ›Merveille‹ genannte Gebäudeabschnitt in drei Stockwerken ist in einen West- und Ostflügel unterteilt. Im Erdgeschoß des Ostflügels liegt der schon erwähnte Almosensaal, darüber der Gästesaal (Salle des Hôtes) (18') Abb. 57). Dieser wird von sechs axial angeordneten schlanken Säulen in zwei Schiffe mit eleganten Spitzbogengewölben unterteilt, die an den Seitenwänden auf kleinen an auskragenden Pfeilern angelehnten Säulchen ruhen. In der Tradition des 13. Jahrhunderts sind die Kapitelle der großen Säulen mit Pflanzenmotiven dekoriert. Am Westende sind großzügige Zwillingskamine eingebaut. Das Refektorium über dem Gästesaal (vgl. S. 260) (18") ist einschiffig und besitzt ein getäfeltes Tonnengewölbe. Schlanke Säulen, deren Kapitelle in Knospenornamentik Spitzbogen tragen, schmücken die Mauern. In einer ausgeprägten Ausweitung liegen die schachtartigen Fenster, durch die sehr wirkungsvoll mildes indirektes Licht in den Raum fällt. Im Westflügel der Merveille liegt über dem Keller mit seinen drei unterschiedlich breiten Schiffen der Rittersaal (Salle des Chevaliers) (19') des Michaelordens mit unregelmäßigem Grundriß (Abb. 58). Die Spitzbogen der vier Schiffe ruhen auf drei dicken Säulenreihen, deren Kapitelle wiederum die bekannte Ornamentik aufweisen. Im obersten Stockwerk überrascht einer der schönsten Kreuzgänge des 13. Jahrhunderts (1225–28) (19") (Abb. 54). Die Säulen, welche die Doppelreihe der spitzbogigen Arkaden tragen, sind schmucklos; dagegen trägt die Rückseite zarte Verzierungen: ein Blattfries, aus dem Menschenköpfe und Fabeltiere hervorschauen, läuft unter dem Sims entlang; die Ecksteine der Arkaden sind mit biblischen Szenen und dekorativen Motiven skulptiert. Auch die Außenwand des Kreuzganges besteht aus einer Bogenreihe, die auf einer durchgehenden Bank ruht. Ihre Kapitelle zeigen wieder den traditionellen Pflanzendekor des 13. Jahrhunderts. Im Süden wird diese Anordnung durch das Lavatorium unterbrochen, wo die liturgische Zeremonie der Fußwaschung abgehalten wurde.

An der Grenze zur Bretagne ist der Mont-St-Michel der großartige Abschluß unserer Reise, zugleich ein Abschied von der bäuerlich naiven Kunstlandschaft der Bretagne, und es bleibt unser Wunsch und Gruß:

Kénavo ar veic'h hall ar vro Breiz!
(Auf Wiedersehen in der Bretagne!)

Anmerkungen

1 Als Quelle zum Kapitel ›Mensch und Landschaft‹ diente vor allem der Aufsatz von J. Dodt: Die Bretagne, eine landeskundliche Skizze. In: Sonderdruck Zur 50. Wiederkehr des Gründungstages der Geologischen Gesellschaft zu Bochum, Herne 1970, S. 59–80, bzw. Bochumer Geographische Arbeiten, Heft 7.

2 Jürgen Petersen: Wasser besiegt den Fels. In Merian-Heft: Die Bretagne, Hamburg 1963, S. 25

3 zit. nach Merian-Heft: Die Bretagne. Hamburg 1963, S. 88

4 Yannik Rollando: La Préhistoire du Morbihan. Vannes 1971, S. 22

5 Werner Hülle: Steinmale der Bretagne, Ludwigsburg 1976, S. 71

6 Sibylle von Cles-Reden: Die Spur der Zyklopen, Köln 1960, S. 257

7 Werner Hülle: Steinmale der Bretagne, S. 128

8 Günter Metken: Bretonisches Reisebuch, München 1975, S. 16

9 Sibylle von Cles-Reden: Die Spur der Zyklopen, S. 240

10 Werner Hülle: Steinmale der Bretagne, S. 104

11 Sibylle von Cles-Reden: Die Spur der Zyklopen, S. 249

12 Günter Metken: Bretonisches Reisebuch, S. 14

13 Günter Metken: Seltsame Heilige fürwahr! In: Merian-Heft: Die Bretagne, Hamburg 1963, S. 41

14 Claus u. Liselotte Hansmann: Calvaires – Bretonische Passion in Stein, München, S. 6

15 Max Rieple: Geheimnisvolle Bretagne, Bern 1976, S. 154

16 Henri Queffélec: Unter feuchter Sonne. In Merian-Heft: Die Bretagne, Hamburg 1963, S. 16

17 Günter Metken: Bretonisches Reisebuch, S. 44

18 Günter Metken: Bretonisches Reisebuch, S. 46

19 François-René de Chateaubriand: Erinnerungen (Mémoires d'outre tombe) München 1968, S. 36, 37, 39, 40, 61, 62

20 Günter Metken: Bretonisches Reisebuch, S. 37

21 Wolfgang Braunfels: Abendländische Klosterbaukunst, Köln 1976, S. 315

Register

Personen und Völker

Orte und Länder

Leuchtturm von Doëlan bei Quimperlé (Finistère)

Praktische Reisehinweise

Auskünfte

Informationen für eine Reise in die Bretagne, Prospekte, Hotelverzeichnisse usw. liefert in der *Bundesrepublik Deutschland* das *Amtliche Französische Verkehrsbüro*
4 Düsseldorf, Berliner Allee 26, ✆ 32 85 64
6 Frankfurt/Main, Westendstraße 47
und Auskunftsbüro 6 Frankfurt/Main, Kaiserstraße 12, ✆ 75 20 29 + 75 20 20

in Österreich
das *Amtliche Französische Verkehrsbüro*
1010 Wien 1, Walfischgasse 1, ✆ 52 44 01

in der Schweiz
das *Amtliche Französische Verkehrsbüro*
8022 Zürich, Bahnhofstraße 16, ✆ 23 33 20 und 25 21 22
1201 Genf, 3 rue du Mt-Blanc, ✆ 32 86 10

Informationen in der Bretagne erteilen:
Syndicat d'Initiative einer jeden Stadt (Hotel- und Stadtpläne, Prospekte, Vermittlung von Unterkünften)
Comité Régional de Tourisme, 3, rue d'Espagne, Rennes
Fédération des Syndicats d'Initiative de Bretagne, Saint-Brieuc
Comité Départemental du Tourisme du Finistère, Quimper
Union Départementale des Syndicats d'Initiative du Morbihan, Vannes
Office Touristique de la Côte d'Émeraude, Dinard
Comité Départemental du Tourisme d'Ille-et-Vilaine, Rennes
Union Départementale des Syndicats d'Initiative des Côtes-du-Nord, St-Brieuc
Automobile-Club de France, 6, place de la Concorde, 75 008 Paris, ✆ 265-34-70
Touring-Club de France, 65, av. de la Grande-Armée, 75 782 Paris, Cedex 16, ✆ 727-89-89

Diplomatische Vertretungen:
für die Bundesrepublik die Honorarkonsulate in
Brest, 10, rue Alain-Fournier, ✆ 44 35 59
Nantes, 64, quai de la Fosse, ✆ 71 93 18
für Österreich die Botschaft in
Paris, 6, rue Fabert, ✆ 705 89 39
für die Schweiz das Konsulat in
Nantes, 14, rue Boileau, ✆ 71 82 11

Landkarten

Frankreich 1:800 000, Reise- und Verkehrsverlag, Berlin–Stuttgart
Bretagne 1:200 000, Michelin 230
Carte Touristique 1:100 000, Institut Géographique National Nr. 13, 14, 15, 16, 24
Carte Touristique 1:50 000, Institut Géographique National, ›Golfe du Morbihan – Belle-Île‹, ›Brière‹
Geologische Karte France Nord 1 : 1 000 000

Anreise und Verkehrsmittel

Drei große Verkehrsadern ermöglichen dem **Autoreisenden** von Paris aus die Fahrt in die Bretagne: im Norden die Strecke Alençon – Mayenne – Fougères – Dol, in der Mitte Chartres – Le Mans (Autobahn) – Laval – Vitré – Rennes und im Süden Le Mans – Angers – Nantes. Innerhalb der Bretagne nehmen dann zwei Landstraßen den Verkehrsstrom auf, im Norden die N 12: Fougères – Rennes – St-Brieuc – Guingamp – Morlaix – Brest, im Süden die N 165: Nantes – Pont-Château – Vannes – Hennebont – Quimper. Die Strecke durch das Landesinnere (N 164) bis Carhaix-Plouguer und anschließend die N 784 bis Morgat mit zahlreichen zur Küste hin ausstrahlenden Nebenstraßen kann nicht als Schnellstraße betrachtet werden. Zur Zeit wird das Straßennetz erweitert und modernisiert.

Autofahrer benötigen den nationalen Führerschein, die nationale Zulassung und das Nationalitätenzeichen am Fahrzeug. Bei vorhandenen Sicherheitsgurten besteht Anschnallpflicht. Motorradfahrer müssen Sturzhelme tragen und auch am Tage mit Abblendlicht fahren. Normalbenzin: 90 Oktan, Superbenzin 98 Oktan.

Autofährverbindungen bestehen zu den Inseln Belle-Île, Île de Groix und Jersey. Im Sommer sollte eine Überfahrt lange im voraus gebucht werden.

Die Reise mit der **Eisenbahn** führt von Paris über Le Mans nach Rennes. Von hier aus zweigt eine nördliche Strecke nach St-Brieuc, Morlaix, Landerneau und Brest ab, eine südliche von Rennes nach Redon, Vannes, Lorient, Quimper, Châteaulin, Brest. Eine dritte Strecke führt von Paris über Le Mans, Angers nach Nantes und weiter nach St-Nazaire, Le Croisic bzw. Nantes, Redon. Während der Osterfeiertage, am 1. Mai und während der großen Ferien in Frankreich verkehren Autoreisezüge von Paris nach Brest und Quimper.

Eine direkte Anreise mit dem **Flugzeug** gibt es nur von verschiedenen französischen Flughäfen aus, die La Baule, Brest, Vannes, Lorient, Nantes, Quimper und Rennes anfliegen. Die genannten Orte haben auch untereinander Flugverbindung.

Die bretonischen Kanäle und Wasserstraßen sind ein ideales Ferienparadies für **Bootsbesitzer**; sie ermöglichen eine Entdeckung des Argoat und eine problemlose Verbindung zwischen Ärmelkanal und Atlantik (von St-Malo über Rennes nach La Roche-Bernard) einerseits, zwischen der Basse-Bretagne und Maine – Anjou andererseits. Eine Navigationserlaubnis ist nicht erforderlich, dennoch sollten folgende Unterlagen mitgeführt werden: Zoll- und Immatrikulationspapiere für das Boot, Motorbootführerschein, Versicherungspapiere und den entsprechenden Navigationsführer Manche-Océan, Kanal Nantes-Brest, Loire, Sèvre, Sarthe und Mayenne, erhältlich im Buchhandel des CCB: M. P. Clavreux, 12, rue de Jemmapes, 44 000 Nantes, ✆ 47 42 94. Angaben über die zulässige Länge, Breite und Höhe des Bootes über dem Wasserspiegel, Öffnungszeiten der Kanäle, Geschwindigkeitsbegrenzung u. a. erfährt man beim

Service des Ponts et Chaussées
3, cale de la Barbotière, Rennes
quai Surcouf, Redon
quai Ernest-Renaud, Nantes
quai des Carmes, Hennebont
1, Service Navigations, Angers

An verschiedenen Orten kann man sich auch Hausboote, Motorboote, Segel- und Ruderboote mieten. Adressen erfährt man bei den Syndicats d'Initiative (s. S. 296 f.).

Unterkünfte und Reisezeit

Die Mehrzahl der *Hotels* gehört zur Kategorie der Ein- und Zwei-Sterne-Hotels. Das sind gutbürgerliche Hotels mit mittlerem bis gutem Komfort und meistens etwas familiärem Charakter. Die Anzahl der Drei-Sterne-Hotels mit großem Komfort und die der Luxushotels nimmt ständig zu. Ehemalige Herrenhäuser oder alte Mühlen wurden renoviert und zu Unterkünften in stilvoller Umgebung mit exklusivem Service ausgebaut. Im Gegensatz dazu stehen die modernen Durchgangshotels der großen Städte im Stil der ›Novotels‹.

Um *Appartements* und *Ferienhäuser* zu mieten, wende man sich an den Reservierungsdienst: Relais des Gîtes Ruraux de Bretagne, UROSHR, 22, avenue Janvier, 35 100 Rennes oder aber an die jeweiligen Syndicats d'Initiative.

Verzeichnisse der Ferienhäuser in den einzelnen Départements verschicken gegen Bezahlung für:

Côtes-du-Nord
Association des Gîtes de France des Côtes-du-Nord
4 bis, rue Charles-Le-Maout
22000 Saint-Brieuc

Finistère
Accueil Rural en Finistère
Maison des Agriculteurs
Stang Vihan – BP 504 29100 Quimper

Ille-et-Vilaine
Relais Départemental de Gîtes Ruraux
22, avenue Janvier, 35100 Rennes

Morbihan
Relais Départemental des Gîtes Ruraux
7, rue des Halles 56005 Vannes

Die Zahl der Übernachtungen auf *Campingplätzen* übersteigt die in den Hotels beträchtlich. Dabei sind viele, die in der freien Natur campen, gar nicht registriert. In der Hauptsaison sind die Campingplätze in der Regel überfüllt, so daß ohne vorherige Anmeldung und Reservierung zumindest kein Stellplatz für Caravans vorhanden ist. Als Ausweichmöglichkeit wird Camping auf dem Bauernhof angeboten. Näheres erfährt man vom Agriculture et Tourisme, 9, avenue Georges-V, 75 008 Paris oder Fédération Nationale des Gîtes de France, 34, rue Godot-de-Mauroy, 75009 Paris. Alljährlich erscheint

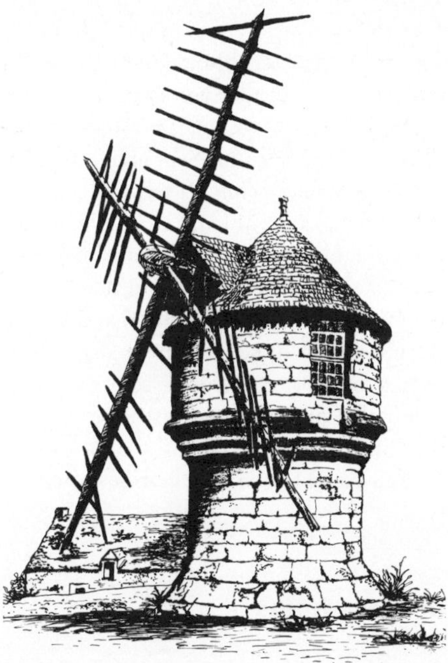

Moulin du Diable bei Guérande (Loire-Atlantique)

ein *Verzeichnis der Campingplätze und Jugendherbergen,* das bei den Amtlichen Verkehrsbüros erhältlich ist. Übernachten, Wohnen und Durch-die-Lande-Ziehen kann man auch in einem von Pferden gezogenen *Zigeunerwagen,* allerdings mit vorgeschriebenen Fahrtrouten. Nähere Informationen: Syndicats d'Initiative.

Bretagne-Reisende, die das Land nicht nur wegen der herrlichen Strände und der damit verbundenen Badefreuden aufsuchen, sondern wegen der bretonischen Kunst und Kultur und der Eigenart ihrer Menschen, sollten die Monate Juli und August, die Zeit der großen Ferien in Frankreich meiden. Unangemeldete Gäste werden zu dieser Zeit kaum noch ein Zimmer bekommen. Besonders empfehlenswert sind die Monate Mai und Juni bzw. September, wenn in der Bretagne der gelbe Ginster blüht oder wenn im Herbst die Strände von den tag- und nachtgleichen Gezeiten gereinigt sind (Wassertemperatur im September 20° C). Jetzt kann man seine Unterkunft an Ort und Stelle auswählen, mit erheblicher Preisermäßigung und individuellem Service. Doch selbst eine Reise in den Monaten Oktober bis April entbehrt nicht ihres Reizes, zumal diese Zeit mehr den lukullischen Genüssen gewidmet sein wird, zugleich aber auch das ozeanisch milde Winterklima nicht abschreckend wirkt. Dinard und La Baule haben ganzjährige Saison.

Besondere Tips

Fernglas hilft beim Betrachten von Kapitellen, Friesen und Gewölbemalereien

Fotografieren ist in den Kirchen außerhalb der Gottesdienste erlaubt; in den Museen benötigt man eine Sondererlaubnis

Hotels legen allwöchentlich einen Ruhetag ein, so daß für die Mahlzeiten eine Vorausplanung notwendig ist. Es wird erwartet, daß mindestens eine Hauptmahlzeit im Hotel eingenommen wird

Neues Testament erleichtert weniger bibelfesten Kunstreisenden das Nacherleben der Szenerien auf den Calvaires

Regenkleidung sollte zu jeder Jahreszeit im Reisegepäck enthalten sein

Schlüssel Viele der einsam gelegenen Landkirchen sind abgeschlossen, so daß man den Schlüssel meist im nächstgelegenen Gehöft oder Haus besorgen muß

Supermärkte für Selbstversorger liegen am Rande der größeren Städte und haben ein außergewöhnlich reichhaltiges Angebot

Taschenlampe empfohlen für den Besuch der Megalithgräber, Kirchen und Krypten

Trinkgeld ist allgemein im Preis inbegriffen; ein zusätzliches Trinkgeld von 3 bis 5 % der Rechnung ist aber üblich. Grundsätzlich bekommen Taxifahrer 10 bis 15 % Trinkgeld, Garderobe-, Toilettenfrauen und Platzanweiserinnen etwa 0,5 fr.

Meeresheilkuren und Thalassotherapie

Die Bretagne reift zu einem der großen Zentren Europas für Klima- und Thermalbadekuren am Meer heran. Das warme Meerwasser wirkt auf dreifache Weise: es erhöht die Beweglichkeit der Behinderten, wirkt entzündungshemmend und schmerzlindernd und stärkt den Organismus durch Eindringen der Meeressalze in die Haut. Thalassotherapie ist eine wirksame Waffe gegen Rheuma, Arthrosen, Folgeerscheinungen von Verletzungen, Müdigkeit und Überanstrengung. Institute für Thalassotherapie gibt es in Quiberon, Roscoff, Tréboul-Douarnenez und Paramé-St-Malo. 1978 wurde das modernste Zentrum Europas in Carnac eröffnet. Auskünfte erteilt das Komitee der Badeorte und Meereswasserkuren, 6, rue Lafayette, 35100 Rennes.

Bretonisch, eine keltische Sprache

Buhez hir c'hoaz d'ar yez koz!
(Lang lebe noch die alte Sprache!)

Die Sprachgrenze der Bretagne Bretonnante (Basse-Bretagne = Niederbretagne mit Finistère und Teilen von Côtes-du-Nord und Morbihan) verläuft heute etwa zwischen St-Brieuc und dem Gebiet östlich von Vannes. Westlich dieser Grenze wird heute neben Französisch noch Bretonisch gesprochen, zumindest aber verstanden, während östlich dieser Grenze in der Haute-Bretagne (= Hochbretagne, französische Bretagne) das Französische die einzige Sprache ist. Obwohl früher diese Sprachgrenze weiter östlich verlief, waren die Gebiete um Nantes, Rennes und Fougères niemals bretonisches Sprachgebiet.

Die bretonische Sprache ist das Idiom längst vergangener Vorfahren, der Kelten, die vor mehr als 2000 Jahren große Teile Europas besiedelten. Durch Caesar, der Gallien eroberte und romanisierte, wurde selbst aus der entlegenen Bretagne das Keltische verdrängt. Zwischen dem 5. und 7. Jahrhundert flüchteten Menschen aus der ›Grande Bretagne‹ (Großbritannien) vor den angelsächsischen Eroberern über den Ärmelkanal in das neue Siedlungsland Armorika, in die ›Petite Bretagne‹, und brachten neben der keltischen Sprache auch das Christentum mit. Sprachlich hat sich der Kultureinfluß dieser Einwanderer durchgesetzt, denn das heutige Bretonisch ist eng mit den keltischen Dialekten von Cornwall und Wales verwandt. Natürlich wurde die Sprache die Jahrhunderte hindurch zersetzt, war es doch viel vornehmer, Französisch zu parlieren als das barbarische Bretonisch zu sprechen. Doch dem zähen Festhalten der Bretonen am Althergebrachten verdanken wir, daß die Sprache nicht zu einem bestaunten Museumsstück wurde. Über eine Million Menschen sprechen zu Hause bretonisch; im Landesinnern können wir auf alte Menschen treffen, die kein Französisch beherrschen. In den Schulen ist es Wahlfach, und die Universität Rennes unterhält einen Lehrstuhl für keltische Sprachen.

Im allgemeinen wird das Bretonische genau so gesprochen, wie es geschrieben wird, die nasalierten Laute des Französischen sind unbekannt. Die Betonung liegt, abgesehen vom Dialekt des Gebietes um Vannes, auf der vorletzten Silbe.

Zum besseren Verständnis geographischer Bezeichnungen oder Ortsnamen ist hier eine kleine Worterklärung angefügt.

BZh	Abkürzung von Breiz, Breizh (Bretagne)
aber	Mündung (Aber Wrac'h = Mündung der Hexe)
ankou	der Tod
arcoat, argoat	im Wald, damit ist das Innere der Bretagne gemeint
armor	Land am Meer, Küstenlandschaft
bag	Schiff
beg	Landzunge (Beg-Meil)
bihan	klein (Morbihan = kleines Meer)
braz	groß
bré, bran	Hügel, Erhebung (Ménez Bré, 302 m)
brezoneg	das Bretonische
brug	Heidekraut
coat, goat, coët, goët, hoët	Wald (Huelgoat = hoher Wald)
com, koum	Talmulde
crec'h, quenec'h	Höhe
dolmen	(dol, toal = Tisch; men = Stein, Steintisch)
du	schwarz
douar	Erde, Platz
dour	Wasser
enez	Insel
goas, goaz	Bach
gwenn	weiß
hen	alt
hir	lang
ilis	Kirche
kaer	schön
kemper	Zusammenfluß (Kemper, Quimper)
koz	alt
lec'h	kleiner regelmäßiger ›Menhir‹
len	Teich, See
mad	gut
men	Stein (Menhir = Langstein)
menez	Berg (Ménez Hom)
meur	groß, ausgedehnt
mor	Meer
noz	Nacht
penn, pen	Kopf, Landzunge, Kap (Penmarc'h = Pferdekopf)
raz	Engpaß
porz	Hafen
roc'h	Felsen
ros	Hügel
ster	Fluß
stivell	Quelle, Fontäne
trez	Sand
tro	Turm
ty, ti	Haus
yen	kalt

Mit *Lan, Ker, Plou, Loc* fangen die meisten bretonischen Ortsnamen an:

Lan, Lann	Kirche, Kloster, geweihtes Land; diese Vorsilbe steht durchweg vor einem Ortsheiligen (Lannédern = Land des heiligen Edern, Landévennec = Land des heiligen Vennec)
Loc	geheiligter Ort, Einsiedelei, Kloster (Locronan = Ort des heiligen Ronan)
Plou (Pleu, Plé, Plo, Ploe)	Pfarrei (Ploërmel = Plou-Armel, Pfarrei des hl. Armel; Pleumeur = große Pfarrei)
Ker	Dorf, Haus (Kermaria-an-Isquit)

Bretonisch speisen

Wie überall in Frankreich, so wird auch in der Bretagne gerne und vorzüglich gespeist. Doch beruht ihr gastronomischer Ruf mehr auf Frische und Qualität der Erzeugnisse als auf raffinierten Rezepten. Die vom Meer beherrschte Bretagne verwöhnt den Gast mit köstlichen Meeresfrüchten (fruits de mer). Damit sind alle schaligen, schuppigen oder mit Scheren bewaffneten Krustentiere gemeint. Berühmt ist die Ostrëikultur (Austernzucht) der Bretagne, vor allem im Golf von Morbihan, aber auch in Cancale (Ille-et-Vilaine). Die ›palourdes‹ und ›praires‹ sind eine kleine festere Art, die man sich selbst am Strand auflesen kann. Serviert werden die Austern auf portugiesische Art nur mit Zitronensaft oder speziell angerichtet, schließlich auch gebacken (huîtres frites). Auch Seeigel, Krabben, Langusten, Langoustinen, Garnelen (crevettes), Muscheln, runde Krebse (crabes) und vor allem Hummer sind köstliche Gaumengenüsse; allein ihr dekorativer Anblick auf Eis und frischem Seetang läßt zusammen mit dem würzigen Meeresduft dem Liebhaber solcher Genüsse das Wasser im Munde zusammenlaufen. Die Hummer werden gerne ›à la crème‹ mit Mayonnaise und Gemüsesalaten angerichtet, als Hummer l'armoricaine mit einer scharfen Soße, in der auch Knoblauch vorkommen darf, verfeinert mit Weißwein, Tomaten und Cayenne-Pfeffer. Gegrillt gibt es ihn als ›homard grillé‹ oder als ›homard grillé à la diable‹ nach Teufelsart. Auch die bretonische Bouillabaise, die ›cotriade‹, eine Fischsuppe mit Kartoffeln, sollte man sich nicht entgehen lassen. Einzelne Städte und Gebiete locken mit ihren eigenen Spezialitäten:

Hauptstadt Rennes:
›artichauts au lard‹, Artischocken mit Speck
›potée aux choux‹, Kohlsuppe
›pigeons farcis‹, gefüllte Tauben
›boudin blanc‹, Weißwurst
›moules en vinaigrette‹, Muscheln in Essig
›poularde au vin blanc‹, Poularde in Weißwein

Nantes:
›sauce nantaise ou boullion à l'échalote, vinaigre et cornichons‹, Sauce aus Nantes oder Schalottenboullion mit Essig und Gürkchen
›potage nantais aux pommes de terre, crème et jaune d'œuf‹, Suppe aus Nantes mit Kartoffeln, Sahne, Eigelb
›côtes de porc et foie au four‹, Schweinekoteletts und Leber im Ofen
›anguille au vin‹, Aal in Wein
›alose à l'oseille‹, Alse mit Sauerampfer
›matelot de lamproie‹, Matrosengericht vom Neunauge; ›poularde en croustade‹, Poularde in der Kruste
›rôti de veau à la purée d'oignons‹, Kalbsbraten mit Zwiebelpüree
›poissons au beurre blancs‹, Fische mit weißer Butter serviert
›canard de Challans aux petit pois‹, Challans-Ente mit Erbsen

Saint-Nazaire:
›poulet à l'estragon‹, Huhn mit Estragon
›cotriade‹, Fischsuppe mit Brot

Lorient:
›soupe godaille aux petits poissons‹, ›Säufersuppe‹ mit kleinen Fischen

Concarneau:
›thon au riz, carottes et vin blanc‹, Thunfisch mit Reis, Karotten und Weißwein

Quimperlé:
›harengs grillés à la moutarde‹, gegrillte Heringe mit Senf
›andouillettes‹, kleine Würste aus Innereien
Quimper:
›maquereau au cidre ou à la moutarde‹, Makrele in Apfelwein oder mit Senf
›saint-pierre aux pommes de terre‹, Cotriade mit Langoustinen, Petersfisch mit Kartoffeln
Douarnenez:
›soupe aux sardines et à l'oseille‹, Sardinensuppe mit Sauerampfer
›soupe au lard et au sarrasin‹, Suppe mit Speck und Buchweizen
Camaret:
›coquille St-Jacques‹, Jakobsmuschel
Brest:
›morue au poireau‹, Stockfisch mit Porree
›dorade aux crevettes et échalotes‹, Goldbrassen mit Crevetten und Schalotten
›boudin à la crème et aux oignons‹, Wurst mit Sahne und Zwiebeln
Morlaix:
›morue‹, Stockfisch zusammen mit Langustenschwänzen zwischen zwei hauchdünnen Pfannekuchen (crêpes) angerichtet und mit Béchamelsoße serviert
Paimpol:
›soupe de poissons au congre, vieille, grondin et saint-pierre aux poireaux, tomate, ail et vin blanc‹, Fischsuppe aus Seeaal, Lippfisch, Knurrfisch und Petersfisch mit Porree, Tomaten, Knoblauch und Weißwein
Dinard:
›morue au cidre‹, Stockfisch in Apfelwein
St-Brieuc:
›filet de bœuf à la 'moutarde celtique'‹, Rinderfilet mit keltischem Senf
›potage de légumes au lard‹, Gemüsesuppe mit Speck
Lamballe:
Aal in Milch getaucht und in Butter gebraten
St-Malo:
›poulet aux épices‹, Gewürzhuhn
›tripes au cidre‹, Kaldaunen in Apfelwein
›algues blanches au lait‹, weiße Algen in Milch
›cabillad au vin blanc‹, Kabeljau in Weißwein

Lachsgerichte sind für das **Aulne- und Elorngebiet** typisch, Forellen für die **Montagnes Noires** und die Bäche des **Morbihan.** Aale sind vor allem in der **Grand Brière** bekannt, wo sie über Torffeuer gebraten werden. Schließlich sei noch der gegrillte und flambierte auf Fenchel servierte Wolfsbarsch genannt (›bar grillé flambé sur fenouil‹).

Außergewöhnlich neue Geschmacksrichtungen bieten Heidelamm und Wildschwein, Rebhühner, Schnepfen, Kaninchen, Wildenten und -gänse oder gar das berühmte Fleisch der Hammel und Lämmer der ›Pré-salés‹, die auf den Salzwiesen an der Küste weiden und ein besonders würziges Fleisch haben. Als Beilagen zu den vielfältigen Gerichten werden Zuchtchampignons von **Lamballe,** Zwiebeln, Kohl, Karotten, Bohnen um **Yffiniac,** Artischocken und Blumenkohl um **St-Pol-de-Léon, Quimperlé und Roscoff,** Milchprodukte und Honig aus der Gegend um **Quimper,** aus der Region **Nantes** Gemüse, Frösche und Wildenten sowie aus dem Gebiet um **Rennes** Melonen und Spargel geliefert.

Zu fast allen Gerichten paßt der traditionelle ›cidre‹, ein schwach alkoholischer Apfelwein (sec oder douce), das bretonische Nationalgetränk. Besonders berühmt für einen guten ›cidre‹ sind **Fouesnant, Beg-Meil, Guenrouet, Messac** und **Domagnié.** Dem Weintrinker sei der Muscadet, ein trockener frischer Weißwein von den Weingütern der **Sèvre Nantaise** empfohlen. Weniger bekannte und dennoch gute Weine sind Malvoisy, Gamay und Gros Lot von **Pays de Retz.** Auf Muscadet-Basis beruht der Schnaps Fine bretonne de Machecoul. Fine Armorique ist ein Erdbeerlikör. Couchen ist der berühmte bretonische Met. Von **Lorient** stammt ein klarer Schnaps mit Anisgeschmack – eau de vie anisée und in der **Bucht von Audierne** wird ein Apfelweinschnaps – eau de vie de cidre gebraut.

Wie überall in Frankreich kann man zum Nachtisch in vielerlei Käsesorten schwelgen, von denen nur einige bretonische genannt seien: Curé Nantais, Boule d'Or de Bouvran, Roi et Duchesse Anne de Saint-Gildas, Ziegenkäse aus dem Morbihan und der Ille-et-Vilaine, Montalbanais Trappe. Aber auch frische Erdbeeren von der **Halbinsel Plougastel** sind nicht zu verachten. Nationalspeise sind die ungemein gut duftenden Eierkuchen, papierdünne Fladen (crêpes), die auf einer angeheizten mit Butter bestrichenen Eisenplatte zubereitet werden. Man wählt sie gefüllt oder ungefüllt, ganz einfach mit Zucker überstreut oder aber mit Obstschnaps übergossen und flambiert als ›crêpes bretonnes flambées‹. Die ›galettes bretonnes‹ sind den aus Weizenmehl hergestellten ›crêpes‹ verwandt. Ihre Tradition ist jedoch älter, und sie werden aus Buchweizenmehl hergestellt. Die Waffel ›galette du goyen‹, die fast ausschließlich aus Butter und Zucker besteht, ist in **Audierne** zu Hause. Berühmt ist auch ein Kuchen aus Mandelteig, der in **Pont-Aven** als Spezialität gilt. Der ›far‹ oder ›fars‹ ist ein Eierkuchen mit oder ohne Pflaumen, der über die ganze Bretagne verbreitet ist; er soll ein Vorfahre des englischen Puddings sein. Bekannt sind auch die Buttermakronen ›macarons au beurre‹ von **St-Brieuc** und die ›chocarts‹ chaussons aux pommes – Apfeltaschen von **Yffiniac.**

Renommierte Restaurants

Nordküste

Saint-Malo Hôtel Central, 6, Grande-Rue
Panoramic, 2, chaussée du Sillon (Saison)

Dinan La Caravelle, 14, Place Duclos (Mittwoch von November – Ende Juni und Oktober geschlossen)
Avaugour, Place du Champs-Clos (Dienstag im Winter und vom 15. November – 8. Dezember geschlossen)

Dinard Roche Corneille, 4, rue Georges-Clemenceau

Saint-Cast Le Canari, sur la grande plage (nur im Sommer)

Les Ponts-Neufs (13 km östlich von Saint-Brieuc) Lorand

Etables-sur-Mer (16 km nördlich von Saint-Brieuc) La Colombiere

Lézardrieux (10 km östlich von Tréguier) Relais Brenner

Trébeurden Le Manoir de Lan-Kérellec (Montag und vom 20. Dezember – 20. März geschlossen)

Lannion Auberge de la Porte de France, 5, rue Jean-Savidan (Dienstag außerhalb der Saison und vom 15.–30. Oktober geschlossen)

Pont-Christ (10 km westlich von Landivisiau) Moulin Brézal

Südküste

Nantes Hôtel de la Duchesse-Anne, 3, place de la Duchesse-Anne
Central Hôtel et Rôtisserie La Crémaillère, 4, rue du Couëdic
La Rôtisserie, place Aristide-Briand (im August geschlossen)
Le Coq Hardi, 22, allée du Commandant-Charcot (samstags geschlossen)
Le Tilac im Hotel Frantel, 3, rue du Docteur Zamenhof (sonntags geschlossen)

La Baule L'Espadon, 2, av. de la Plage

Pointe de Saint-Jacques (5,5 km südlich von Sarzeau, Halbinsel Rhuys) Chez Mahé

Lorient Hôtel de Bretagne, 9, place de la Libération

Pont-Aven Moulin de Rosmadec, sur l'Aven

Riec-sur-Belon (4,5 km östlich von Pont-Aven) Chez Mélanie

Hennebont (4 km südlich au bord du Blavet) Château de Locguénolé (Montag außer Juli-August und vom 30. November – 15. Februar geschlossen)

Questembert Hôtel de Bretagne, 13, rue Saint-Michel (Vom 3. Januar – 15. Februar)

Audierne Hôtel du Goyen, Place Jean-Simon (montags vom 19. September – 16. Juni geschlossen, Betriebsferien vom 20. Dezember – 5. Februar)

Concarneau Le Galion, 15, rue Saint-Guénolé (Mittwoch und vom 15.–30. November und während der Schulferien im Februar geschlossen)
Grand Hotel, 1 av. Pierre-Guéguin

Westküste

Brest L'Ancre d'Or, 15, av. Clemenceau

Locronan Auberge de Saint-Ronan

Saint-Anne-la-Palud (8 km nordwestlich von Locronan) Hôtel da la Plage (geöffnet Ostern – Ende September)

Im Landesinneren

Rennes Ti Koz, 3, rue Saint-Guillaume (sonntags und im August geschlossen), Abb. 123
Hôtel Du Guesclin, 2, Place de la Gare
Rôtisserie Lecoq-Gadby, 156, rue d'Antrain
L'Escue de Runfao, 5, rue du chapitre (sonntags vom 15.–30. März geschlossen, Betriebsferien vom 15.–31. Juli)

Liffré (17 km nordöstlich von Rennes) Le Lion d'Or, 8, rue de Fougères (Betriebsferien vom 1.–15. Februar)

Néant-sur-Yvel (11,5 km nordöstlich von Ploërmel) Auberge de la Table Ronde

Überblick über die wichtigsten Bau- und Kunstdenkmäler der Bretagne

(C.-du-N. = Côtes-du-Nord, F. = Finistère, I.-et-V. = Ille-et-Vilaine, L.-A. = Loire-Atlantique, M. = Morbihan)

Monumente der Megalithzeit

Barnenez (F.) Cairn	(Abb. 32–34, Fig. S. 210)
Brennilis (F.) Dolmen von Ti-ar-Boudiked	
Brignogan (F.) Menhir von Men-Marz	
Camaret (F.) Alignements von Lagat-Jar	
Carnac (M.) Tumulus St-Michel	(Abb. 31, Fig. S. 105)
Alignements von Ménec	(Farbt. 5, Abb. 1, Fig. S. 24)
Alignements von Kermario	(Farbt. 6, Abb. 16)
Alignements von Kerlescan	(Fig. S. 109)
Dolmen von Keriaval	(Farbt. 8, Fig. S. 111)
Dolmen von Mané-Kerioned	(Abb. 19, 20)
Champ-Dolent (I.-et-V.) Menhir	
Commana (F.) Allée couverte von Mougau	
Crucuno (M.) Dolmen, Cromlech	(Abb. 23)
Er Lanic (M.) Cromlech	(Abb. 17, Fig. S. 103)
Gavrinis (M.) Tumulus	(Abb. 37, 38, Fig. S. 101)
Kergadiou (F.) Menhire	
Kerloas (F.) Menhir	(Abb. 15)
Kerzerho (M.) Alignements	
Locmariaquer (M.) Grand Menhir	(Abb. 18)
Dolmen Table des Marchands	(Abb. 2, 21, 22, Fig. S. 114)
Dolmen von Mané-Lud	(Fig. S. 113)
Tumulus Mané-er-Hroëck	(Fig. S. 116)
Allée couverte von Pierres-Plates	(Abb. 27–29, 35, Fig. S. 117)
Plouharnel (M.) Dolmen von Rondossec	
Poullan (F.) Allée couverte von Lesconil	(Farbt. 7)
Roche-aux-Fées (I.-et-V.) Allée couverte	(Abb. 24–26, Fig. S. 75)
Rungléo (F.) Menhir	
Saint-Duzec (C.-du-N.) Menhir	(Farbt. 10)
Saint-Pierre-Quiberon (M.) Alignements	

Keltische und gallo-römische Monumente

Carhaix (F.) Gallische Brücke
Corseul (C.-du-N.) Ruinen des Mars-Tempels
Langon, östl. Redon (I.-et-V.) Kapelle Ste-Agathe
Péran, südl. St-Brieuc (C.-du-N.) Camp
Villeneuve, nordöstl. Vannes (M.) Camp

Romanische Monumente

Carhaix (F.) Kirche von Plouguer
Châteaubriant (L.-A.) Kirche St-Jean de Béré
Daoulas (F.) Kreuzgang (Farbt. 21)
Fouesnant (F.) Kirche (Fig. S. 128)
Lanleff (C.-du-N.) Kirche (Fig. S. 216)
Lamballe (C.-du-N.) Kirche St-Martin
Kirche Notre-Dame (Abb. 62)
Lanmeur (F.) Krypta, Kapelle von Kernitron
Lannion (C.-du-N.) Kirche von Brélévenez
Locmaria-Quimper (F.) Kirche
Loctudy (F.) Kirche (Abb. 59, Fig. S. 64)
Merlevenez (M.) Kirche (Abb. 61, Fig. S. 120)
Perros-Guirec (C.-du-N.) Kirche
Ploerdut (M.) Kirche
Ploujean, nördl. Morlaix (F.)
Quimperlé (F.) Kirche Ste-Croix (Fig. S. 122)
Redon (I.-et-V.) Glockenturm von St-Sauveur (Abb. 63)
Le Relecq, nordöstl. Trévezel (F.) Kloster
Saint-Gildas-de-Rhuys (M.) Kloster (Abb. 64–67, Fig. S. 99, 100)
Saint-Philibert-de-Grand-Lieu, südl. Nantes (L.-A.) Karolingische Kirche
Tréguier (C.-du-N.) Turm von Hastings (Abb. 68)
Yvignac, südwestl. Dinan (C.-du-N.)

Gotische Kirchen und Kathedralen

Batz (L.-A.) St-Guénolé
Carnac (M.) St-Cornély
Le Croisic (L.-A.) N.-D. de Pitié
Dinan (C.-du-N.) St-Sauveur (Abb. 60)
Dol (I.-et-V.) Kathedrale (Abb. 69)
Le Folgoët (F.) Kirche Notre-Dame (Abb. 7, 75)
Fougères (I.-et-V.) St-Sulpice
Gouesnou, nördl. Brest (F.)
Goulven (F.)
Guérande (L.-A.) St-Aubin
Guingamp (C.-du-N) N.-D. de Bon-Secours
Les Iffs, 25 km nordwestl. Rennes (I.-et-V.) Glasfenster
Josselin (M.) N.-D. du Roncier

Lamballe (C.-du-N.) Notre-Dame
Locronan (F.) (Abb. 73)
Malestroit, südl. Ploërmel (M.)
Nantes (L.-A.) Kathedrale, Grab von François II.
Penmarch (F.) St-Nonna (Abb. 76)
Ploërmel (M.) St-Armel
Pont-Croix (F.) N.-D. de Roscudon (Abb. 82)
Quimper (F.) Kathedrale St-Corentin (Abb. 74, Fig. S. 126)
Quimperlé (F.) Notre-Dame
Rumengol, südöstl. Daoulas (F.) Altäre
Saint-Brieuc (C.-du-N.) Kathedrale
Saint-Malo (I.-et-V.) St-Vincent
Saint-Pol-de-Léon (F.) Kreisker-Kapelle (Abb. 72)
Kathedrale (Abb. 70, 71, Fig. S. 180)
Tréguier (C.-du-N.) Kathedrale, Kreuzgang (Abb. 68)
Vannes (M.) Kathedrale St-Pierre (Fig. S. 98)
Vitré (I.-et-V.) Notre-Dame

Pfarrbezirke (Enclos paroissiaux)

Argol, östl. Crozon (F.)
Berven (F.) (Fig. S. 179)
Bodilis (F.) (Abb. 95)
Brasparts (F.)
Brennilis (F.)
Bulat-Pestiven, südwestl. Guingamp (C.-du-N.)
Cléden-Poher (F.) (Abb. 102)
Commana (F.) Altäre (Abb. 92)
Dirinon (F.)
Guimiliau (F.) (Abb. 103)
Kergrist-Moëlou, östl. Carhaix (C.-du-N.)
Lampaul-Guimiliau (F.) Altäre (Abb. 86–89)
La Martyre (F.) (Fig. S. 69, 184)
Noyal-Pontivy, östl. Pontivy (M.)
Pencran (F.)
Pleyben (F.) (Abb. 108, 109, Fig. S. 252)
Ploudiry (F.)
Plougonven (F.) (Abb. 101)
Plounéour-Ménez, südöstl. Guimiliau (F.)
La Roche-Maurice (F.) (Abb. 93)
Roscoff (F.)

Saint-Jean-du-Doigt (F.)
Saint-Thégonnec (F.) (Farbt. 25, Abb. 110–113)
Saint-Noyale, östl. Pontivy (M.)
Sizun (F.) (Abb. 94)
Stival (M.)

Kalvarienberge (Calvaires)

Brasparts (F.)
Guéhenno (M.) (Farbt. 43, Abb. 97)
Guimiliau (F.) Umschlagvorderseite, Fig. S. 2, Farbt. 26, Abb. 103–105)
Kerbreuder (F.)
Lanrivain, nordöstl. Rostrenen (C.-du-N.)
Melrand (M.)
Pleyben (F.) (Abb. 108, Fig. S. 253)
Plougastel-Daoulas (F.) (Abb. 106, 107)
Plougonven (F.) (Abb. 101, Fig. S. 209)
Quilinen (F.) (Abb. 98)
Saint-Hernin (F.)
Saint-Thégonnec (F.) (Abb. 112–114)
Saint-Vennec (F.)
Tronoën (F.) (Abb. 96, Fig. S. 146)

Kapellen

Batz (L.-A.) N.-D. du Mûrier
Châteaulin (F.) Notre-Dame (Farbt. 22, Abb. 8)
Le Faouët (M.) Ste-Barbe; St-Fiacre, Lettner (Abb. 77); (Farbt. 29, Abb. 83, 84)
Kerfons (C.-du-N.) Lettner
Kermaria-an-Isquit (C.-du-N.) Fresken (Abb. 85)
Kernascléden (M.) Fresken (Farbt. 27)
Lambader (F.) Lettner
Notre-Dame de la Clarté, Perros-Giurec (C.-du-N.)
N.-D. de la Cour, nordwestl. St-Brieuc (C.-du-N.)
Notre-Dame du Crann (F.) Glasfenster (Farbt. 30, 31)
Notre-Dame du Haut bei Moncontour, südwestl. Lamballe (C.-du-N.)
Notre-Dame de Kerdévon (F.) Altar
Notre-Dame de Kergoat, nordöstl. Locronan (F.) Glasfenster
Notre-Dame de Kérinec, östl. Pont-Croix (F.)
Notre-Dame de la Joie (F.)
Notre-Dame de Quelven (M.) (Abb. 80)

Notre-Dame de Quilinen (F.)
Notre-Dame de Tréminou (F.)
Notre-Dame de Tronoën (F.) (Abb. 96)
Saint-Adrien, nordwestl. Baud (M.)
Saint-Gonéry (C.-du-N.) Deckengemälde (Farbt. 28)
Saint-Herbot (F.)
Saint-Hervé, nordöstl. Gourin (F.)
Saint-Nicodème (M.) (Abb. 78, 79)
Saint-Tugen (F.)
Saint-Vennec (F.)
Sainte-Marie-du Ménez-Hom (F.) Altäre
Saint-Côme (F.)
Sept-Saints (C.-du-N.)

Abteien

Auray (M.) Kartäuserkloster
Beauport (C.-du-N.) (Abb. 6)
Bon-Repos, westl. Mûr-de-Bretagne (C.-du-N.)
Boquen, südl. Lamballe (C.-du-N.)
Landévennec (F.) Ruinen
Langonnet, nordöstl. Le Faouët (M.)
Mont-Saint-Michel (Normandie) (Farbt. 20, Abb. 52–58, Fig. S. 257–259, 262, 263)
Paimpont (I.-et-V.)
Rennes (I.-et-V.) Kreuzgang von St-Melaine
Saint-Mathieu (F.) Ruinen (Abb. 4)

Burgen und befestigte Städte (Villes closes)

Blain (L.-A.) Château
Brest (F.) Château, Mauern (Abb. 5)
Camaret (F.) Turm Vauban
Concarneau (F.) Ville close (Abb. 136)
Dinan (C.-du-N.) Château, Mauern (Fig. S. 223)
Fougères (I.-et-V.) Château, Mauern (Abb. 116, Fig. S. 73)
Guérande (L.-A.) Porte St-Michel, Mauern (Abb. 11)
Hennebont (M.) Mauern der Ville close
Latte (C.-du-N.) Fort
Mont Saint-Michel (Normandie) Mauern (Farbt. 20, Abb. 52)
Nantes (L.-A.) Château, Porte St-Pierre (Abb. 120)
Oudon, östl. Nantes (L.-A.) Donjon
Port-Louis, südl. Lorient (M.) Zitadelle, Mauern

Saint-Malo (I.-et-V.) Château, Mauern (Farbt. 33, Abb. 135, Fig. S. 220)
Saint-Servan (I.-et-V.)
Tour Solidor, Fort de la Cité
Taureau (F.) Château
Vitré (I.-et-V.) Château, Mauern (Abb. 115)
Vannes (M.) Mauern (Farbt. 32, Fig. S. 97)

Ruinen der Feudalzeit

Châteaubriant (L.-A.)
Clisson, südöstl. Nantes (L.-A.) (Abb. 9)
Elven, nordöstl. Vannes (M.)
La Hunaudaye (C.-du-N.)
Suscinio (M.) (Abb. 10)
Tonquédec (C.-du-N.)
Trémazan (Côtes des Abers)

Schlösser

Bienassis, südl. Erquy (C.-du-N.) 17. Jh.
La Bourbansais (I.-et-V.) 17. Jh.
La Bretesche (L.-A.) 15. Jh.
Caradeuc, südl. Dinan (I.-et-V.) 18. Jh., Gärten
Châteaubriant (L.-A.) Renaissance (Abb. 118)
Combourg (I.-et-V.) 14. u. 15. Jh. (Abb. 117)
Goulaine, östl. Nantes (L.-A.) 15. u. 16. Jh.
Le Henan, südl. Pont-Aven (F.) 15. u. 16. Jh.
Josselin (M.) (Farbt. 34, Abb. 12, Fig. S. 246)
Kerazan (F.) 18. Jh.
Kergournadech, nördl. Kerjean (F.) 17. Jh.
Kerjean (F.) Renaissance (Abb. 119)
Kernuz (F.) 16. Jh.
Kerouartz, Aber Wrac'h (F.) Renaissance
Kerouzéré, westl. St-Pol-de-Léon (F.) 15. Jh.
Montauban, nordwestl. Rennes (I.-et-V.) 14./15. Jh.
Montmuran, nordwestl. Rennes (I.-et-V.) 12.–14. Jh.
Pontivy (M.) 15. Jh.
Les Rochers (I.-et-V.) 14.–17. Jh.
Rosanbo, südwestl. Lannion (C.-du-N.) 15.–17. Jh.
Trécesson (M.) 15. Jh.

Städte mit altem Stadtbild und alten Häusern

Auray (M.)
Dinan (C.-du-N.) (Fig. S. 223)
Dol (I.-et-V.)
Lannion (C.-du-N.)
Locronan (F.) (Abb. 73)
Malestroit, südl. Ploërmel (M.)
Morlaix (F.) (Abb. 13)
Pontivy (M.) Place du Martray, Rue du Pont
Quimper (F.) Rue Keréon (Abb. 74)
Quintin, südwestl. St-Brieuc (C.-du-N.)
Rochefort-en-Terre, östl. Vannes (M.)
Saint-Brieuc (C.-du-N.)
Vannes (M.)
Vitré (I.-et-V.) (Farbt. 32, Fig. S. 97) (Abb. 115)

Bürgerliche Profanbauten

Nantes (L.-A.) Grand Théâtre
Cour Cambronne
Psalette
Präfektur
Hôtel de ville
Hôtel St-Aignan
Schloß von Jean V.
Rennes (I.-et-V.) Hôtel de ville
Palais de justice (Abb. 121, 122)
Hôtel de Blossac

Malerische Häfen

Audierne (F.)
Bélon, südl. Pont-Aven (F.)
Bénodet (F.)
Camaret (F.)
Cancale (I.-et-V.)
Concarneau (F.)
Le Croisic (L.-A.)
Douarnenez (F.)
Etel (M.)
Guilvinec, bei Penmarch (F.) (Farbt. 40)

Lesconil (F.)	(Abb. 50)
Loctudy (F.)	
Lorient (M.) Keroman	
Pornic (L.-A.)	
Quiberon (M.) Port-Maria, Port-Haliguen	
Saint-Guénolé (F.)	
La Trinité-sur-Mer (M.)	(Farbt. 2)

Moderne technische Bauten

Brennilis (F.) Atomkraftwerk	
Brest (F.) Pont Albert-Louppe	
Pleumeur-Bodou (C.-du-N.) Station de télécommunications spatiales	
Saint-Malo (I.-et-V.) Usine marémotrice de la Rance / Gezeitenkraftwerk	(Fig. S. 219)

Besondere landschaftliche Sehenswürdigkeiten

Baie du Mont-Saint-Michel (Normandie)	(Farbt. 20)
Baie de Douarnenez (F.)	
Baie des Trépassés (F.)	
Cap Fréhel (C.-du-N.)	(Farbt. 1)
Cap de la Chèvre (F.)	
Côte Sauvage de Quiberon (M.)	(Farbt. 14, 16, Abb. 49)
Côte de Belle-Île (M.)	(Abb. 48)
Côte de Granit Rose (C.-du-N.)	(Farbt. 4)
Estuaire de la Rance (I.-et-V.)	
Estuaire de l'Aber Wrach (F.)	(Fig. S. 9)
Estuaire de l'Odet (F.)	
Forêt de Huelgoat (F.)	(Farbt. 11)
Golfe du Morbihan (M.)	
Gorges du Daoulas (C.-du-N.)	
Gorges du Stangala (F.)	
Grande Côte du Croisic (L.-A.)	
Grotte de l'Apothicairerie / Belle-Île (M.)	
Grottes de Morgat (F.)	(Abb. 3)
Île de Bréhat (C.-du-N.)	
Île d'Ouessant (F.)	
Belle-Île (M.)	(Farbt. 17, Abb. 48)
Marais de la Grande Brière (L.-A.)	(Umschlagrückseite, Fig. S. 85)

Marais salants de Batz (L.-A.) (Fig. S. 86)
Pointe du Grouin de Cancale (I.-et-V.)
Pointe de Saint-Mathieu (F.) (Abb. 4)
Pointe de Pen-Hir (F.)
Pointe du Squewel (C.-du-N.)
Pointe du Van (F.)
Pointe du Raz (F.) (Umschlaginnenklappe, Farbt. 45)
Plage La Baule (L.-A.)
Presqu'ile de Plougrescant (C.-du-N.)
Presqu'ile de Quiberon (M.)
Rade de Brest (F.)
Réservoir de Guerlédan (C.-du-N.)
Rochers de Ploumanach (C.-du-N.)
Rochers de Trégastel (C.-du-N.) (Farbt. 4)
Rochers de Brignogan (F.) (Farbt. 12, Abb. 47)
Rochers de Huelgoat (F.)
Rochers des Tas-de-Pois (F.)
Rochers du Diable (M.)
Sommet du Roc Trévezel (F.)
Sommet du Ménez-Hom (F.)

Öffnungszeiten von Museen und Schlössern

Die Öffnungszeiten können sich von Jahr zu Jahr verschieben; deshalb sollte man sich an Ort und Stelle nochmals vorher informieren.

Museen

Brest Musée municipal, 22, rue Traverse
Ganzjährig geöffnet von 10–12 Uhr und 14–18 Uhr, dienstags geschlossen
Musée du Vieux-Brest, tour de la Motte-Tanguy, täglich von 9–12 Uhr und 14–19 Uhr
Musée maritim, in den historischen Sälen des Schlosses, 9–12 Uhr und 14–18 Uhr, montags und feiertags geschlossen
Camaret Musée maritim, von Mai bis September von 10–19 Uhr, von Oktober bis April donnerstags, samstags, sonntags und feiertags von 14–18 Uhr; geschlossen vom 15. November – 15. Dezember und 15. Januar – 15. Februar
Carnac Musée préhistorique J. Miln – Z. Le Rouzic, im Sommer von 8–12 Uhr und 13–19 Uhr
Dinan Musée municipal: Volkskunst, historische Erinnerungsstücke. Sommer von 9–12 Uhr und 13–19 Uhr, Winter außer montags von 9–12 Uhr und 14–17 Uhr, im November geschlossen.

Dinard Aquarium und Musée de la Mer: Erinnerungsstücke von der Polarexpedition Charcots. 10–12 Uhr und 14–18 Uhr, sonntags bis 19 Uhr

Guidel Musée maritim, 1. Juni – 15. September 10–12 Uhr und 14–19 Uhr

Locronan Musée municipal, 15. Juni – 15. September von 9–18.30 Uhr

Nantes Musée des Beaux-Arts, 10, rue Georges-Clemenceau: wichtige Gemäldegalerie Frankreichs. 9–12 Uhr und 14–18 Uhr, im Winter bis 17 Uhr, dienstags geschlossen

Musée Dobrée, place Jean V.: Vorgeschichte, Antikensammlung, Völkerkunde, täglich außer dienstags von 10–12 Uhr und 14–18 Uhr

Musée d'Art décoratif et d'Art populaire régional

Musée de la Marine

beide im Schloß, außer dienstags von 10–12 Uhr und 14–18 Uhr

Musée de Nantes par l'image (Nantes im Bild) Porte St-Pierre

Muséum d'Histoire naturelle: Geologie, Zoologie, Terrarium mit Reptilien, place de la Monnaie, außer montags und mittwochs von 13.30–17 Uhr

Morlaix Musée municipal: Kunst und Brauchtum aus dem Léon. 10–12 Uhr und 14–18 Uhr, montags geschlossen

Penmarch Musée préhistorique finistérien, im Sommer von 10–12 Uhr und 14–19 Uhr

Pont L'Abbe Musée Bigouden: Volkskunde, 15. Juni – 15. September von 9–12 Uhr und 14–19 Uhr, sonntags geschlossen

Quimper Musée départemental breton

Musée des Beaux-Arts

1. Juli – 15. September von 10–12 Uhr und 14–18 Uhr, in der übrigen Zeit bis 16 oder 17 Uhr, dienstags geschlossen

Rennes Musée des Beaux-Arts

Musée de Bretagne: archäologische Funde und Volkskunst der Bretagne

20, quai Emile-Zola, 10–12 Uhr und 14–18 Uhr, dienstags geschlossen

Saint-Brieuc Musée municipal

Saint-Malo Galerie de Quic-En-Groigne, Schloß

Pfingsten – 15. September von 9–12 Uhr und 14–18 Uhr

Musée Saint-Malo: Geschichte der Stadt, April bis Oktober 10–12 und 14–18.30 Uhr

Musée international du Long-Cours Cap-Hornier, 10–12 Uhr und 14–18.30 Uhr

Tréguier Geburtshaus von Ernest Renan, Ostern–Oktober 9–12 Uhr und 14–19 Uhr

Vannes Musée de la Société polymathique du Morbihan: Vorgeschichte und Ethnographie des Golfes von Morbihan, 9–12 Uhr und 14–18 Uhr, sonntags geschlossen

Vitré Musée municipal, Schloß, 10–12 Uhr und 14–17 Uhr, dienstags geschlossen

Mont-Saint-Michel Musée historique 8–18.30 Uhr, Abteibesichtigung: 15. Mai – 30. September von 9–11.30 und 13.30–18 Uhr, 1. Oktober – 14. Mai von 9–11.30 Uhr und 13.30–16 Uhr. Besichtigungsdauer der Führung 45 Minuten

Schlösser

(hier sind nur solche Schlösser aufgeführt, die man besichtigen kann)

Antrain-sur-Couesnon Château de Bonnefontaine, Park, Außenbesichtigung, Sonntag nachmittags von Ostern bis Allerheiligen

Brest Palmsonntag – 1. Oktober täglich außer montags von 9–12 Uhr und 14–18 Uhr. Die Besichtigung schließt das Schiffahrtsmuseum ein

Broualan Château de Landal, Ehrenhof, Wallanlagen und Außenansicht

Châteaubriant Führungen während der Schulferien, freier Zugang zu den Außenanlagen

Clisson täglich außer dienstags von 14–18 Uhr, abends angestrahlt

Combourg Ostern – 1. Oktober, täglich, außer dienstags, von 12–18 Uhr, Park täglich von 9–12 Uhr und 14–18 Uhr

Elven Tour d'Elven bei Vannes

Erquy Château de Bienassis. Innen- und Außenbesichtigung täglich außer sonn- und feiertags von 15–18 Uhr

Fougères tägliche Führungen außer vom 25. Dezember – 31. Januar. Von Juli – 15. September (Klang und Licht-Schauspiel)

Guérande Palmsonntag – 1. Oktober täglich, ab 15. Juni und in der Osterwoche mittwochs und samstags 21.30–23 Uhr Schloßbesichtigung bei Kerzenlicht

Haute-Goulainie täglich, außer dienstags

Josselin 1. Juni – Ende September täglich, sonst nur für Gruppen auf Anfrage bei der Herzogin von Rohan

Lanvellec Château de Rosanbo, täglich 10–12 Uhr und 14–19 Uhr

Fort-la-Latte Privatbesitz, Besuch nach Voranmeldung

Montmuran Château des Iffs, Ostern–Oktober täglich nachmittags, im Winter samstags und sonntags

Nantes täglich, außer dienstags, 10–12 Uhr und 14–18 Uhr, Schloßbeleuchtung

Pleugueneuc Château de la Bourbansais. Nur Besichtigung der Gartenanlagen und des Tierparks

Plouasne Château de Caradeuc, täglich

Saint-Vougay Château de Kerjean, täglich 9–12 Uhr und 14–19 Uhr, von Juli–September Besuch des beleuchteten Schlosses von 21.30–24 Uhr, im Winter dienstags geschl.

Sarzeau Château de Kerlévenan, vorher schriftlich anfragen

Sibiril Château de Kerouzéré, vorher schriftlich anfragen

Suscinio täglich von 8–12.30 Uhr und 13.30–19.30 Uhr

Trébry Château de la Touche-Trébry, Besichtigung auf Anfrage

Vitré Château de Vitré, Museum

Château des Rochers, 8–11 Uhr und 14–17 Uhr

Pardons, Volksfeste und sonstige Veranstaltungen

Große Pardons

Josselin 8. September. Beim Umgraben der Erde unter einem Brombeerstrauch stieß ein Bauer auf eine Marienstatue, die er mit nach Hause nahm. Am nächsten Tag befand sich die Statue wieder unter dem Strauch. Nachdem sich dieser Vorgang mehrmals wiederholt hatte, verstand der Bauer schließlich, daß die Heilige Jungfrau an diesem Ort unter dem Namen Notre-Dame du Roncier verehrt werden sollte.

Le Folgoët 7. und 8. September (vgl. S. 160 f.)

Locronan 2. Sonntag im Juli (vgl. S. 152 f.)
Große Troménie alle sechs Jahre (1977, 1983 usw.)

Perros-Guirec 15. August. Die Kapelle Notre-Dame de la Clarté wurde aus Dankbarkeit von einem Kapitän eines englischen Schiffes errichtet, der im dichten Nebel die Küste entlangfuhr und von gefährlichen Klippen bedroht wurde, bis er endlich Land entdeckte.

Rumengol 1. Sonntag nach Pfingsten. König Gradlon, durch ein Wunder vor der Überflutung der Stadt Ys gerettet (vgl. S. 125, 151 f.), gelangte auf der Flucht vor dem tobenden Meer zum Gipfel des Ménez-Hom. Er bemerkte ein Feuer, das die Druiden bei Opferhandlungen für ihre Götter angezündet hatten. Gradlon löschte das heidnische Feuer und errichtete eine Kapelle zu Ehren der Notre-Dame de Tout Remède.

Sainte-Anne-d'Auray 25. und 26. Juli (vgl. S. 100)

Sainte-Anne-La-Palud Letzter Sonntag im August (vgl. S. 153). Heimischer Überlieferung nach wurde die heilige Anna in der Bretagne geboren. Vor seinem Leidensweg soll Jesus noch einmal seine Großmutter aufgesucht haben, um Abschied von ihr zu nehmen. Dabei ließ er eine heilige Quelle entspringen. Nach dem Tod der Heiligen fanden Fischer in ihrem Netz eine Statue, die ihre Züge trug. Zu ihrer Verehrung errichteten sie daraufhin bei der Quelle eine Kapelle.

Tréguier 19. Mai. In dieser Wallfahrt ehren die Juristen ihren Schutzpatron St-Yves, der Unrecht wieder gut machte und die Armen tröstete.

Weitere interessante Pardons

Camaret Notre-Dame de Rocamadour, 1. Sonntag im September

Carnac Saint-Cornely, 10.–13. September

Douarnenez Bénédiction de la Mer (Segnung des Meeres), 1. Sonntag im August

Etel Pardon des Thorniers (Wallfahrt der Thunfischfänger), erste Junihälfte

Guingamp Notre-Dame de Bon Secours, nächtliche Prozession mit Fackelzug, erster Samstag im Juli von 22–24 Uhr

Huelgoat Notre-Dame des Cieux, 1. Sonntag im August

Paimpol Notre-Dame de la Clarté, 8. Dezember

Biniou, keltisches Nationalinstrument

Penmarch Notre-Dame de la Joie, 15. August
Plogoff Notre-Dame de Bon Voyage, 2. Sonntag im Juli
Plougnerneau Pardon de St-Michel, vorletzter Sonntag im Juni
Roscoff Ste-Barbe, 3. Montag im Juli
Saint-Brieuc Notre-Dame d'Espérance (Prozession mit Fackelzug), 31. Mai
Saint-Gilles-Vieux-Marché Islamisch-christliche Wallfahrt zur Kapelle Sept-Saints, 4. Samstag und Sonntag im Juli
Saint-Jean-du-Doigt 23. und 24. Juni
Saint Jean-Trolimon Notre-Dame de Tronoën, 3. Sonntag im September
Spézet Notre-Dame du Crann, Sonntag nach Pfingsten
Auskünfte über weitere Pardons geben die örtlichen Verkehrsämter (Syndicats d'Initiative).

Volksfeste

Brest Internationale Festspiele der Dudelsackpfeifer, 1. Sonntag im August und die beiden vorhergehenden Tage
Combourg Blumenfest, 3. Sonntag im Mai
Concarneau Fest der blauen Fischernetze, vorletzter Sonntag im August
Dinard Seeprozession, 4. Sonntag im August

Douarnenez Möwenfest, 3. Sonntag im Juli
Fouesnant Apfelbaumfest, 3. Sonntag im Juli
Gourin Pardon der Bläser, 4. Sonntag im September
La Baule Große Wallfahrt, 3. Sonntag im August
Morlaix Großes Volksfest der Landschaften Léon und Trégor, 2. Samstag und Sonntag im August
Plomelin Burgenfest, 3. Sonntag im Juli
Plougastel-Daoulas Erdbeerfest, 3. Sonntag im Juni
Pont-Aven Ginsterfest, 1. Sonntag im August
Pont L'Abbé Fest der Stickerinnen, 2. Sonntag im Juli; Tréminou-Fest, 4. Sonntag im September
Quimperlé Großes Fest von Toulfouën, Pfingstmontag
Quimper Großes Cornouaille-Folklorefest, 3. Donnerstag und 4. Sonntag im Juli
Penmarch Kormoran-Fest, 2. Sonntag im August
Roscoff Breiz-Rosko-Fest, 3. Sonntag im August
Saint-Brieuc 2. Sonntag im September
Saint-Malo-Paramé Nelkenfest, 3. Sonntag im Juli
Vannes Großes Arvor-Fest, 2. Samstag und Sonntag im August

Sonstige Veranstaltungen (Auswahl)

Combourg Theaterfestspiele im Schloß, Ende Juli
Dinard Abendkonzerte auf der Mondscheinpromenade, dreimal wöchentlich im Juni bis September
Finistère verschiedene Ortschaften mit Heimatabenden
Josselin Theaterfestspiele, 13.–15. August
La Baule Freilichtfestspiele, Juli und August
Saint-Malo Nationale Theaterfestspiele, 2. Junihälfte
Vannes Rundfahrten durch die beleuchtete Stadt, Pfingsten bis 15. September

Alljährlich erscheinen Veranstaltungskalender bei den Verkehrsämtern der Bretagne.

Sportliche Aktivitäten

Angelsport

In der Bretagne wird viel geangelt und gefischt. Und dieser Sport ist nicht nur auf die Küste beschränkt, sondern gehört zu den touristischen Attraktionen an Teichen und Flüssen des Binnenlandes. Von Februar bis Juni ist der Lachsfang freigegeben (s. a.

S. 154). Zum Angeln ist die Erlaubnis bei einer der zahlreichen örtlichen Fischereivereinigungen einzuholen.

Hier einige Adressen:

Bretagne-Lachsangelverein: 1, rue des Pimevères, 56340 Quéven
Angelverein für Fischen in Meer und Fluß: 13, quai de la Fosse, 44000 Nantes
Angelvereine
Côtes-du-Nord: 31, boulevard Arago, 22000 Saint-Brieuc
Loire-Atlantique: 20, rue de Saint-Nazaire, 44160 Pontchâteau
Ille-et-Vilaine: 15, rue François-Dimu, 35000 Rennes
Finistère: 2, rue Jean-Moulin, 29000 Quimper
Morbihan: 42, rue du Vinan, 56000 Vannes

Segelsport

Die Bretagne ist ein Segelparadies. Mehr als 130 Segelschulen (Écoles de Voile) sind in der Saison auf den Anfänger, den Regattensegler und den Kreuzfahrt-Liebhaber eingestellt. Die Jachtklubs (Club Nautiques) bieten Segelsportlern jegliche Hilfe und erteilen Auskünfte über die Wasser- und Windverhältnisse an den Küsten. Das offene Meer vor der *Nordküste* ist dem erfahrenen Sportsegler vorbehalten. Für leichtere Boote sind dagegen die weiten Buchten hervorragend geeignet (ideal in Kombination mit dem Angelsport). Die *Reede von Brest* und die *Bucht von Douarnenez* garantieren die gefahrlose Ausübung jeder Art von Segelsport. Die *Südküste* der Bretagne mit besonders mildem und ausgeglichenem Klima ist für kleine Kreuzfahrten und leichte Kielboote besonders geeignet und ein ideales Gebiet für Anfänger.

Genaue Informationen enthält die Liste der Écoles de Voile, die jedes Jahr vom Comité Régional de Tourisme, 1, rue Poullain-Duparc, 35000 Rennes herausgegeben wird.

Weitere Adressen für den Wassersportler
Wasserski-Club der Bretagne: B.P.99, 49303 Cholet
Motorwassersport-Club Atlantik: M. Sire, 16, rue Louis-Blanc, 44200 Nantes
Windsurfer-Club der Bretagne: M. Cain, route de Bénodet, 29000 Quimper.

Sandjacht (Strandsegeln)

Segelfahrzeug auf drei Rädern, mit dem Geschwindigkeiten von 60 km/h und im Wettkampf bis 100 km/h erreicht werden. Besonders eignen sich die langen und breiten Strände mit hartem Sand. Einige Clubs haben Schulen eingerichtet. Auskünfte erteilt:
Sandjacht-Club der Bretagne: M. Ponchelle, 26, rue Belle-Fontaine, 56100 Lorient.

Kanusport

Zahlreiche Flüsse der Bretagne sind mit Kanus befahrbar. Auf kleineren urwüchsigen Flüssen kann das ganze Jahr hindurch trainiert werden. Ende August, Anfang September ist jedoch die Zeit des Niedrigwassers. Auskünfte erteilt:
Kanu-Club der Bretagne: M. Trégaro, rue du Grand-Moulin, 35760 Saint-Grégoire

Unterwasserjagd

Für die Ausübung dieses Sports besteht eine Meldepflicht bei der Seeverwaltung. Das Jagen mit Sauerstoffflaschen ist verboten. Beachten Sie die Zonen, in denen Jagen und Tauchen verboten sind, und jagen und fangen Sie nur die erlaubte Menge: Fische und Schalentiere bis zu sechs Stück pro Tag und Person. Nähern Sie sich Fangbooten und Netzen nur bis auf höchstens 150 m (Lebensgefahr!). Durch Strömungen und Gezeiten bedingt, hat es der Taucher an der bretonischen Küste etwas schwerer. Dafür ist die Flora üppig, die Meeresfauna abwechslungsreich, und sogar archäologische Sehenswürdigkeiten können unter Wasser entdeckt werden, z. B. der Cromlech von Er Lanic im Golf von Morbihan (s. a. S. 103). Für den Fall eines Tauchunfalls besitzt die Bretagne drei Druckausgleichskammern (zwei in Brest und eine in Lorient). Auskünfte: *Tauch- und Unterwasserjagd-Club der Bretagne:* M. Riot, 78, rue Ferdinand-Buisson, 44600 Saint-Nazaire.

Außer den genannten sportlichen Aktivitäten bietet die Bretagne Gelegenheiten zum *Tennis, Reiten, Golf, Wandern und Radfahren, Motor- und Segelfliegen.*

WAS SIE WISSEN SOLLTEN!

Wenn Sie Zeuge eines Unglücks auf dem Meer sind,
wenn Sie Notsignale sehen,
wenn Sie beunruhigt sind wegen eines Bootes, das nicht in den Hafen eingelaufen ist,
dann rufen Sie das nächste ›Quartier des Affaires Maritimes‹ oder eines der ›Centres Régionaux de Surveillance et de Sauvetage‹ an. Hier steht ein Bereitschaftsdienst rund um die Uhr zur Verfügung.

Die Inseln der Bretagne

Île-d'Arz im Golfe du Morbihan
3,1 qkm, 19 m Höhe, 400 Einwohner
Schiffsverbindung von Vannes

Île de Batz (bret. l'Enez-Vaz)
950 Einwohner
Schiffsverbindung von Roscoff, im Sommer 15mal täglich, sonst 8mal täglich

Belle-Île (s. S. 118 f.)
Größte und wichtigste bretonische Insel; 84,61 qkm, Höhe 63 m, 4500 Einwohner, Schiffsverbindung von Quiberon, 3 bis 10 mal täglich zwischen April und September, Vorausanmeldung bei Automitnahme. Zwischen Juli und September 4mal wöchentlich Schiffsausflugsfahrten von Vannes zur Belle-Île mit Haltestationen auf der Île-aux-Moines, Locmariaquer und Port-Navalo (Schiffahrtsgesellschaft ›Vedettes Vertes‹).

Île de Bréhat
650 Einwohner
Schiffsverbindung von der Landspitze Arcouest oder von Paimpol
Insel der Blumen und des rosafarbenen Granits. Der Norden ist wild und urwüchsig (Heideland und Föhren), der Süden um Port-Clos ist freundlich mit mildem Klima (Hortensien, Geranien, Aronstab-

gewächse, spanischer Ginster, Mimosen und Aloen schmücken die geduckten Fischerhäuschen und luxuriösen Villen).

Île de Groix (bret. l'Enez-er-Groac'h)
14,7 qkm, 3100 Einwohner
Schiffsverbindung von Lorient: im Sommer 6mal täglich, sonst 3mal täglich innerhalb der Woche, 2mal täglich an Sonn- und Feiertagen. Automitnahme muß vorher geregelt werden.
Herrlich zerklüftete Felsenlandschaften aus Schiefergestein.

Île de Houat und **Île de Hoëdic**
Houat 2,93 qkm, Hoëdic noch kleiner, 450 Einwohner bzw. 200 Einwohner
Schiffsverbindung von Quiberon: im Sommer 2mal täglich, sonst 4mal wöchentlich (montags, mittwochs, freitags, samstags)
Dauer 1–1¼ Stunde bis Houat, weitere 30 min bis Hoëdic. Ausflugsfahrten nach Houat ab Vannes mit der Schiffahrtsgesellschaft ›Vedettes Vertes‹ 2mal wöchentlich, Ankunft Houat 10 h, Abfahrt 17 h.

Île-aux-Moines im Golfe du Morbihan
3,2 qkm, Höhe 30 m, 700 Einwohner
Schiffsverbindung von Vannes und Port-Blanc
Malerische Insel (Kamelien, Mimosen), beliebter Aufenthaltsort von Künstlern

Île Molène (s. u.) 1 qkm, 500 Einwohner, Fischfang und Tangernte

Île d'Ouessant (bret. Enez-Eussa) ›die legendenumwobene kahle Insel am Ende der Welt‹
15,58 qkm, 30–50 m Höhe, 1800 Einwohner, Hauptort: Lampaul
Regelmäßiger Schiffsverkehr zwischen Brest/Le Conquet – Île Molène – Île d' Ouessant, Tragflügelboote zwischen Mai und Oktober. Die Insel gehört zum Naturschutzgebiet des Parc Régional d'Armorique und lebt von Fischfang und Schafzucht. Zur Insel besteht auch Flugverbindung mit Kleinflugzeugen

Îl de Sein (bret. l'Enez-Sizun) ›Insel der Verstorbenen‹, s. S. 150
5,6 ha, 8 m Höhe, 800 Einwohner
Schiffsverbindung von Audierne: Juli/August 3mal täglich, Mai, Juni, September 1mal täglich Hin- und Rückfahrt, in den übrigen Monaten montags, donnerstags und samstags. Dauer 1½ Std.

Von Dinard gibt es regelmäßige Flugverbindungen mit den britischen Kanalinseln **Jersey** und **Guernsey** (Flugzeit 20 min). Die Reise mit dem Schiff dauert 3 Stunden.

Badestrände

An den meisten Stränden der Seebäder ist das Mitbringen von Hunden untersagt.

Côte de Jade

Kilometerlange Sandstrände, hin und wieder von Riffen durchbrochen, mit gebietsweise Dünen im Hinterland, erstrecken sich von Pornic bis zur Loiremündung.

Pornic:
Plage de Ste-Marie-sur-Mer, 50 m lang, bei Hochwasser noch 100 m breit.
Plage de la Noëveillard, Lage in einer Bucht, 100 x 100 m

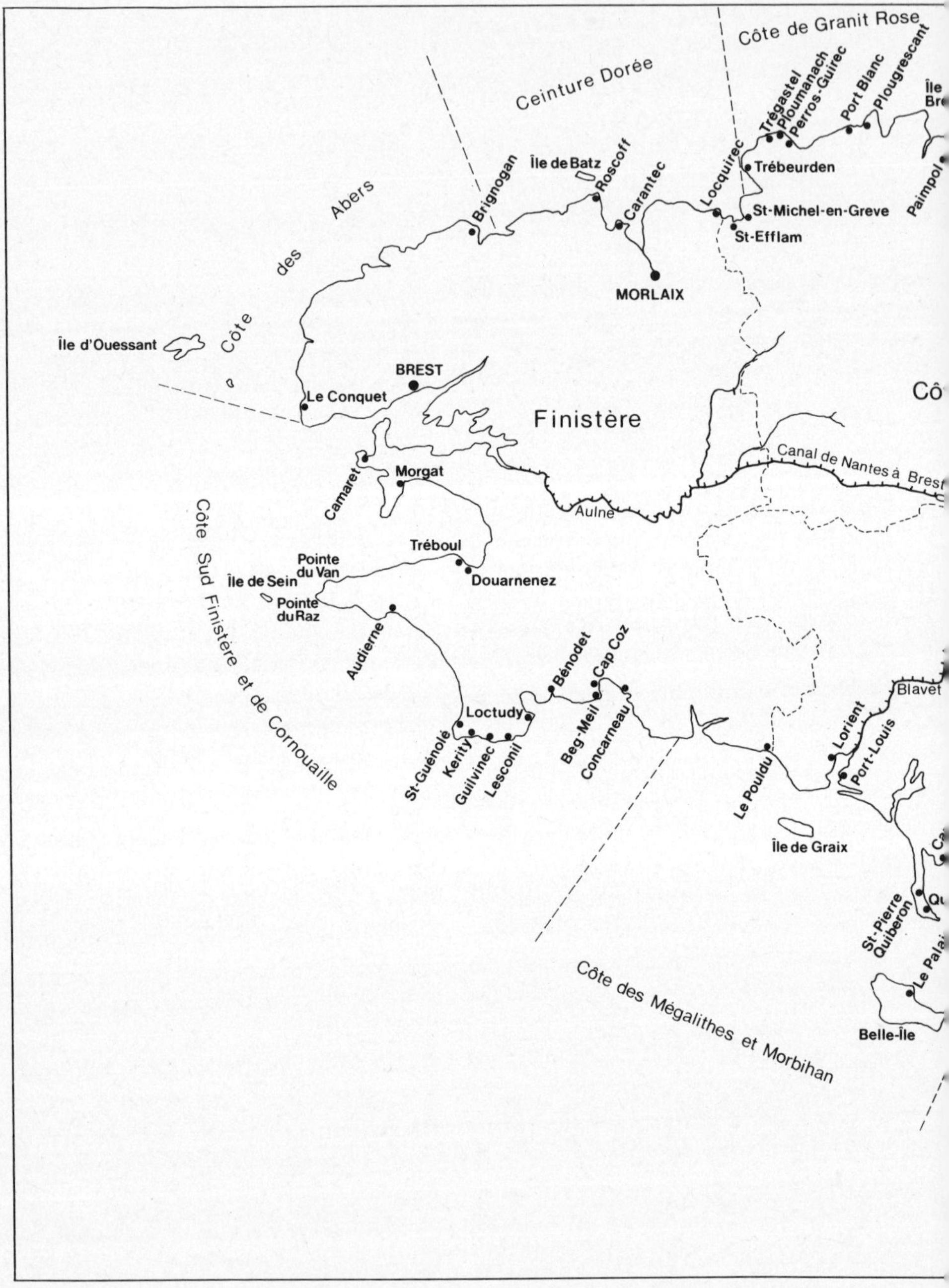

Küstenabschnitte und Badeorte der Bretagne

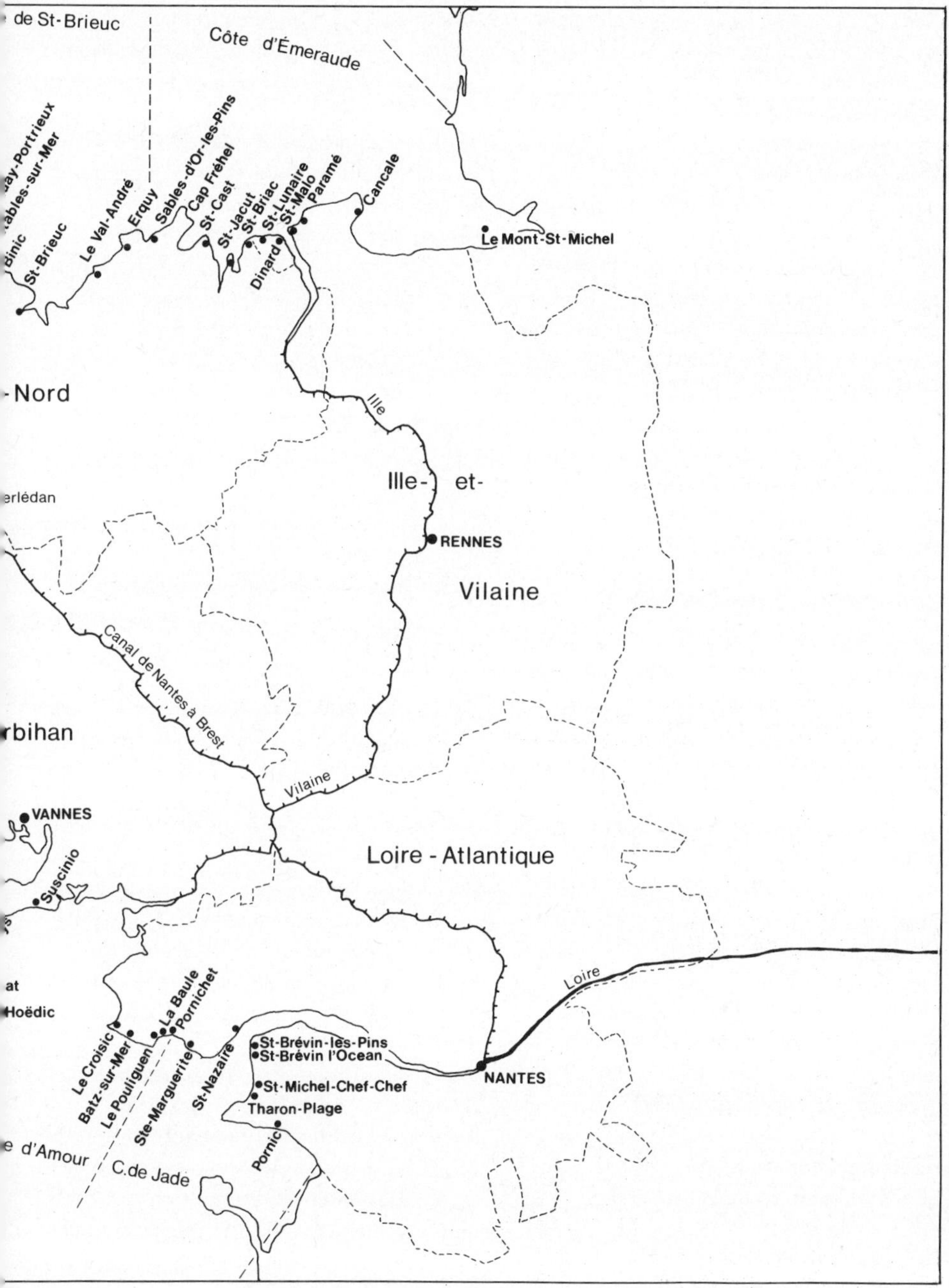
de St-Brieuc
Côte d'Émeraude
-Nord
Ille-
et-
Vilaine
RENNES
rbihan
VANNES
Loire - Atlantique
NANTES
Loire
Ille
Vilaine
Canal de Nantes à Brest
St-Brieuc
Le Val-André
Erquy
Sables-d'Or-les-Pins
Cap Fréhel
St-Cast
St-Jacut
St-Briac
St-Lunaire
St-Malo
Paramé
Dinard
Cancale
Le Mont-St-Michel
erlédan
Suscinio
Hoëdic
Le Croisic
Batz-sur-Mer
Le Pouliguen
La Baule
Pornichet
Ste-Marguerite
St-Nazaire
St-Brévin-les-Pins
St-Brévin l'Ocean
St-Michel-Chef-Chef
Tharon-Plage
Pornic
d'Amour
C.de Jade

Plage de Anse aux Lapins, 150 m lang, bei Hochwasser noch 30 m breit.
Tharon-Plage
St-Michel-Chef - Chef
St-Brévin-l'Océan
St-Brévin-les-Pins

Côte d'Amour

Fast durchgehend schöner, bei Hochwasser noch zwischen 15 und 80 m breiter Sandstrand, der sich vom **Plage de Ste-Marguerite** über **Pornichet, La Baule** bis **Le Pouliguen** erstreckt.
Batz-sur-Mer: Plage Valentin, 600 m lang, bei Hochwasser noch 25 m breit; einer der schönsten Strände der Bretagne.
Le Croisic und **Quimiac** weitere Sandstrände.

Côte des Mégalithes et Golfe du Morbihan

Beiderseits des Ortes **Saint-Gildas-de-Rhuys** kilometerlange Sandstrände, die sich östlich fast durchgehend bis zum Schloß von Suscinio erstrecken und nordwestlich den 2 km langen Plage du Anse de Cornault mit breitem Dünensaum erfassen.
Kerjouanno, Port-Navalo und **St-Philibert** mit kleineren Stränden. **La Trinité-sur-Mer** Plage de Kervillen, 400 m langer Dünenstrand. **Carnac** (modernstes Thalassotherapiezentrum Europas), entlang der Küste eine Reihe von Sandstränden, insgesamt etwa 2,8 km Länge, an einigen Stellen Riffe und Algenpolster.

Halbinsel Quiberon

Côte Sauvage (wilde Küste) auf der westlichen Seite der Insel (Farbt. 14, 16, Abb. 49). Durch Strömungen und meist starke Brandung ist das Baden in diesem Küstenbereich untersagt. Auf der östlichen Seite der Halbinsel erstrecken sich fast nahtlos kilometerlange schöne Sandstrände, beginnend mit Plage des **Sables Blancs,** dem Strand von **Penthièvre,** von **Kerhostin** bis zum Strand von **St-Pierre.**
Quiberon (Thalassotherapiezentrum)
Am Ort und in der Nähe kilometerlange Sandstrände: Grand Plage, Plage du Goviro, Plage de la Pierre percée, Plage de Port-Haliguen.

Belle-Île-en-Mer

Die meisten Strände der Insel sind nur zu Fuß oder per Boot erreichbar; es gibt viele kleine Sandbuchten in Felsenregionen. Die wichtigsten sind:
Plage des Grands Sables südöstlich der Hauptstadt Le Palais, kilometerlanger Sandstrand mit Dünenabschnitten, schönster Strand der Insel.
Plage de Kérel in einer Felsenbucht, daher windgeschützt, 100 x 100 m, im Südwesten der Insel gelegen.

Zwischen der **Halbinsel Quiberon** bis nach **Port-Louis** erstrecken sich kilometerlange schöne wilde Sandstrände mit Dünenhinterland. Desgleichen von der **Pointe du Talud** bis nach **Le Pouldu,** parallel zur D 152 verlaufend, ein mindestens 10 km langer wilder Dünensandstrand.
Um **Concarneau** erstrecken sich in einer Kette von 2,5 km Länge Sandstrände bis hin nach **La Forêt-Fouesnant,** in weiter Bucht gelegen und südlich von Concarneau bis **Le Cabellou.** Hier schließen sich noch mehrere kleinere Strände an, in Buchten der Steilküste einsam verborgen.

Côte Sud Finistère et de Cornouaille

Cap-Coz, 2 km langer Sandstrand, bei Hochwasser noch 25 m breit.

Beg-Meil, 250 m langer Dünensandstrand: Grande Plage und Plage du Semaphose.

Bénodet, 500 m langer Sandstrand: Plage du Trez.

Ste-Marine, kilometerlanger Sandstrand, der sich bis nach **Île-Tudy** auf einer kleinen Landzunge gegenüber von Loctudy hinzieht.

Loctudy, Sandstrand von Felsenriffen durchsetzt. Weitere Bademöglichkeiten finden sich am Dünenstrand von **Lodonnec,** 2,5 km südwestlich von Loctudy.

Zwischen der **Pointe de Penmarch** bis **Lesconil** wilde Sandstrandpartien, ebenso von **St-Guénolé** über **Penhors, Pors-Poulhan** bis **Audierne.** Stellenweise von riesigen Felsbastionen (z. B. Pointe de la Torche (Farbt. 13) oder Rochers bei St. Guénolé) voneinander getrennt.

Audierne, 900 m langer Sandstrand mit niedrigem Dünenstreifen im Hintergrund. Plage de Kersiny, 300 m langes wildes Dünengelände. Zwischen der **Pointe du Raz** und der **Pointe du Van** liegt die legendäre **Baie des Trépassés** (Bucht der Abgeschiedenen), 300 m langer, bei Hochwasser noch 20 m breiter Sandstrand, durchsetzt mit Kiesbänken (s. S. 150). Zwischen der **Pointe du Van** und **Douarnenez** malerischer Küstensaum mit vorherrschender Steilküste. Zum Baden ungeeignet.

Douarnenez, westlich der Stadt der Strand Sables Blancs, 300 m lang und bei Hochwasser noch 60 m breit. Der kleinere Plage des Dames liegt in Hafennähe, daher auch Wasserverschmutzung. Wesentlich größer, jedoch auch nicht ganz sauber ist der Plage du Ris, östlich der Stadt gelegen.

Kervel hat 1 km langen Sandstrand.

Zwischen dem Örtchen **Lestrevet** und **Pentrez-Plage** 4 km langer Sandstrand, der bei Hochwasser vollkommen überspült wird.

Morgat, Plage de Morgat, 900 m langer, bei Hochwasser noch 30 m breiter Sandstrand.

Goulien, 2 km langer Dünensandstrand.

Camaret, an der Hafenmole befindet sich ein feiner Sandstrand. Empfehlenswert ist außerdem noch der 3 km entfernte Strand Tre Rouz. Vor den anderen größeren, teils Sand-, teils Kiesstränden, sei wegen gefährlicher Strömungen gewarnt.

Côte des Abers oder Côte des Légendes

Le Conquet, großer Sandstrand und mehrere kleine Sandbuchten. Es beginnt nunmehr die Küste der Abers, jener ertrunkenen Flußmündungen (Rias), die zum Baden nicht so geeignet scheinen.

Brignogan-Plage (Farbt. 12), Küstenstrich ist mit Granitblöcken übersät.

Plage du Petit-Nice, 150 m lang, bei Hochwasser noch 15 m breit.

Plage du Crapaud, 300 m lang, bei Hochwasser noch 10 m breit.

Plage du Phare mit wildem Dünenstrand.

Ceinture Dorée oder Côte de Léon

Roscoff (Thalassotherapiezentrum), entlang der Bucht eine ganze Reihe flacher schöner Sandstrände. Schönster ist der Plage Roc'h Kroum mit dem Kurzentrum im Hintergrund.

Carantec, um den Ort gruppiert sich eine Reihe von Sandstränden.

Locquirec, 50 m langer und 25 m breiter Sandstrand.

Zwischen **St-Efflam** und dem östlich davon gelegenen **St-Michel-en-Grève** erstreckt sich in einer Bucht ein etwa 5 km langer Sandstrand.

Côte de Granit Rose

Trébeurden

Plage de Tresmeur, 800 m lang, bei Hochwasser noch 5 m breit.

Plage de Pors-Mabo südlich des Ortes, etwa 150 m lang und bei Hochwasser noch 10 m breit.

Plage de Goas-Trez nördlich des Ortes, 500 m lang, bei Hochwasser noch zwischen 5–15 m breit.

Trégastel – Ploumanach – Perros-Guirec

Zwischen den schön abgerundeten Felsbrocken des rosafarbenen Granits findet man herrliche größere und kleinere Sandbuchten, z. T. jedoch sehr stark überlaufen. Nur die wichtigsten seien genannt:

Trégastel: Plage du Kuz-Pors, 250 m lang, bei Hochwasser noch 5–10 m breit.

Grève Blanche, 500 m lang, bei Hochwasser noch 10–30 m breit.

Ploumanach, westlich des Ortes, ein 150 m langer Sandstrand.

Perros-Guirec: Plage de Trestignel, 250 m lang, bei Hochwasser vollständig überflutet.

Trestel, 400 m langer Sandstrand.

Baie de Saint-Brieuc

St-Quay-Portrieux, 300 m langer, bei Hochwasser noch 30 m breiter Plage de Portrieux in Hafennähe.

Plage de la Comtesse, 150 m lang, bei Hochwasser noch 20 m breit.

Plage de St-Quay, 350 m lang, bei Hochwasser noch 30 m breit.

Etables-sur-Mer, Plage des Godelins, 250 m lang, bei Flut noch 10 m breiter Sandstrand.

Binic, Plage de la Banche, 1 km lang, bei Hochwasser noch 5–10 m breiter Sandstrand.

Plage de la Vierge, 200 m lang, bei Hochwasser noch 10 m breiter Sandstrand.

Le Val André, vor dem Ort ein 2 km langer Sandstrand, der bei Hochwasser völlig überflutet ist.

Erquy, Plage de Caroual, 1 km vom Ortszentrum entfernt, 100 m lang, bei Hochwasser noch 10 m breiter Sandstrand.

Plage du Guen, nördlich des Ortes, ebenso der Plage de Lourtoué.

Sables-d'Or-les-Pins, 1,5 km langer Sandstrand am Ort; in Richtung Cap Fréhel erstrecken sich noch vier weitere Strände von 600, 400, 200, 100 m Länge, gebietsweise Dünen im Hintergrund.

Côte d'Émeraude

St-Cast-le-Guildo, 1,5 km langer Sandstrand vor dem Ort, Plage de Pen Guen südlich des Ortes, 800 m lang, bei Hochwasser noch 5–30 m breiter Sandstrand.

Zwischen **St-Jacut** und **St-Briac-sur-Mer** eine Anzahl von Stränden in Buchten gelegen.

St-Lunaire, Plage de Longchamps, 400 m langer Sandstrand, der bei Hochwasser vollständig überspült ist.

Dinard, wichtigste Sandstrände sind: Plage de l'Écluse, 300 m langer, bei Hochwasser noch 50 m breiter Strand.

Plage du Prieuré, 300 m langer, bei Hochwasser noch 30 m breiter Strand.

St-Malo, allein um die Altstadt gibt es drei

Strände: Plage de l'Eventail, Plage de Bon-Secours, Plage du Môle.
Weitere Strände liegen außerhalb der Stadt in Richtung Rothéneuf: Grande Plage, 3 km lang, Plage de Rochebonne, 1,5 km lang, Plage du Minihic, 1 km lang, Plage du Val, 200 m lang, Plage du Havre, 200 m lang.
St-Servan, Plage des Bas-Sablons, 400 m lang.
Cancale, mehrere kleinere Badebuchten an Steilküste.

WARNUNG

Beim Baden im Meer ist Vorsicht geboten. Durch die Gewalt der Strömungen, durch die vielen nahe unter der Wasseroberfläche versteckten Klippen, durch die Geschwindigkeit der steigenden Flut bleibt das Meer selbst für einen geübten Schwimmer gefährlich, und selbst erfahrene Segler in diesem unbekannten Raum können auf Riffe geworfen werden. Dem Muschelsammler kann es passieren, daß er sich durch Unwissenheit des Gezeitenwechsels allein auf einer winzigen Sandinsel zurückgelassen fühlt. In den Syndicats d'Initiative ist alljährlich eine Zeittafel erhältlich, auf der der tägliche Wechsel von Ebbe und Flut errechnet ist. Da der Rhythmus von den Phasen des Mondes abhängig ist, verspätet sich der Gezeitenwechsel täglich.

Die Bretagne nach der Ölkatastrophe

Im März 1978 wurde die Bretagne von einer Katastrophe heimgesucht: Der Tanker ›Amoco Cadiz‹ strandete vor der Küste von Portsall und zerbrach. Tausende von Tonnen Öl trieben mehrere Tage lang auf die bretonische Küste zu und verseuchten den nordwestlichen Abschnitt zwischen Saint-Mathieu und Perros-Guirec. An der betroffenen Küste liegen kleine Fischerdörfchen sowie einige Badeorte in der Region um Roscoff, Brignogan und Lannion.

Von der Ölkatastrophe überhaupt nicht berührt wurden ab Brest die ganze südliche Küste des Finistère, die Küste des Morbihan bis La Baule an der Loire-Mündung und im Norden die Küste des rosafarbenen Granits, die große Bucht von Saint-Brieuc, die Smaragdküste bis zum Mont-Saint-Michel. Damit waren etwa 200 km der 1100 km langen bretonischen Küste verschmutzt, und zwar in einem Küstenabschnitt, der für den Fremdenverkehr nicht eine so große Bedeutung besitzt wie die übrigen Küsten.

Die Säuberungsarbeiten wurden sofort mit großem Einsatz vorgenommen, so daß im Sommer 1978 die Strände und Felsen der Badeorte gereinigt waren. Aus eigener Anschauung anläßlich einer Reise im Oktober 1978 zu den betroffenen Regionen um Roscoff und um die Bucht von Lannion konnten wir feststellen, daß die Sandstrände wieder sauber und nur an abgelegenen, schwer zugänglichen Felsstränden noch Ölspuren sichtbar sind.

»Aufgrund der heftigen Herbst- und Frühjahrsstürme und der damit verbundenen größten Gezeitenunterschiede des Jahres ist es fast hundertprozentig sicher, daß das

Meer die Ölablagerungen in den tiefen Sandzonen soweit ›neutralisiert‹, daß Touristen schon ab April/Mai 1979 keinerlei Rückstände entdecken werden.«

Prof. Claude Chassé vom Institut des Etudes Marines der Universität Brest im November 1978

Der Bretagne-Liebhaber wäre schlecht beraten, wenn er sich deshalb 1979 von einer Reise abhalten ließe.

Abbildungsnachweis

Farbtafeln und Schwarzweiß-Abbildungen

Folkwang-Museum, Essen Farbt. 41
Giraudon, Paris Farbt. 42
Laenderpress, Düsseldorf Farbt. 44
ZEFA, Düsseldorf (R. Everts) Farbt. 20
Cliché Lescuyer, Lyon Abb. 114
Jos Le Doaré, Châteaulin Abb. 35, 37, 38
Le Gallo, Y.: Bretagne, Arthaud 1969 Abb. 14, 50, 135 (Luftbild von Alain Perceval, Paris)
Alle übrigen Aufnahmen von Frank Rother (fotografiert in den Jahren 1976 bis 1978)

Zeichnungen und Pläne im Text

(Die Zahlen bezeichnen die Seiten im Buch)

Bazin, G.: Le Mont-Saint-Michel, Paris 1933 262, 263
Beerens, R., Monheim 219
Blauer Führer: Bretagne. Hachette: Paris 1972 73, 77, 97, 220, 223, 254
Dodt, J.: Die Bretagne, eine landeskundliche Skizze. In: Sonderdruck zur 50. Wiederkehr des Gründungstages der Geologischen Gesellschaft zu Bochum, Herne 1970 11
Duhem, G.: Les Églises de France – Morbihan, Paris 1932 98, 100
Gauthier, J. St.: La Maison Bretonne, Châteaulin 1974 13
Giot, P. R.: Bretagne, Livret-Guide de l'excursion A 3, in: Union Internationale des Sciences Préhistoriques et Protohistoriques, Nice 1976 24, 75, 102, 111, 112, 113, 114, 116, 117, 210
Grand, R.: L'Art Roman en Bretagne, Paris 1958 64, 99, 120, 122, 128, 148, 216
Grand, R.: Le Château de Josselin, Paris 1954 246
Grüner Führer: Bretagne. Michelin 1975 81
Hülle, W.: Steinmale der Bretagne, Ludwigsburg 1976 109
Fons de Kort: La Martyre 69, 184 re.
Lavedan, P.: Pour Connaître Les Monuments de France, Arthaud 1970 257
Lécureux, L. Th.: Saint-Pol-de-Léon, Paris o. J. 180
Masseron, A.: Quimper, Quimperlé, Locronan, Penmarc'h, Paris 1928 126
Morbihan. Cantons Le Faouët et Gourin. Inventaire Général Des Monuments et Des Richesses Artistiques de la France, Paris 1975 250, 251
Pleyben, Editions d'Art Jos le Doaré, Châteaulin 252
Riquet, R. P. M.: Le Mont-Saint-Michel, Hachette: Paris 1965 258, 259
Rollando, Y.: La Préhistoire du Morbihan, Vannes 1971 30, 31, 59, 103, 105, 107
Rother, A., Monheim 9, 12, 57, 67, 70, 85, 146, 179, 184 li., 209, 245, 253, 272, 275, 293.
Wunderlich, H.-G.: Einführung in die Geologie. Bd. I, Exogene Dynamik, Mannheim 1968 213

Ausgewählte Literatur

Blauer Führer: Bretagne, Hachette: Paris 1972
Bretagne préhistorique. Les dossier de 'archéologie, Nr. 11, Dijon 1975
Debidour. V.-H.: La sculpture bretonne, Rennes 1953
Dervenn, C.: Die Bretagne, Hieronimi: Bonn 1976
Duhem, G.: Les Églises de France – Morbihan, Paris 1932
Dupouy, A. u. Levron, J.: Bretagne, Arthaud: Grenoble 1975
Giot, P.-R.: Bretagne, Livret-Guide de l'excurion A 3, in: Union Internationale des Sciences Préhistoriques et Protohistoriques, Nice 1976
Giot, P. R. u. a.: La Bretagne, préhistoire et protohistoire, Arthaud: Paris 1962
Grand, R.: L'Art roman en Bretagne, Paris 1958
Grüner Führer: Bretagne, Michelin 1975
Guilloux, L. u. a.: Meine geliebte Bretagne, Paris 1973 (deutsch bei Hieronimi, Bonn)
Hansmann, C. u. L.: Calvaires – Bretonische Passion in Stein, München 1962
Hülle, W.: Die Steine von Carnac, Leipzig 1942
Hülle, W.: Steinmale der Bretagne: Ludwigsburg 2. Aufl. 1976
Hureau, J.: Bretagne für Sie. Reisen in Farben, Bonn 1976
Images de Bretagne, Monographien aus dem Verlag Jos Le Doaré
Art breton
Debidour, V.-H.: Les Grands Calvaires
Le Roy, F.: Châteaux en Bretagne
Mussat, A.: Renaissance en Bretagne
Légendes
Hélias, P.: La Mer
Hélias, P.: De Grève en Cap
Castel, Y.-P.: Légendes dorées
Hélias, P.: Contes Bretons
Hélias, P.: Contes Bretons du Pays Bigouden
Hélias, P.: Contes de la Chantepleure
Légendes de l'Argoat:
De Parades, B.: Les Monts d'Arrée
De Parades, B.: Les Montagnes Noires
Traditions
Le Roy, F.: Pardons de Bretagne
Hélias, P.: Danses de Bretagne
Hélias, P.: Coiffes de Bretagne
Hélias, P.: Costumes Bretons
Gauthier, S.: La Maison Bretonne
Hélias, P.: Savoir-Vivre en Bretagne
Rosot, Y.: Mobilier rustique Breton
Hélias, P.: Logis et Ménage
Histoire et géographie
Giot, P.-R.: Menhirs et Dolmens
Mégalithes en Bretagne
Sites et monuments
Bretagne Nord:
Guéguen, P.: Côte de Granit Rose
Le Roy, F.: Côte d'Emeraude
Le Cunff, L.: Saint-Malo
Bastien, A.-P.: Le Mont Saint-Michel
Renault, G.: Château de Fougères
Bretagne Sud:
Quéffélec, H.: La Pointe du Raz
Toudouze, G.-G.: Presqu'île de Crozon
De Parades, B.: Presqu'île de Guérande
Daligaut, M.: Belle-Ile-en-Mer
De Galzain, M.: Quiberon-Carnac
Hélias, P.: Quimper el l'Odet
Dervenn, C.: Vannes et son Golfe
De Parades, B.: Locronan
Kirchner, H.: Die Menhire in Mitteleuropa und der Menhirgedanke, 1955
La Prehistoire Française, Publ. du C.R.N.S., Bd. II, Paris 1976
Larousse: La Bretagne, Paris 1972
Laurent, J.: Bretagne et Bretons, Arthaud 1974
Le Gallo, Y.: Bretagne, Arthaud: Paris 1969
Le Lannou, M.: Géographie de la Bretagne, Rennes 1952
Le Rouzic, Z.: Monuments mégalithiques de Carnac et de Locmariaquer, Carnac 1952
Merian: Die Bretagne, Hamburg 1963
Merveilles des châteaux de Bretagne et de Vendée, Paris 1970
Metken, G.: Bretonisches Reisebuch, München 1962, 3. Aufl. 1975
Oswald, J.: Bretagne und Mont-Saint-Michel, Tübingen 1951
Otremba, E.: Cotentin und die Bretagne, Geogr. Rundsch. 1951
Polyglott: Bretagne, München 1977
Quéffélec, H.: L'Evangile des calvaires bretons, Paris 1957
Reden, S. v.: Die Megalith-Kulturen, Köln 1978
Rieple, M.: Geheimnisvolle Bretagne, Bern 1965, 5. Aufl. 1976
Rollando, Y.: La Préhistoire du Morbihan, Vannes 1971
Sager, G.: Zur Inbetriebnahme des Gezeitenkraftwerkes Rance, Petermanns Geogr. Mitt. 112, 1968
Waquet, H.: Art Breton, Paris 1960
Waquet, H.: Die Kalvarienberge der Bretagne, Berlin 1939

Umfangreiche Literaturangaben im Blauen Führer, Hachette: Paris 1972

DuMont Kunst-Reiseführer

Süd-England

Von Kent bis Cornwall. Architektur und Landschaft, Literatur und Geschichte. Von Peter Sager

Frankreich

Die Bretagne

Im Land der Dolmen, Menhire und Calvaires. Von Frank und Almut Rother

Burgund

Kunst, Geschichte, Landschaft. Burgen, Klöster und Kathedralen im Herzen Frankreichs: Das Land um Dijon, Auxerre, Nevers, Autun und Tournus. Von Klaus Bußmann

Das Elsaß

Wegzeichen europäischer Kultur und Geschichte zwischen Oberrhein und Vogesen. Von Karlheinz Ebert
(Erscheint im Frühjahr '79)

Frankreichs gotische Kathedralen

Eine Reise zu den Höhepunkten mittelalterlicher Architektur in Frankreich. Von Werner Schäfke

Das Tal der Loire

Schlösser, Kirchen und Städte im ›Garten Frankreichs‹. Von Wilfried Hansmann

Die Provence

Ein Reisebegleiter durch eine der schönsten Kulturlandschaften Europas. Von Ingeborg Tetzlaff

Südwest-Frankreich

Vom Zentralmassiv zu den Pyrenäen – Kunst, Kultur und Geschichte. Von Rolf Legler

Griechenland

Athen

Geschichte, Kunst und Leben der ältesten europäischen Großstadt von der Antike bis zur Gegenwart. Von Evi Melas

Die griechischen Inseln

Ein Reisebegleiter zu den Inseln des Lichts. Kultur und Geschichte. Hrsg. von Evi Melas

Kreta – Kunst aus fünf Jahrtausenden

Minoische Paläste – Byzantinische Kirchen – Venezianische Kastelle. Von Klaus Gallas

Alte Kirchen und Klöster Griechenlands

Ein Begleiter zu den byzantinischen Stätten. Hrsg. von Evi Melas

Tempel und Stätten der Götter Griechenlands

Ein Reisebegleiter zu den antiken Kultzentren der Griechen. Hrsg. von Evi Melas

Guatemala

Honduras – Belize. Die versunkene Welt der Maya. Von Hans Helfritz

Holland

Kunst, Kultur und Landschaft. Ein Reisebegleiter durch Städte und Provinzen der Niederlande. Von Jutka Rona
(Erscheint im Frühjahr '79)

Indien

Von den Klöstern im Himalaya zu den Tempelstädten Südindiens. Von Niels Gutschow und Jan Pieper

Indonesien

Ein Reisebegleiter nach Java, Sumatra, Bali und Sulawesi (Celebes). Von Hans Helfritz

DuMont Kunst-Reiseführer

Iran

Kulturstätten Persiens zwischen Wüsten, Steppen und Bergen. Von Klaus Gallas

Irland – Kunst, Kultur und Landschaft

Entdeckungsfahrten zu den Kunststätten der ›Grünen Insel‹. Von Wolfgang Ziegler

Italien

Apulien – Kathedralen und Kastelle

Ein Reisebegleiter durch das normannisch-staufische Apulien. Von Carl Arnold Willemsen

Das etruskische Italien

Entdeckungsfahrten zu den Kunststätten und Nekropolen der Etrusker. Von Robert Hess

Florenz und die Medici

Ein Begleiter durch das Florenz der Renaissance. Von My Heilmann

Ober-Italien

Kunst, Kultur und Landschaft zwischen den Oberitalienischen Seen und der Adria. Von Fritz Baumgart

Von Pavia nach Rom

Ein Reisebegleiter entlang der mittelalterlichen Kaiserstraße Italiens. Von Werner Goez

Rom

Kunst und Kultur der ›Ewigen Stadt‹ in mehr als 1000 Bildern. Von Leonard von Matt und Franco Barelli

Das antike Rom

Die Stadt der sieben Hügel: Plätze, Monumente und Kunstwerke. Geschichte und Leben im alten Rom. Von Herbert Alexander Stützer

Sardinien

Geschichte, Kultur und Landschaft – Entdeckungsreisen auf einer der schönsten Inseln im Mittelmeer. Feengrotten, Nuraghen und Kastelle. Von Rainer Pauli

Sizilien

Insel zwischen Morgenland und Abendland. Sikaner/Sikuler, Karthager/Phönizier, Griechen, Römer, Araber, Normannen und Staufer. Von Klaus Gallas

Venedig – Geschichte und Kunst

Erlebnis einer einzigartigen Stadt. Von Marianne Langewiesche

Japan – Tempel, Gärten und Paläste

Einführung in Geschichte und Kultur und Begleiter zu den Kunststätten Japans.
Von Thomas Immoos und Erwin Halpern

Jugoslawien

Kunst, Geschichte und Landschaft zwischen Adria und Donau. Von Frank Rother

Malta und Gozo

Die goldenen Felseninseln – Urzeittempel und Malteserburgen. Von Ingeborg Tetzlaff

Marokko – Berberburgen und Königsstädte des Islam

Ein Reisebegleiter zur Kunst Marokkos. Von Hans Helfritz

Die Götterburgen Mexikos

Ein Reisebegleiter zur Kunst Alt-Mexikos. Von Hans Helfritz